面向21世纪课程教材
Textbook Series for 21st Century

普通高等学校社会工作专业实务系列教材

矫正社会工作

○○ 中国社会工作教育协会 组编
○ 张 昱 主编

高等教育出版社·北京

内容简介

本书是中国社会工作教育协会组织编写的社会工作实务系列教材之一。矫正社会工作是指社会工作介入矫正体系及其过程中，运用专业的价值理念和方法对矫正对象实施矫正的理论和方法。本书在对矫正社会工作的含义及其发展概况进行梳理的基础上，就矫正社会工作的理论基础、价值观和伦理、工作模式、工作过程、工作方法等内容进行了探索；立足于我国矫正社会工作的发展目前主要集中在社区矫正领域的判断，以社区矫正为主体内容，结合我国社区矫正社会工作发展的实际，阐述了社区矫正的社会基础、组织架构、主要内容、矫正对象、矫正社会工作者、青少年犯罪的矫正与预防等内容；最后，选取了部分矫正社会工作者的工作案例，希望通过这些案例帮助读者更为深刻地理解矫正社会工作。本书可供普通高校社会工作专业教学使用，也适于社会工作从业人员、司法等政府相关部门和机构的行政人员、非营利机构中的从业人员及社会读者选读。

图书在版编目（CIP）数据

矫正社会工作/张昱主编；中国社会工作教育协会组编．—北京： 高等教育出版社，2008.10（2025.5重印）
ISBN 978-7-04-024567-7

Ⅰ．矫…　Ⅱ．①张…②中…　Ⅲ．社会工作－高等学校－教材　Ⅳ．C916

中国版本图书馆 CIP 数据核字 （2008） 第 139645 号

策划编辑	干咏昕	责任编辑　张　然	封面设计	于　涛
版式设计	陆瑞红	责任校对　姜国萍	责任印制	刘思涵

出版发行	高等教育出版社		咨询电话	400-810-0598
社　　址	北京市西城区德外大街4号		网　　址	http://www.hep.edu.cn
邮政编码	100120			http://www.hep.com.cn
印　　刷	天津画中画印刷有限公司		网上订购	http://www.landraco.com
开　　本	787×960　1/16			http://www.landraco.com.cn
印　　张	17.75		版　　次	2008年10月第1版
字　　数	330 000千字		印　　次	2025年5月第10次印刷
购书热线	010-58581118		定　　价	35.60元

本书如有缺页、倒页、脱页等质量问题，请到所购图书销售部门联系调换。
版权所有　侵权必究
物　料　号　24567-00

本书编者
（按所写章序排名）

史柏年　费梅苹　张　昱
李恩慈　张静波　席小华

本书编写获香港凯瑟克基金会
(Keswick Foundation Ltd., Hong Kong) 资助

社会工作专业系列教材编写指导委员会
主任委员　王思斌
委　　员　陆士桢　张李玺　徐永祥
　　　　　史柏年　关信平

社会工作实务系列教材总序

  2000年以来，我国的社会工作教育获得了快速发展，开办社会工作专业的院校急剧增加，每年有近万名学生进入社会工作专业学习。与之相关，具有不同专业背景的各方面的教师也进入社会工作领域。现实向我们提出了编写社会工作系统教材的任务，加上1988年以来我国的社会工作教育已有十多年的发展，较早进入这一领域的教师在教学和研究方面已有不少积累，在这种情况下，中国社会工作教育协会决定集中各校资深教师编写社会工作专业系列教材。这一计划得到了教育部高等教育司的支持，也得到了高等教育出版社的支持，一贯支持中国社会工作教育发展的香港凯瑟克基金会也慷慨资助了这一项目，并将其纳入"2001—2006中国社会工作教育发展计划"。在各方大力支持下，中国社会工作教育协会组织高校社会工作教师协作努力，于2006年出版了作为高等学校社会工作专业主干课程的8种教材，并获得了社会工作专业师生的好评。

  实际上，在上述主干课程教材编写之初，我们在咨询国外专家关于课程建设的意见时就已经发现，国际上社会工作专业的教学已经转向"以问题为中心"。他们已经开始围绕问题，用整合方法组织教学和进行实习。但是，我国社会工作专业教育的"后发展"特点，使得我们不可能在尚不了解社会工作基本方法的情况下跳到社会工作教育和实践的"整合模式"。然而，国外社会工作教育发展的经验使我们认识到，不能局限于社会工作基本方法教材的编写，必须编写各实务领域的教材，这也是完善我国社会工作专业课程体系的需要。

经过半年多的酝酿，通过召开教材编写研讨会，我们确定了社会工作实务教材编写的优先次序，计划先出版13种教材。这些教材被优先选中的理由是：第一，我国社会工作专业发展的迫切需要——它们是本科课程体系的重要组成部分；第二，我国迫切需要发展这些领域的社会工作；第三，社会工作教育者和实际社会工作者在这些领域已有一定的教学研究经验和实践经验；第四，社会工作教育者有能力编写这些教材。可以发现，这种选择是以现实为取向的。

实际上，编写社会工作实务教材并不比编写基本方法方面的教材更容易，因为这需要对各专业领域的理论、实践经验和特殊方法有更多的了解，需要将国际上的理论和经验同我国的实践结合起来。好在近几年来，我国社会工作教育者奋发努力，学术和实践发展较快，这使得该系列教材的"国际经验与中国实践相结合，立足本土实践"的目的得以实现。该系列教材陆续出版，将展示我国社会工作理论研究和实践经验的发展程度，对完善我国社会工作专业课程体系、提高教学质量将发挥明显的积极作用。

当前，我国正处于社会工作发展的黄金时期。随着我国从计划经济体制向市场经济体制的快速转变，新的社会问题不断出现，和谐社会建设的战略任务被历史性地提到全社会面前。在解决社会问题、建设和谐社会、促进社会进步和增进人民福祉的目标下，2006年10月党的十六届六中全会作出决定，要"建立宏大的社会工作人才队伍"，并对我国社会工作的发展和制度建设作出了总体设计。随后，作为落实六中全会《决定》的具体行动，由中共中央组织部牵头，并与国家人事部、教育部、民政部、劳动和社会保障部与中央编制办公室组成领导小组，组织14个部委（人民团体）、8个省市开展了我国有史以来第一次大规模的社会工作人才队伍建设的调查研究，同时邀请社会工作、社会管理方面的专家进行与社会工作制度建设相关的调查研究。许多党政部门对发展社会工作不但予以关注，而且对推进社会工作的发展表现出极大热情。于是，在上述相关部委和省市，发展社会工作正在成为一种热潮。可以说，我国社会工作发展的春天已经到来。

春天是播种的季节。在我国社会工作面临快速发展之际，更加艰巨的任务已经摆在我们面前。专业社会工作产生于西方发达国家，我国与西方发达国家在社会政治制度、经济发展程度和文化上存在明显差异，这使得我国在发展社会工作过程中必须进行认真选择。社会工作是实践的。社会工作的所有理论和方法都将由服务效果作出检验。于是，以实践为本发展我国的社会工作就是不言而喻的选择。

面对这种选择，社会工作教育者承担着重要责任——他们有责任将国际社会工作理论和经验与我国社会工作的经验结合起来，形成符合我国国情的知识体系、实践模式和工作方法，以服务于国家和人民。在这方面，我们需要进一步学习国际上的先进理论和经验，认真梳理本土社会工作的经验，在社会工作本土化和本土社会工作理论化、系统化上下功夫，积极参加我国社会工作的实践和社会工作的制度建构。

有思考的实践，在反思性实践中发展。这或许是我国社会工作发展和成熟之路。我们期待着春天播种和辛勤劳作之后的丰硕收获。

北京大学社会学系教授

中国社会工作教育协会会长

王思斌

2007年7月30日

目 录

第一章 矫正社会工作概述 … 1
第一节 矫正社会工作的含义 … 1
一、矫正 … 1
二、矫正制度的历史发展 … 2
三、矫正社会工作 … 6
四、矫正社会工作分类 … 8
五、与矫正社会工作相关的概念 … 12
第二节 矫正社会工作的起源与发展 … 13
一、矫正社会工作的起源 … 13
二、世界一些主要国家和地区矫正社会工作制度的建立和发展 … 14
第三节 矫正社会工作的功能与作用 … 15
一、针对罪犯的功能与作用 … 15
二、针对社会环境的功能与作用 … 16

第二章 矫正社会工作的理论渊源 … 17
第一节 人类社会对于犯罪原因的探究历程 … 17
一、古代社会的"冒犯神意"说 … 17
二、刑事古典学派的"自由意志"论 … 17
三、犯罪人类学派的"天生犯罪"论 … 18
四、犯罪社会学派的"犯罪多因素"论 … 18
第二节 人类社会刑法观念及其刑罚制度的历史变迁 … 19
一、古代社会"复仇主义"刑法观念和刑罚措施 … 19
二、"报应主义"刑论的产生及其发展 … 21
三、"功利主义"刑论的产生及其发展 … 24

第三节 当今世界刑罚轻刑化和非监禁化的发展趋势 …………… 26
　一、关于重刑化与轻刑化之争 ………………………………… 26
　二、当今世界刑事司法的发展趋势 …………………………… 29

第三章 矫正社会工作模式 …………………………………………… 31
　第一节 心理社会治疗模式和认知行为治疗模式 ………………… 32
　　一、心理社会治疗模式 …………………………………………… 32
　　二、认知行为治疗模式 …………………………………………… 34
　第二节 任务中心模式和现实治疗法 ……………………………… 37
　　一、任务中心模式 ………………………………………………… 37
　　二、现实治疗模式 ………………………………………………… 41
　第三节 生态系统理论和社会网络干预模式 ……………………… 44
　　一、生态系统理论 ………………………………………………… 44
　　二、社会网络干预模式 …………………………………………… 48

第四章 矫正社会工作价值伦理 …………………………………… 54
　第一节 矫正社会工作价值观的哲学基础 ………………………… 54
　　一、关于人的本质的理论 ………………………………………… 54
　　二、人的全面发展的理论 ………………………………………… 56
　第二节 矫正社会工作介入理念及价值伦理 ……………………… 56
　　一、矫正社会工作的介入理念 …………………………………… 57
　　二、社会工作价值伦理是矫正社会工作介入的基础 ………… 57
　第三节 社会工作价值观在实践中的运用 ………………………… 64
　　一、平等 …………………………………………………………… 65
　　二、尊重 …………………………………………………………… 65

第五章 矫正社会工作方法 ………………………………………… 71
　第一节 个案社会工作方法在矫正工作中的运用 ………………… 71
　　一、个案社会工作的核心要素 …………………………………… 71
　　二、个案社会工作方法的运用 …………………………………… 72
　第二节 小组社会工作方法在矫正工作中的运用 ………………… 79
　　一、小组工作的核心要素 ………………………………………… 79
　　二、小组工作程序设计 …………………………………………… 81
　　三、小组工作方法在社区矫正中的运用 ………………………… 88
　第三节 社区工作方法在矫正工作中的运用 ……………………… 91
　　一、社区工作的核心要素 ………………………………………… 92
　　二、社区工作的基本过程 ………………………………………… 92
　　三、社区工作方法在社区矫正中的运用 ………………………… 96

第六章　矫正社会工作过程 …… 98

第一节　建立专业关系 …… 98
一、社会工作者与矫正对象 …… 98
二、专业关系及其特点 …… 102
三、专业关系建立过程中矫正社会工作者的工作 …… 102
四、建立专业关系的基本技巧 …… 103

第二节　矫正资料收集与分析 …… 105
一、矫正资料收集 …… 105
二、矫正资料分析 …… 107

第三节　矫正对象问题研究与诊断 …… 110
一、问题研究与诊断的视角 …… 110
二、问题研究与诊断方法 …… 114

第四节　计划与介入 …… 115
一、矫正计划 …… 115
二、矫正社会工作介入 …… 116

第五节　矫正评估与跟进 …… 118
一、矫正评估 …… 118
二、矫正跟进 …… 120

第七章　社区矫正的社会基础 …… 122

第一节　社区矫正的法律基础 …… 122
一、现行法律规定 …… 122
二、社区矫正立法 …… 123

第二节　社区矫正的社会资源基础 …… 128
一、社区矫正的资源体系 …… 129
二、社区矫正的组织基础 …… 131
三、社区矫正的社会技术基础 …… 134
四、社区矫正的社区参与基础 …… 137

第三节　社区矫正的社会支持网络 …… 139
一、社会网络理论 …… 139
二、社会支持网络 …… 140
三、社会网络与社会资本 …… 142

第四节　社区矫正的社会文化心理基础 …… 144
一、社区矫正的社区文化基础 …… 144
二、社区社会影响 …… 146

第八章　社区矫正的组织架构 …… 152

第一节　国家、市场、社会的关系 ……………………………………… 152
　　一、矫正社会工作责任主体 ……………………………………… 152
　　二、矫正社会工作执行主体 ……………………………………… 155
　　三、矫正社会工作的合作者 ……………………………………… 157
第二节　社区矫正的组织结构 ……………………………………… 159
　　一、政府角色衍生的组织机构 …………………………………… 159
　　二、社会角色衍生的组织机构 …………………………………… 163
　　三、市场角色衍生的组织机构 …………………………………… 169

第九章　社区矫正对象和社区矫正工作者 ……………………… 173

第一节　社区矫正对象 ……………………………………………… 173
　　一、社区矫正对象概述 …………………………………………… 173
　　二、管制 …………………………………………………………… 175
　　三、缓刑 …………………………………………………………… 176
　　四、暂予监外执行 ………………………………………………… 177
　　五、假释 …………………………………………………………… 178
　　六、剥夺政治权利 ………………………………………………… 180
第二节　社区矫正工作者 …………………………………………… 181
　　一、社区矫正工作者的概念和范围 ……………………………… 181
　　二、社区矫正刑罚执行工作者队伍 ……………………………… 182
　　三、社区矫正社会工作者 ………………………………………… 184
　　四、社区矫正志愿者队伍 ………………………………………… 189
　　五、其他社会力量 ………………………………………………… 191

第十章　社区矫正工作的内容 …………………………………… 194

第一节　社区矫正对象的管理 ……………………………………… 194
　　一、社区矫正对象档案、信息资料管理 ………………………… 194
　　二、被判处管制社区矫正对象的管理 …………………………… 195
　　三、被宣告缓刑社区矫正对象的管理 …………………………… 196
　　四、被暂予监外执行社区矫正对象的管理 ……………………… 198
　　五、被裁定假释社区矫正对象的管理 …………………………… 199
　　六、被剥夺政治权利社区矫正对象的管理 ……………………… 200
第二节　社区矫正对象的主要问题及其矫正 ……………………… 203
　　一、社会适应问题及其矫正 ……………………………………… 203
　　二、社会支持问题及其矫正 ……………………………………… 204
　　三、社会交往问题及其矫正 ……………………………………… 205
第三节　社区矫正对象的帮助 ……………………………………… 206

一、社区矫正对象面临的困境 ………………………………… 206
　　二、为社区矫正对象提供帮助的具体途径 …………………… 207
第四节　社区矫正对象的教育和培训 ………………………………… 208
　　一、教育 …………………………………………………………… 208
　　二、培训 …………………………………………………………… 210
第五节　社区矫正对象的公益劳动和社区服务 ……………………… 211
　　一、社区矫正对象参加社会公益劳动的必要性 ……………… 211
　　二、组织社区矫正对象参加社会公益劳动的具体方法 ……… 211
　　三、社区服务 ……………………………………………………… 212

第十一章　青少年犯罪的矫正与预防 …………………………………… 213
第一节　青少年犯罪理论 ……………………………………………… 213
　　一、青少年犯罪的生物学理论 …………………………………… 213
　　二、青少年犯罪的心理学理论 …………………………………… 214
　　三、青少年犯罪的社会学理论 …………………………………… 215
　　四、青少年犯罪的整合理论 ……………………………………… 220
第二节　青少年司法转向制度 ………………………………………… 221
　　一、司法转向制度 ………………………………………………… 221
　　二、社工在青少年司法制度中的角色 …………………………… 224
第三节　青少年犯罪矫正与预防 ……………………………………… 227
　　一、青少年犯罪矫正与预防工作的主要目的 …………………… 227
　　二、青少年考察教育工作的实践探索 …………………………… 230
　　三、青少年社区矫正工作的实践探索 …………………………… 234

第十二章　社区矫正社会工作案例 ……………………………………… 241
第一节　社区矫正社会工作个案案例 ………………………………… 241
　　一、个案社会工作及其主要模式 ………………………………… 241
　　二、社工工作案例 ………………………………………………… 244
　　三、案例解析 ……………………………………………………… 246
第二节　社区矫正社会工作小组案例 ………………………………… 247
　　一、小组社会工作概述 …………………………………………… 248
　　二、社工工作案例 ………………………………………………… 251
第三节　针对各类问题的社区矫正社会工作案例 …………………… 260
　　一、针对心理层面的矫正工作 …………………………………… 260
　　二、针对情绪层面的矫正工作 …………………………………… 261
　　三、针对性格层面的矫正工作 …………………………………… 262

四、针对认知层面的矫正工作 …………………………………… 263
　　五、针对人际交往层面的矫正工作 ……………………………… 264
　　六、社区矫正对象与社区其他工作系统互动层面的
　　　　矫正工作 ………………………………………………………… 265
后　记 ………………………………………………………………………… 266

第一章 矫正社会工作概述

随着人类刑罚执行制度的改革和发展,社会工作具有了越来越重要的地位,发挥着越来越大的作用,成为刑罚执行活动中不可或缺的内容。学习矫正社会工作首先要对矫正社会工作的基本内容、起源及其发展有一个基本的认识。

第一节 矫正社会工作的含义

一、矫正

1. 医学范畴中矫正的含义

矫正,也称矫治,原是医学上的专门用语,意指通过手术或药物治疗使身体部位的形状或技能方面发生畸变的患者得到康复,重新过上和正常人一样的生活的过程。例如:矫正口吃、矫正牙齿、矫正斜视、矫正脊柱等。

2. 司法范畴中矫正的含义

"矫正"概念引入社会领域,成为司法方面的专门用语,意指国家司法机关和工作人员通过各种措施和手段,使犯罪者或具有犯罪倾向的违法人员得到思想上、心理上和行为上的矫正治疗,从而重新融入社会,成为其中的正常成员的过程。

"矫正"概念在司法领域有较广泛的适用范围和较高的使用频率,例如:

从制度层面讲,它指的是刑罚和监狱制度及其功能,谓之"矫正制度"或"矫治制度"。

从机构层面讲,它指的是对罪犯行刑的领导机关或实施场所,谓之"矫正局"、"矫正所"。

从理论层面讲,它指的是刑法的指导思想或学说,谓之"矫正原则"或"矫正主义"。

从实践层面讲,它指的是国家行刑机关为预防罪犯再次犯罪而进行的活动,谓之"矫正工作"或"矫正措施"。

可见,"矫正"是针对罪犯或有犯罪倾向的人所确立的司法制度和司法手段。

3. 矫正制度和措施的功能

为了改变罪犯的思想和行为,矫正制度和矫正措施综合了以下几方面的功能:

惩罚。矫正作为一种刑罚执行过程,给受刑人造成一定的损失和痛苦,使其对加害于他人或社会的行为作出补偿,这是矫正制度和措施所固有的基本属性。这种损失和痛苦包括:物质性的损失,如一定权益的被剥夺或限制;非物质性的损失,如名誉、地位受到损害。

隔绝。矫正制度可起到把受刑人与外部社会隔绝的作用,既表现为对受刑人自由权利的剥夺或限制,又大大减少了罪犯对整个社会的威胁,同时也为实施各种矫正措施提供了先决条件。

威慑。矫正制度和措施对于受刑人所起到的惩罚和隔绝的作用,反映到社会一般成员的心理上,则会产生威慑、警戒的作用,使人们出于对惩罚和隔绝的恐惧而不敢违法犯罪。

改造。矫正制度的最终目的是为了改造罪犯,使罪犯通过一系列思想和行为的矫正治疗,最终成为无害于他人、有益于社会的新人。

二、矫正制度的历史发展

1. 刑罚制度的历史变迁

刑罚是人类应对犯罪现象的一种重要手段。由于犯罪现象形式多样,类型繁多,程度轻重不一,由此也形成了刑罚方法的多样性。在不同历史时期,与人们的刑罚观念相适应,形成了以某种刑罚方法为主、其他刑罚方法为辅的刑事制裁体系。以这种刑事制裁体系为根据,大体上可以把人类刑罚制度的发展划分为三个阶段,即以肉刑和生命刑为主的阶段,以监禁刑为主的阶段,以监禁刑为主向以非监禁刑为主的过渡阶段。

肉刑是对犯罪人的肉体施加痛苦的刑罚。在 18 世纪之前的西方社会,肉刑普遍适用于不适合死刑、流放和驱逐的案件中。古代刑罚思想认为,君主受神的委托具有惩罚罪犯的权力,相关法典也往往从维护"神意"出发,制定相应的惩罚。此时,人们普遍遵循"以牙还牙"的同态复仇原则,法律公开确认复仇是刑罚的基本规则,由此,肉刑和死刑盛行。如古巴比伦王国就实行同态复仇的法律原则,主张罪犯受到的惩罚应与被害人所受的伤害完全相等。在 18 世纪制定的法典中规定:工匠盖房子,如因工程质量问题导致房子不牢固,致使房主被砸死的,工匠本人以死抵命,如果把房主的儿子砸死,工匠的儿子以死抵命。随着启蒙运动的发展,人道主义思想在社会中的影响越来越大,肉刑逐步被废除。

监禁刑又称"自由刑",是以剥夺人的人身自由为特征的刑罚制度。大约从19世纪末期开始,监禁刑逐渐取代肉刑、死刑、流放成为刑罚的主要手段。从监禁刑的发展过程看,监禁最初是一种羁押候审人的措施,早期基督教会用监禁的方式对违反教规和教义的牧师进行惩罚,之后,这种方式逐渐使用于世俗社会。1166年,英国国王亨利二世下令在各郡设立监禁机构,从而使监禁机构逐渐成为惩罚罪犯的场所。到13、14世纪,监禁刑成为刑事制裁的一种重要方式。

2. 社区矫正的起源与发展

以监禁刑为主的刑事制裁体系的存在具有其内在的必然性,但也存在很多局限。这主要表现在以下几个方面。

第一,监禁刑违背了人道主义精神。相对肉刑等刑事制裁手段而言,监禁刑是一种进步,但其对人道主义的违背也非常明显。美国著名犯罪学家格雷沙姆·赛克斯(Gresham Sykes)在其《囚犯社会》一书中认为,监禁刑剥夺了犯人的自由、剥夺了犯人的物品和服务、剥夺了犯人的异性关系、剥夺了犯人的自主性、剥夺了犯人的安全感,而这些剥夺都违背了人道主义的原则。

第二,监禁刑使被监禁人身心受到损害。西方许多国家都对监禁刑给被监禁人造成的身心损害进行过研究,他们发现,监禁对被监禁人的身心损害主要有以下几个方面。首先,空间拥挤对被监禁人身心的影响。监狱普遍存在的过度拥挤现象,使被监禁人拥有的空间极其有限,而这种过度拥挤"构成了身体和心理疾病的主要基础"[①]。其次,被监禁人生活的监狱是一个极易形成挫折情景和挫折情绪的场所。在监禁生活中,被监禁人基本上在他人控制下,没有自主、自立的生活,这使他们很容易产生挫折情绪,如愤怒、攻击倾向、恐惧感、抑郁、自卑、绝望等,从而使其自尊心、自信心、情绪稳定性、自我评价等降低。再次,被监禁人在监狱中生活可能形成孤独的人格特征。监狱生活基本上是与现实生活失去关联的生活,对外而言,被监禁人基本处于与外界隔绝的状态,基本上没有与家人及亲戚朋友的交往与沟通;对内而言,被监禁人也很难与管理人员建立平等的交往和沟通关系,这使他们经常处于孤独状态,这种状态的持续可能带来孤僻、冷漠、恐惧等不良心理,严重时不仅会导致身心疾病,而且可能导致被监禁人的自我毁灭行为。

第三,负性互动影响监禁矫正的效果。监禁矫正的目的在于通过监禁矫正被监禁人的思想观念和行为,使其成为遵纪守法的人。但监狱中被监禁人都是犯罪人,在与正常人的交往和沟通被隔绝的情况下,被监禁人之间的交往和沟通

---

① Richard A. Tewksbury(1997). Introduction to Corrections. New York: McGraw-Hill, p.421.

成为他们最主要的交往形式。在交往和沟通内容方面,在隔离环境下,一方面,他们原有的思想观念和行为可能继续延续;另一方面,他们还可能相互教唆,致使被监禁人的思想观念和行为朝向更恶劣的情况发展。

第四,监禁使被监禁人的社会化过程中断。使被监禁人回归主流社会应是监禁矫正的基本目的。但在监禁矫正中,由于上述几个因素的影响,被监禁人一方面不可能及时了解社会的变化,另一方面会形成一套监狱特有的情景意识和行为方式,以适应监狱的生活。这使被监禁人走出监狱后面临极大的不适应,而这种不适应使他们处于"危机"状态,当这种危机状态得不到有效的缓解时,有可能使他们重新走向犯罪。

第五,监禁矫正成本过高。监禁矫正的成本包括直接成本和间接成本两个方面。直接成本包括相关设施建设费用、工作人员费用、被监禁人的生活费用等;间接成本包括犯罪人员被监禁给原工作单位造成的损失、被监禁人家庭资源的损耗、被监禁人社会贡献率的降低等。研究表明,监禁矫正的成本明显高于非监禁矫正的成本。瑞典1997年的统计表明,在监禁刑执行中所需费用情况是:一级警戒监狱,每人每年需2 435克朗;二级警戒监狱,每人每年需2 033克朗;三级警戒监狱,每人每年需1 932克朗;四级警戒监狱,每人每年需1 598克朗。平均每人每年需1 999.5克朗,而在非监禁刑的执行中,一名犯人一年仅需145克朗[①]。

随着人类社会的发展,监禁矫正的这些局限日益显现,一种新的刑罚执行制度——社区矫正制度——逐步形成,并在第二次世界大战之后得到快速发展。目前,在一些发达国家,社区矫正制度已经成为刑罚执行制度中的主导制度。

社区矫正之所以能够替代监禁矫正成为人类历史上刑罚执行制度中的一种主导的刑罚制度,就在于社区矫正在很大程度上克服了监禁矫正的弊端,促进了人类社会的发展。

第一,社区矫正有利于矫正对象顺利回归社会。监禁矫正的一个重要缺陷在于它中断了矫正对象的社会化过程,使矫正对象的发展与社会发展相脱节。社区矫正则克服了监禁矫正的这一缺陷。其一,社区矫正工作的开展以社区为平台。这使矫正对象从进入矫正系统开始就生活在社会中,使他们与家庭、社会的联结不会受到根本的影响。其二,在社区矫正系统中,矫正对象大多比较珍惜能够在社区进行矫正的机会,具有平安度过矫正期的思想观念,这对于控制矫正对象的犯罪行为,具有积极作用。其三,在社区矫正工作的开展过程中,通过矫正工作者开展的一系列矫正项目,不仅可以矫正矫正对象的思想观念,而且可以

---

① Kriminalvarden(1998). Basic Facts about Prison and Probation Service in Sweden. Norrkopingm, Sweden:Kriminalvardsstyrelsen, p.5.

改变矫正对象的行为方式,使之实现与社会的正常联结,从而达到使矫正对象顺利回归社会的目的。其四,社区矫正还避免了监禁矫正中矫正对象之间负性互动的可能性。其五,社区矫正降低了矫正成本。

第二,社区矫正促进了社会的稳定。社会稳定是我国社会发展的长期主题。改革开放以来,社会稳定成为中国共产党和政府长期坚持的基本方针。这是由于没有稳定的社会,改革开放、经济体制改革、政治体制改革、社会体制改革等都会失去自己的基础。社区矫正对维护社会稳定具有重大作用。首先,在社会和平发展时期,犯罪问题本身就是危害社会稳定的直接因素,因而控制犯罪是实现社会稳定的重要手段。社区矫正在"打"与"防"的关系上,以"防"为指导思想,通过改变矫正对象的思想观念和行为方式,促进了矫正对象顺利回归社会,减少了犯罪,从而促进了社会稳定。其次,社区矫正把矫正对象放在社区中开展矫正工作,避免了矫正对象社会化过程的中断,也避免了矫正对象形成适应监狱的生活方式,从而使矫正对象不存在再社会化的过程,不存在重新适应社会生活的过程,这对减少犯罪具有积极意义。再次,社区矫正以人道主义为理论基础,减少了犯罪人员仇视社会的心理。特别是在社区矫正采取了社会工作平等、尊重、同理、接纳等价值观念后,矫正工作者能够与矫正对象平等交往,从而能够更深入地了解矫正对象的心理,采取更有针对性的矫正措施。因此,联合国的一项研究指出:"广泛使用非监禁制裁不会导致犯罪的大量增长,特别是在非监禁制裁得到了很好的计划和执行,得到社区和广大公众充分支持的情况下,更是如此。"[1]

第三,社区矫正促进了社会的发展。从中国改革开放的过程看,在改革开放初期,政府与市场的分离是改革的主题,随着改革的逐步深化,市场经济体制框架逐渐建构,政府与市场的分离取得了重大成果。而随着经济的发展,政府从社会中分离出来,构建经济进一步发展的社会支持平台成为改革的又一重大主题。但对于社会究竟是怎样的,应怎样建设社会,社会治理的方式、方法应是怎样的等社会建构的关键问题的认识仍然处于模糊状态。矫正社会工作的发展为我国社会建设提供了一条基本思路。

建设一个完善的社会,实现政府与社会相对分离的基本路径是什么?这是社会建设首先遇到的问题。为了回答这个问题,需要首先分析实现政府与社会分离的前提条件。计划经济体制下,政府包揽了全部市场及社会事务,形成了政府办社会、企业办社会的局面。随着市场经济体制框架逐步形成,企业办社会的状况相应弱化,但政府办社会,包揽全部社会事务的状况并没有得到相应改善。其中关键的问题在于政府和社会的不成熟。关于市民社会的讨论注重了市民社

---

[1] Alternatives to imprisonment and measures for social resettlement of prisoners (Report of the Secretary-General, A/CONE), PARA. p.130.

会发展不够、不成熟的方面,强调了市民社会建设的重要性,但对相对于社会而言的政府的成熟性往往讨论不多。政府包揽全部社会事务的状况不仅仅说明了社会不成熟,同时也说明了政府不成熟,而在中国政府主导的现代化过程中,建设成熟的政府相对于建设成熟的社会而言,具有先在性和前提性意义。

20世纪80年代在我国开始的社区服务、社区建设等工作为促进政府发展并走向成熟提供了契机。在社区建设的探索中,先后出现了合并居委会、组建社区的沈阳模式,以及以"两级政府,三级管理,四级网络"为指导,把社区定位于街道,由此开展社区建设的上海模式。这两种模式分别代表了社区建设自下而上和自上而下的模式,不可否认的是,在后者社区建设的探索中,政府以主导者的身份开展社区建设的探索,获得了许多社会管理经验,使政府逐步走向成熟。

在政府逐步走向成熟的状况下,社会建设的前提条件得到初步解决。政府开始有意识地把一些社会事务放到社会中,希望社会自己解决一些事务。但政府下放社会事务由社会自己解决也有一个前提条件,即在社会中必须形成承接政府返回的社会事务的主体。在经济体制改革中,通过建立多元所有制结构,构建一系列经济中介组织解决了市场承接政府返回的各项事务的主体的问题,从而使政府与市场的分离成为可能。那么,在社会建设中,应该建设怎样的社会主体承接政府返回的社会事务?上海市在建设矫正社会工作体系的过程中,通过组建社会团体的方式承接由政府返回的社会事务,即组建一个专业社会工作者社会团体,由该社会团体承接本应由政府负责的社区矫正中的"矫正工作",政府通过购买服务的方式购买该社会团体的专业矫正工作。在开展矫正社会工作的起始阶段,上海市就明确了在建设相应政府机构的同时建设社会团体,由社会团体为矫正对象提供服务,政府购买这些社会团体的服务的思想,并将之付诸实践。这种思想和实践已经超越了以往由政府直接管理这些事务,由政府直接为矫正对象提供服务的行政模式,具有重大的创新意义。而在社会建设方面,这种思想和实践的直接结果是在社会中建设了一批能够承接由政府返回的社会事务的主体,使社会具有了承接政府返回的社会事务的能力,从而在理论和实践两个层面回应了社会是怎样的、应该怎样建设社会的社会建设的主题,也极大地促进了社会的发展。

三、矫正社会工作

矫正社会工作指社会工作实施于矫正体系中。它是指专业人员或志愿人士,在专业价值观指引下,运用社会工作的理论、知识和方法、技术,为罪犯(或具有犯罪危险性的人员)及其家人,在审判、监禁处遇、社会处遇或刑释期间,提供思想教育、心理辅导、行为纠正、信息咨询、就业培训、生活照顾以及社会环境改善等,使罪犯消除犯罪心理结构,修正行为模式,适应社会生活的一种福利服务。

依照上述定义,"矫正社会工作"一词似应包括以下四方面的含义。

1. 矫正社会工作是一种社会福利服务

社会工作作为一种职业,本身就是在社会福利制度内的各种专业化的服务,是社会福利的输送渠道和实现环节。矫正社会工作也具有社会工作的基本属性,它同儿童、妇女、老年、残疾人等领域的社会工作一样,是通过组织动员社会资源,改善处在困难处境中的社会成员的生活状况,使之适应社会生活的一种带有福利性质的社会服务和保障。它区别于其他领域社会工作之处只是服务的对象较为特别。

2. 矫正社会工作是为特殊社会弱势群体提供的福利服务

罪犯或具有犯罪危险性的违法人士的行为对社会和他人的利益造成了损害,从这个角度讲,他们是社会安全和公众利益的危害者,具有以强凌弱、弱肉强食、称霸一方、威慑四邻的特点。这些人之所以违法犯罪,很重要的原因是其社会化过程的阻断或弱化造成社会适应能力降低甚至消失。他们无法通过用社会公众所认可的途径和方法来维持其在社会中的正常生活。所以从这一角度讲,他们是社会的弱者。尤其当他们的行为被社会判定为违法或犯罪,受到社会的制裁和惩处时,其社会地位更处于与社会主流背离的不利境地,是社会的一个特殊的弱势群体。这就是矫正社会工作的工作对象。

3. 矫正社会工作是司法矫正体系中的社会福利服务

首先,矫正社会工作者所从事的福利服务有其法律上的依据。许多国家和地区对于此类服务都从立法方面加以规范,矫正社会工作是依法提供的社会福利服务。其次,矫正社会工作贯穿于对罪犯进行司法矫正的各个方面以及整个过程,包括审判、监禁处遇、社会处遇以及刑释等各个环节。最后,矫正社会工作的目的与司法工作的目的一致,即预防犯罪、维护社会安全。所以说,矫正社会工作是司法矫正体系的有机组成部分。

4. 矫正社会工作是一种专业化的社会福利服务

对罪犯的矫正是一个复杂的、长期的、系统的工程,需要由各方面的专业人士共同合作才能达到目的。矫正社会工作者是矫正团队中的重要成员,他同其他成员的区别点就在于:他是在社会工作专业价值观指引下,运用专业理论、知识和方法、技术,为罪犯(或具有犯罪危险性的人员)及其家人提供服务。在任何一种处遇方式中,个案辅导都是最普遍运用的服务模式。通过社会工作者与受助人之间建立的专业关系,使矫正的目标在个案工作过程中得以实现。而如果将相同类型的罪犯作为一个团体,则小组工作也是经常采用的服务方式。至于在社区处遇的诸多方式中,运用社区资源以协助罪犯及其家庭,则必须将社区工作的方法作为主要手段。故此,社会工作的专业服务在矫正过程中发挥着不可替代的作用。

四、矫正社会工作分类

矫正社会工作可以从多个角度进行分类，在此，我们根据司法程序把矫正社会工作分为两大类，即司法判决前的矫正社会工作和司法判决后的矫正社会工作；而司法判决后的矫正社会工作又可区分为监禁处遇中的矫正社会工作和社区中的矫正社会工作。

1. 司法判决前的矫正社会工作

（1）针对犯罪嫌疑人的社会工作介入。社会工作者介入司法过程，自司法判决前的案件审理阶段就已经开始。这时的主要工作对象是已被拘押或保释的、尚未被判定有罪的犯罪嫌疑人。

矫正社会工作者在案件审理过程中的主要工作职责是通过与受助者（犯罪嫌疑人）及其家属和周围社区的接触了解，写出一份有关犯罪嫌疑人背景的调查报告，提交法庭做审判参考。

矫正社会工作者在司法审判前提交调查报告的目的不是像律师一样为被告做无罪或轻罪辩护，而是在承认犯罪事实的基础上为法庭判决提出建议参考。在一些国家和地区，法庭对矫正社会工作者的调查报告是十分重视和尊重的，因为法庭调查一般注重于犯罪事实本身，以此作出是否有罪和罪行严重程度的判断。而矫正社会工作者的调查报告所提供的罪犯的社会背景和性格特征等资料，有助于法庭作出适用何种刑罚处置的判定，有利于罪犯的改过自新。例如，许多免于处罚、缓刑、社会服务等判决，都是法庭在充分考虑矫正社会工作者的建议基础上作出的。这就是矫正社会工作者在司法审判前为罪犯提供的服务。

由于判决前的调查报告对于法庭的判决有重要影响作用，因而它受到相关矫正机构的高度重视。1955年，美国"犯罪与违法的全美会议"所颁布的《量刑指南》规定，制作此类报告的缓刑官必须经过专门训练。判决前的调查报告包括三个部分：第一，犯罪事实的记录。其中，犯罪嫌疑人自己对缓刑官关于犯罪的供述和辩解，以及警察或被害人的陈述等都要加以记载。第二，前科。要求对以前被逮捕及犯罪情况作详尽说明及评价。第三，本人的生活史。记载家庭、受教育情况、工作经历、身体精神状况、宗教、兴趣、社会活动、服役、财产状况等。缓刑官要客观准确地写出报告，除了与犯罪嫌疑人交谈外，还要与相关的许多人，如家人、邻居、同学、同事、朋友、警察、受害人等进行广泛交谈。

（2）针对犯罪嫌疑人亲友的社会工作介入。犯罪嫌疑人被拘押等待审判期间，其家人亲友会因此受到冲击和拖累，尤其是犯罪嫌疑人家中年迈的父母和年幼的子女，其生活会因事件的发生而陷入困境。矫正社会工作者此时的工作介入，主要是针对这些陷入困境的犯罪嫌疑人的家人提供帮助。

一是为因事件发生而陷入经济困难的犯罪嫌疑人的家人寻找社会资源以维持其生计。如帮助申请社会救济、帮助寻找暂时性工作等。

二是为因事件发生而失去依靠的儿童、少年安排生活照料。如寻找替代家庭或收养机构、与学校老师联系以关注学业等。

三是为因事件发生而产生心理困扰的家庭成员提供辅导服务。

2. 监禁处遇中的矫正社会工作

监狱是对罪犯判处自由刑或生命刑以后的执行或待执行场所,是司法矫正体系的重要组成部分。因为监狱兼有惩罚、隔绝和威慑的功能,所以会在服刑犯人的心理上产生震撼作用。这种震撼可能造成两种相反的引导:抗拒或改过。

社会工作者为在监服刑人员提供的服务,主要是调动罪犯自身的潜能以及社会资源,引导罪犯向积极的方向转化,以达到改过自新、回归社会的目的。

由于监狱环境造成罪犯与社会和他人的隔绝状况,在监狱中又存在各种罪犯混杂居住、容易"交叉感染"的危险,所以在监狱服刑人员中开展的社会工作应以消除或减弱罪犯思想和行为上的负面因素,加强其与社会的联系沟通,以恢复重建其社会功能为主要目标。具体工作内容包括以下几个方面。

(1) 个案辅导。通过接待受助者,与之面谈,一方面了解其过去行为的性质、原因及当前思想状况,另一方面使其不满情绪得以宣泄,能较冷静地面对现实。对收集到的罪犯有关资料进行分析判断,找出问题的原因所在,并制定矫正方案。再根据个别化原则对不同对象施以不同的矫正方法。

(2) 团体治疗。组织具有相同经历、问题与困难的罪犯在一起,通过不同经验和感受的分享,来认识自己思想和行为上问题的症结,并发现改变现状的途径与方法,以达到再社会化的目的。

(3) 联系社会。可以通过开通电话、组织家属探访、走访罪犯家庭、倡导放假制度等方式,尽可能扩大罪犯与外部社会的联系沟通,避免因监狱封闭环境而造成罪犯社会化过程阻断现象的发生。

(4) 职业辅导。组织服刑罪犯参加各种职业技能培训,为释放后就业谋生做好准备。

(5) 评估报告。用科学的指标体系和方法,对服刑罪犯的心理、行为状况进行测量评估,随时注意罪犯改善的情形,发现有所改善,及时向监狱当局提出报告,使罪犯的累进处遇能获升级甚至获得假释。

3. 社区中的矫正社会工作

社区中的矫正社会工作也包含了十分丰富的内容。根据我国社区中矫正社会工作开展的实际情况,在此主要介绍社区矫正社会工作和刑释人员的社会工作。

（1）社区矫正社会工作

社区矫正是人类社会刑罚执行制度改革的趋势所在。从目前的情况看，社区矫正已经成为世界发达国家中占据主导地位的刑罚执行方式，因此，社区矫正也已成为矫正社会工作最主要的内容。

关于社区矫正的含义，目前还没有统一的看法。有的学者认为社区矫正是一种犯罪矫正的补充措施，美国学者福克斯认为，社区矫正是指发生在社区，运用社区资源并具有补充、协助和支持传统犯罪矫正功能的各种措施。而在实践界，人们对社区矫正的认识也存在一定的差异，《中华人民共和国社区矫正法》立法议案的提案者陈旭认为，社区矫正是对罪行较轻或狱内服刑表现较好的罪犯，在执行一定的刑期后，运用社会力量在社区环境中继续执行刑罚的一种开放型改造方式。司法部部长张福森同志在谈到社区矫正时指出："我们所讲的'社区矫正'，是与监禁矫正相对的行刑方式，是指将符合社区矫正条件的罪犯置于社区内，由专门的国家机关，在相关社会团体和民间组织以及社会志愿者的协助下，在判决或裁定规定的期限内，矫正其犯罪意识和行为恶习，并促进其顺利回归社会的非监禁刑罚执行活动。"从这些论述看，尽管人们对社区矫正存在不同的认识，但他们都从不同的角度提示了社区矫正的基本要素，即他们都对社区矫正的目标、对象、过程进行了规定。

第一，社区矫正是刑罚执行过程。社区矫正是与监禁矫正相对的行刑方式。人类刑罚的历史大体经历了三个阶段，即以肉刑和生命刑为主导的阶段、以监禁刑为主导的阶段、从以监禁刑为主向以非监禁刑为主的过渡阶段。人类刑罚发展的基本过程表明，无论是监禁刑还是非监禁刑都是人类刑罚的一种发展形式。非监禁刑的出现，反映了人类刑罚制度由肉刑到监禁刑再到非监禁刑的发展趋势。

从社区矫正的对象看，社区矫正也是刑罚执行的过程。由于各个国家法律规定的社区矫正类型不同，不同国家适用社区矫正的人员不同。如美国社区矫正的对象有缓刑、假释、家中监禁、电子控制、中途训练所、日报告中心、赔偿和社区服务等。2003年7月10日，最高人民法院、最高人民检察院、公安部、司法部下发的《关于开展社区矫正试点工作的通知》对我国社区矫正的适用范围做了基本规定，确定5种罪犯可适用社区矫正："被判处管制的。被宣告缓刑的。被暂予监外执行的，具体包括：① 有严重疾病需要保外就医的；② 怀孕或者正在哺育自己婴儿的妇女；③ 生活不能自理，适用暂予监外执行不致危害社会的。被裁定假释的。被剥夺政治权利，并在社会上服刑的。"由此可见，尽管各个国家关于社区矫正对象的规定各不相同，但有一点是一致的，即社区矫正对象的主体是正在服刑的犯罪人员，这就决定了社区矫正刑罚执行的性质。

第二，社区矫正是通过解决矫正对象的问题，恢复矫正对象的社会功能，促使矫正对象顺利回归社会的过程。人是社会人,因而每一个人都与社会的方方面面发生着各种各样的关系,形成了他们与社会各方面的联结状态。正常状态下,这种联结支持了人们的正常生活。但当这种联结发生偏离、断裂、失衡等现象时,个体的生活因此发生偏离、断裂、失衡,从而使人的行为发生偏离、断裂、失衡。同样,个体自身也是由生理要素、心理要素、社会要素等联结而成的一个整体,正常状态下,这种联结支持了个体的正常生活。但当个体自身的各种要素联结发生偏离、断裂、失衡等现象时,个体的生活也会发生偏离、断裂、失衡,从而使个体的行为发生偏离、断裂、失衡。在调研中,我们发现几乎每个矫正对象都存在着一定的社会联结和自我联结的偏离、断裂、失衡现象。如矫正对象徐某已有六十多岁,在监狱服刑时,其妻就带着两个女儿离开了他。当他因严重的心脏病而保外就医时,其兄长为其做了担保人,但居住在兄长家不长的时间里,却导致了兄嫂之间的矛盾,迫不得已,他只好流浪街头。后来虽然租了住房,做了一些小生意,但却由于身体状况不佳和生意难做,欠下了数千元的房租。这时,他的社会联结——与他人和社会的关系——已经基本中断,而他的自我联结——个人生理要素、心理要素、社会要素——也已经失衡。在生理、心理、社会要素失衡的情况下,矫正对象可能会产生各种各样的问题,这就需要在矫正过程中,与矫正对象一起,针对矫正对象的种种问题开展矫正工作。

由此,我们可以对社区矫正做一个基本规定:社区矫正是以社区为平台,以科学的价值观念和工作方法,恢复矫正对象的社会功能,促使矫正对象顺利回归社会的刑罚执行制度和过程。

我国社区矫正起步于21世纪初期。2003年7月10日,最高人民法院、最高人民检察院、公安部、司法部下发的《关于开展社区矫正试点工作的通知》,决定在北京、天津、上海、山东、江苏、浙江等省市开展社区矫正的试点工作。经过五年的发展,目前社区矫正尽管仍然处于试点中,但试点省市已经达到了二十多个。

最早开展社区矫正社会工作探索的省市是上海市。2002年8月,上海市就已开始探索在社区矫正中运用社会工作的理念和方法为矫正对象提供服务的矫正社会工作,并探索了组建专业社会工作者社会团体、政府购买专业社会团体的服务开展矫正社会工作的制度——社区矫正制度。至今,矫正社会工作已经在上海、北京、浙江、江苏展开,他们或组建了专业矫正社会工作者队伍,或对矫正工作者队伍进行了培训。

从我国社会工作介入矫正工作的情况来看,社区矫正社会工作应是目前我国矫正社会工作的主体。在监禁矫正中,社会工作基本上还没有介入。也正因为如此,本书的很多内容都以社区矫正社会工作为主体展开。

(2)刑释人员的社会工作

刑满释放人员虽已不是罪犯,但也不同于社会中的正常人群。尤其是刚从监狱获释的人员,往往缺乏社会适应能力,又受到社会歧视、家庭拒绝、同伴疏远、就业困难、学习中断等多重压力和困扰,所以,这部分人能否顺利度过释放后的最初阶段,对于今后的生活及社会安定关系重大。

矫正社会工作者对刑释人员提供的服务也称为更生保护。这是一项起源于美国费城、面向刑满释放等人员的社会福利措施,其方法主要有:

提供住宿场所。为暂时不被家庭接纳或无家可归的刑释人员解决安身问题,同时在住宿中提供监管和辅导服务,帮助刑释人员顺利完成由监禁环境向开放社会的过渡。

提供就业、就学辅导。寻找工作或继续求学是刑释人员回归社会的重要途径和手段,社会工作机构和人员在这方面的服务包括对刑释人员进行工作技能培训,帮助联系介绍职业,帮助联系就学学校等,同时还要通过辅导帮助养成工作和学习的意识和习惯。

提供生活辅导和医疗保健转介服务。刑释人员中有相当部分人员具有不良生活习惯,社会工作者的职责也包括为其提供生活辅导和医疗保健转介服务,帮助其养成良好生活习惯。

提供物质援助。刑释人员往往缺乏生活、工作的物质条件,为帮助其尽快建立起正常的生活、工作秩序,社会工作者应挖掘和利用社会资源对其进行物质援助。

五、与矫正社会工作相关的概念

1. 观护

观护又称观护制度,是指对于成年人或少年犯罪人,运用科学的社会个案工作方法,调查其犯罪前所有的资料,经过法院慎重的选择,允许其仍居住在社区中,使其遵守一定的条件,于一定期间内,由法院任用的观护人实施辅导监督,以达到社会防卫和个别处遇的目的。观护制度包括调查、分析、参与刑事诉讼程序,及辅导监督等工作环节。它与假释制度的不同之处在于:假释犯人必定在监狱内服刑一段时间,其假释是判决确定之后的过程,而观护人并不参与刑事诉讼程序。观护制度与假释制度的相同之处在于:两者均应施以辅导监督。

2. 改造

改造又称教育改造,是我国监狱法学中特定的法律用语,有广义和狭义两种理解。广义的罪犯改造是指我国监狱对罪犯实施的全部惩罚与改造劳动,包括刑罚执行,狱政管理,思想、文化和技术教育以及劳动生产等;狭义的教育改造,即是指我国监狱法在刑罚执行过程中对罪犯强制实施的旨在使罪犯心理和行为得到矫正和重塑的思想、文化和技术教育活动。

3. 更生保护

更生保护是指对于出狱犯人、曾受过某种司法处分的犯罪者以及其他有不良行为的人,在社会上给予适当的保护与辅导,矫正其不健康人格,帮助其克服生活困难,使之顺利适应社会的一种制度。更生保护是一种社会福利制度,起源于 1776 年美国费城的理查德·威斯特所创建的出狱人保护组织,至 20 世纪特别是第二次世界大战后,更生保护被广泛地采用。从目前的情况看,更生保护的对象一般包括:刑罚执行完毕被释放的人、被假释的人、被宣告缓刑的人、免于刑罚执行的人、根据少年法被宣告实行保护观察的人等。根据各国和地区更生保护法规,更生保护的方法主要有:提供住宿场所、提供医疗和保健服务、生活辅导、就业、就学辅导、物质援助等。

4. 社区处遇

社区处遇又称"非机构式的处遇"。即不将犯罪者纳入监狱等拘禁围墙之内,而让犯罪者仍然在自由社会中生活,并接受专业工作人员的辅导与训练,至其完全适应社会规范为止。社区处遇的兴起,主要是对机构处遇的一种反省。尤其是对于青少年罪犯,及"无受害者的罪犯",犯罪学专家们主张对其改用社区处遇的方式,其目的在于使其成功地适应社会生活。社区处遇的主要形态,包括中途家庭、寄养家庭、观护制度、监外就业、假释、保护管束、更生保护等。从我国的情况看,目前进入社区矫正的对象是被判处管制的、被宣告缓刑的、被暂予监外执行的、被裁定假释的、被剥夺政治权利并在社会上服刑的五类人员。

第二节 矫正社会工作的起源与发展

一、矫正社会工作的起源

1. "感化社会工作之父"——奥古斯特斯的业绩

据考证,现代矫正社会工作起源于美国,其创始人是一位波士顿的名为约翰·奥古斯特斯(John Augustus)的制鞋匠。

1785 年奥古斯特斯出生时,美国取得独立战争的胜利还不久。当时,殖民地统治时期残酷对待犯人的刑罚如鞭挞、截割、手枷等虽然还普遍地存在于各个监狱中,但要求人道地对待罪犯的正义呼声已时有所闻,以革新狱政为主要目标的美国波士顿监狱协会也于 1825 年率先成立。

1841 年,"华盛顿全民禁酒协会"在波士顿成立,奥古斯特斯参加协会并成为其中最热心的成员之一。他常常到监狱去探望囚犯,对于那些因酗酒而被判刑者深表怜悯,屡次恳请法官对此类犯事者暂缓处分,由其保释出狱进行感化教育。在历时数周的保释期间,奥古斯特斯运用个案工作的辅导方法改善受保者个人及其周围的环境状况,等这些人返回法庭重受审视时,一般都会因为行为大有改观而获得宽大处分。后来,奥古斯特斯承保的案件越来越多,他干脆放弃制鞋本行而以全部时间从事感化罪犯的工作,其帮助对象也不再局限于因酗酒而犯事者。从1841年开创这项工作到1859年去世前的18年中,奥古斯特斯总共保释的人犯近两千名。奥古斯特斯认为:自己的工作如果能使十分之一的人犯有改善也是值得的,因为把一个人从错误中扭转过来,等于把他从死亡中拯救出来一样。

当时,虽然有人对奥古斯特斯的行为不理解甚至怀疑和反对,但他毕竟开创了一个全新的工作领域。他的伟大精神和光辉业绩为后人所称颂,他也因此获得了"感化工作之父"、"世界上第一位伟大的观护人"的美誉。

2. 矫正社会工作制度在美国的建立

奥古斯特斯逝世后20年,美国马萨诸塞州制订了一项法案,授权波士顿市设置专任矫正社会工作者(观护人)一名,参与法院刑事管辖权之审议,调查犯罪嫌疑人、判决犯、轻罪犯及接受"观护处分"者替代刑罚的建议工作。10年后,该项制度延伸到州高等法院,马萨诸塞州因此成为美国第一个以州为范围开展矫正社会工作的地区。其后,密苏里州、佛蒙特州、伊利诺伊州、新泽西州等陆续制定了类似的法律。1925年,美国《联邦观护法案》在国会通过,美国全国范围内的矫正社会工作制度由此得以建立。

二、世界一些主要国家和地区矫正社会工作制度的建立和发展

1. 英国矫正社会工作制度

英国早在1887年就已制定了《初犯法》。该法确立了"感化精神",但其适用范围十分狭小。1907年通过的《感化犯人法》第一次在全国范围内认可感化犯人制度并制定了具体措施。该法案规定:"由一个有关机构指派并于必要时在公共基金下支薪的观护人全体来代表法院负责被判以感化处分的人在释放后的监督、咨询、协助以及与之交往等有关事宜。"由此改变了英国以往以志愿方式为基础提供感化矫正服务的发展方向,确立了由法院任命的专职人员以公共服务方式推进的矫正社会工作格局。1925年,英国制定《刑事裁判法》,规定按各承审法院的管辖范围设立"司法裁判区";每一司法裁判区设立一个"感化委员会",专门负责辖区内矫正社会工作者的任命、薪给支付和其他一切行政事务,从而在体制上保证了矫正社会工作的进一步开展。

2. 日本矫正社会工作制度

日本的矫正社会工作是在吸收了英、美经验的基础上于第二次世界大战后建立发展起来的。1947年和1949年,日本分别制定了《恩赦法》和《犯罪者预防更生法》,由此开始了有关预防和感化矫正罪犯的法律建设的新时期。在日

的现行法律中,除了上述两部法规外,其他的《更生紧急保护法》、《缓刑执行者保护观察法》、《保护司法》、《刑法》、《刑诉法》、《少年法》、《少年院法》、《妇女辅导院法》、《儿童福利法》、《轻犯罪法》等法规中,都有与犯罪矫正有关的规定,形成了一个多层次的法规网络体系。在组织架构和机构设置上,既有更生保护委员会、保护观察所等国家机关;又有更生保护会、兄姐会等民间团体;既有刑务所、少年院、妇女辅导院等司法矫正机构,又有商谈所、教养院等儿童福利机构。在矫正措施上,既有日益社会化的设施内处遇,又有如更生保护、保护观察、中间处遇等设施外处遇。在人员配置上,既有由国家支付薪给的专职工作人员,又有如保护司这样的不领工资的志愿工作者。日本在借鉴别国经验基础上发展起来的适合本国情况的矫正工作制度,是当代资本主义国家中较为成功有效的。

3. 中国港台地区矫正社会工作制度

我国香港矫正社会工作主要借鉴英国的经验。20世纪30年代,感化制度从英国引入香港,对罪犯的判刑除了考虑其罪行的性质和程度外,还加进了对其背景的考量。1938年,在监狱署属下增设感化部。1948年成立社会局,奠定了社会局承担感化工作的基础。1950年,香港设立"首席感化主任"职务,矫正社会工作得以开展,逐渐地为不同年龄的犯人提供辅导。20世纪80年代中期起,"社区为本"的精神被引入司法矫正领域,香港进一步确立起一套用"社会服务令"等非监禁形式对罪犯进行矫正的制度体系。

我国台湾1962年公布的《少年事件处理法》首创少年观护制度,开启了台湾矫正社会工作的先河。1981年起在各地方法院检查处配置观护人,执行对假释、缓刑后交付保护管束的成年人的辅导监督工作。

第三节 矫正社会工作的功能与作用

根据个人与社会二因素的犯罪原因理论,矫正社会工作的功能与作用也应该从个人和社会两个角度入手进行分析。

一、针对罪犯的功能与作用

矫正社会工作针对罪犯的功能与作用主要包括监管、矫正和服务三个方面。

1. 监管功能

矫正制度即刑罚执行制度,矫正社会工作者是刑罚执行团队中的一员。在一些国家或地区的立法和司法实践中,矫正社会工作者(如美国的缓刑官、中国香港的感化主任等)被法律授予依法对非监禁罪犯实施监管的职责。对非监禁罪犯实施监管的目的,一是通过限制一定程度自由的办法(如定期汇报、不可随意离开居住地等规定)对犯罪行为作一定补偿;二是通过监管预防其再犯罪。

2. 矫正功能

犯罪行为的实施有个人因素的影响。个人因素包括生理因素、心理因素、思想观念、行为特征、生活方式等。矫正社会工作者通过运用专业的理论、知识、方法和技巧，使犯罪者或具有犯罪倾向的违法人员得到生理上、心理上、思想上和行为上的矫正治疗，从而重新融入社会，成为其中的正常成员。

3. 服务功能

矫正社会工作从本质上讲是在司法体系中的社会福利服务，其服务对象是特殊的社会弱势群体——罪犯或违法人士。矫正社会工作的服务贯穿于整个刑事司法过程。其内容涵盖生活照料，经济支持，疾病医治，就学就业指导，家庭关系调适心理、认知、态度、行为、人际关系、社会适应辅导等方面。服务手段包括直接和间接服务等。

二、针对社会环境的功能与作用

1. 营造有利于罪犯更新的家庭和社区环境

许多研究表明，一些人之所以犯罪，是因为其生活的家庭及其周围的社区环境恶劣，存在许多不利于人健康成长的影响因素，如父母离异、家人酗酒、家庭教育方式失当、邻里失和、毒品泛滥、赌博盛行、偷盗猖獗，等等。这些现象的存在，不利于罪犯的更新改造。矫正社会工作者的工作重心，除了针对罪犯个人的监管、教育和服务外，还应着眼于家庭和社区环境的改善，营造有利于罪犯更新以及预防犯罪的健康和睦的家庭和社区环境。

2. 促进刑罚制度的人性化和科学化发展

现代世界各国的刑法观念和刑罚制度大多朝着非刑罚化、非监禁化的方向发展。矫正社会工作制度既是这一发展趋势的产物，又是进一步推进这一变革的动力。矫正社会工作本着人道主义的精神，运用科学的理论和方法，从事更新改造罪犯和改善社会环境的活动，用有力的事实向世人表明，人性化、科学化的刑罚制度比报应威慑至上的严刑峻法更有利于罪犯的改造和社会的安全。

第二章 矫正社会工作的理论渊源

矫正社会工作的生成和发展并不是一种偶然的现象，它与人类对犯罪原因的探究、人类刑罚观念和刑罚制度的历史变迁、人类社会的进步密切相关。

第一节 人类社会对于犯罪原因的探究历程

一、古代社会的"冒犯神意"说

在古代社会，由于人们认识和判断事物的能力低下，生活和命运往往受制于超乎自身条件的自然界的力量的影响，所以认为存在着另一个世界的力量在控制着人们的思想和行为，那种力量便是"灵魂"、"上帝"和"神"。这种"神意"说认为，神是人世间万事万物的主宰，世俗社会秩序是神的安排，是神的秩序的折射。因此，在探究犯罪原因时，人们的注意力集中在犯罪与神灵的关系上，往往把犯罪与"逆天道"、"叛神意"，特别是"中恶魔"相联系。这种"冒犯神意"的犯罪原因解释有各种各样的表现形式。在古代，尚无文字的泛灵论认为犯罪是邪恶的幽灵引起的。到了中世纪，人们则把犯罪和其他异常行为归咎于恶魔鬼怪，犯罪和犯罪行为被认为是魔鬼附体的结果，即上帝欲要毁灭一个人必先使其疯狂。这种"魔鬼说"，在15世纪的欧洲广为流行，并充斥于16世纪到19世纪初期的许多著作中。

"冒犯神意"说在中国古代也有所表现。在民间，所谓"狐狸精"诱人犯罪的传说，与西方的"魔女论"有异曲同工之处。在士大夫阶层，从"代天行罚"的神权法观点到老子的"自然法"、墨子的"法天"，以及董仲舒的"天人感应"、朱熹的"存天理、灭人欲"等等，无不包含了犯罪是违反神意天意的观念。

二、刑事古典学派的"自由意志"论

在资产阶级启蒙运动之前的犯罪原因探讨中，人们往往从超自然的力量方

面去寻找答案。在18世纪资产阶级启蒙思想家孟德斯鸠、洛克、卢梭、伏尔泰等提出的"天赋人权"、"社会契约"、"解放个性"等学说和"自由、平等、博爱"等口号的影响下，人们开始对犯罪行为进行自然主义的探讨。这样一种对犯罪原因的认识由"神意"到"人意"的转变，开启了一个被后人称做"刑事古典学派"或"古典犯罪学派"的新的历史阶段。这一学派的创始人是名为贝卡利亚的意大利人，这一学派的创立标志，是1764年时年26岁的贝卡利亚发表《论犯罪与刑罚》一书。

刑事古典学派解释犯罪原因的一个主要观点是"自由意志"理论。该种理论认为，上帝赋予每一个人自由选择善恶的权利，每个人都可以作出有意识、有意志的选择。犹如动物完全根据本能取舍一样，人类的行为可由其自主决定，但目的总是要避免痛苦和惩罚，寻找自我利益和快乐。人之所以犯罪，并不是由所谓超乎人的意志的神的力量所致，而完全是由不受限制的自由意志所决定。在自由状态中，人的意志具有充分的自由，并得到完美的体现。人在自由意志支配下进行选择和取舍。犯罪之所以发生，是犯罪人为了追求"快感"所致。犯罪是自由意志选择的避苦求乐、趋恶避善的行为。

三、犯罪人类学派的"天生犯罪"论

启蒙运动洗礼之后的18、19世纪，欧洲学术界流行一种风尚：将自然科学的研究方法引入社会科学的研究领域，力图用自然科学的最新发现去解释与说明各种社会现象。将实证主义方法引入犯罪学研究，是以龙勃罗梭为代表的"犯罪人类学派"对犯罪研究的杰出贡献。

在龙勃罗梭之前，古典学派主要关注犯罪行为，对于犯罪行为的研究又大多局限于法律规范。在研究方法上，古典学派追求思辨，脱离个案，使犯罪的研究陷入空洞的哲理之中。而龙勃罗梭认为犯罪是人的行为，如欲揭示犯罪的本质，必先研究实施犯罪的人。

龙勃罗梭利用当军医和监狱医生的便利条件，对几千名监狱罪犯和非犯罪人进行了死后检查和人类学研究。他认为，犯罪人是自然存在的，他们是低于正常人的一种人类进化形式，有截然不同的身体特征和心理特征。龙勃罗梭把罪犯分为天生犯罪人、精神病犯罪人、偶然犯罪人、激情犯罪人等四种类型，他的研究的基础性观点是：真正的犯罪人或者生来犯罪人实施了大部分犯罪行为。

四、犯罪社会学派的"犯罪多因素"论

龙勃罗梭的"天生犯罪人"理论一经传播，马上受到来自各方面的抨击。在龙勃罗梭的后期著作中，他逐渐修改了只关注遗传等先天因素的观点，从生理、心理、环境、气候等多方面对犯罪原因进行探讨，并强调智力、情感、本能、习惯、

下意识反应、语言、模仿力等心理因素与政治、经济、人口、文化、教育、宗教、环境等社会因素以及自然因素的作用,天生犯罪人在罪犯总数中的比例也一再降低(由原来的70%降至33%),实际上形成了综合的犯罪原因论。

意大利学者菲利是龙勃罗梭的学生,他承认犯罪与遗传等先天因素的联系,但是更关注犯罪的社会原因,因而成为犯罪社会学派的主要代表。菲利提出著名的犯罪原因三因素论(犯罪三元论),即人类学因素、自然因素和社会因素。其中的社会因素,包括人口密集、公共舆论、公共态度、宗教、家庭情况、教育制度、工业状况、酗酒情况、经济和政治状况、公共管理、司法-警察、一般立法情况、民事和刑事法律制度等。作为犯罪原因的三因素论者,菲利既否定古典学派的自由意志论,又不赞成将犯罪原因仅归结为自然因素。他从行为决定论和社会整体的角度提出了社会责任的思想。菲利认为,人为什么要对犯罪负责任的唯一实证解答,就是由于人生活在社会之中,在此范围内,他对所做的一切违反法律的行为总是要负责任的,这是社会责任代替道义责任的根本原则。

犯罪社会学派的创始人、德国犯罪学家李斯特虽然同意菲利将社会因素视为犯罪原因之一,但是不同意将自然因素独立于社会因素之外,而认为自然因素只是社会因素之一。他指出,冬季之所以发生财产犯罪多,尽管与收入减少、燃料短缺有关,然而终究还是由经济、社会原因所决定的。在批评龙勃罗梭和菲利关于犯罪原因的观点的基础上,李斯特提出了犯罪原因二因素论(犯罪二元论),即社会因素和个人因素。其中,社会因素是指犯罪人周围的环境,特别是经济环境,例如,失业、恶劣的居住条件、低工资、生活必需品价格高昂、酗酒等,尤其强调贫困是培养犯罪的最大基础,也是遗传素质之所以质变的培养液。个人因素主要是指个人性格上的原因,这种性格有一部分是先天的,有一部分是后天的,即由于发育关系或生存命运关系所致。在犯罪二因素中,李斯特更强调社会因素对犯罪发生的作用,认为犯罪原因大部分在于社会,研究犯罪原因就必须研究社会的缺陷,消灭了社会上的原因,犯罪也就自然消灭了。因而,李斯特提出了"最好的社会政策,也就是最好的刑事政策"的著名论断。

第二节　人类社会刑法观念及其刑罚制度的历史变迁

一、古代社会"复仇主义"刑法观念和刑罚措施

1. "冒犯神意"说指导下的"驱魔"法

在古代氏族社会中,犯罪的原因被认为是出于行为者冒犯神的意志的邪恶念头,是由于邪恶幽灵引起的,是由于中了恶魔的结果,把罪犯称为"恶魔鬼

怪",是一个鬼怪似的与正常人不同的人,因此必须受到神的制裁。对犯罪人的处理往往是采用各种各样的办法以驱赶邪魔拯救灵魂。在石器时代,由神汉巫婆用神器敲开罪犯的头颅,此种方法叫做"开鬼洞";在中世纪,采用鞭挞或以其他"轰"的方式把"鬼附人体"的罪犯赶到与世隔绝的地方;15世纪时由于认为被鬼附体的人是主动找鬼的,所以常常以炮烙等酷刑将罪犯处死;再以后则多采用念符咒,祈祷,请法师、巫医、僧人等办法将鬼轰走。

2. 源于氏族组织一体性的复仇义务

在原始社会末期,已经出现了刑罚的最初萌芽,即血族复仇。这时追诉和处罚的权利主要掌握在私人即受害人及其族人手中,其依据是狭隘的氏族利益。

吕思勉先生说:"复仇之风,初皆起于部落之相报,虽非天下为公,犹有亲亲之道存焉。"①这表明:在真正的凌驾于氏族之上的公权力还没有产生之前,人们主要依靠由天然的血缘关系而形成的氏族共同体来解决面对的问题。复仇的社会基础,就是氏族组织及其一体性的生存条件和观念。②

吴荣曾先生用唐朝周边一些少数民族的史料,来引证中国远古时代氏族社会的复仇习俗。如《新唐书·松外蛮》:凡相杀比报,力不能,则其部助攻之。《通典·附国》:俗好复仇,故垒石为巢而居。《通典·党项》:尤重复仇,仇人未得,必蓬头垢面,跣足疏食,要斩仇人,而后复常。吴先生认为:"尽管唐代松外蛮等少数民族在历史发展阶段上有先后之别,但他们必欲置仇人于死地的做法,反映出这是一种较为原始的复仇习俗。"③

同样的复仇习俗,在美洲易洛魁人氏族中也有反映。恩格斯在《家庭、私有制和国家的起源》中谈到易洛魁氏族的时候指出:"同氏族人必须相互援助、保护,特别是在受到外族人伤害时,要帮助报仇。个人依靠氏族来保护自己的安全,而且也能做到这一点;凡伤害个人的,便是伤害了整个氏族。因而,从氏族的血族关系中便产生了那为易洛魁人所绝对承认的血族复仇的义务。假使一个氏族成员被外族人杀害了,那么被害者的全氏族就有义务实行血族复仇。"④

3. "君命神授"名义下的峻法酷刑

国家产生以后,君主被认为受神的委托有惩罚罪犯的权力。古代国家的法典往往从维护"神意"出发,具有强烈的复仇色彩。法律公开确认复仇是判刑的罚则,且认为被害人或其亲属有执行刑罚的权力。

如古希伯来人惩治犯罪所依据的作为古希伯来法总纲的"摩西十诫"明确:

---

① 《吕思勉读史札记》,上海古籍出版社1982年版,第382页。
② 霍存福:《复仇 报复刑 报应说》,吉林人民出版社2005年版,第20页。
③ 吴荣曾:《试论先秦刑罚规范中所保留的氏族残余》,《中国社会科学》1984年第3期,第199~200页。
④ 《马克思恩格斯选集》第4卷,人民出版社1995年版,第85页。

刑罚的目的在于报复,原则为同态复仇,即"以命偿命,以眼还眼,以牙还牙,以手还手,以脚还脚,以烙还烙,以伤还伤,以打还打"。①

古巴比伦王国在公元前18世纪制定的《汉穆拉比法典》规定:工匠替人盖房子,如因工程不牢固把房主砸死了,工匠本人就得以死抵命;如把房主的儿子砸死了,工匠的儿子就得被处死。

在古希腊时期,人们也将受害人亲属的复仇看做是理所当然的行为。柏拉图就主张:如果某人对一自由妇女或青年施行强暴,受害者或其父亲、兄弟、儿子可以把凶手杀死而不受法律制裁。

即便到了现代,在有些国家或地区仍通行着由家属成员顶替罪责的习俗。如据报道:在巴基斯坦的一个乡村,一名叫拉比亚的2岁幼女被迫订婚,她必须在年满16岁时嫁给一个比她年长33岁的男子,原因是拉比亚的叔叔与那位男子的妻子私通。②

二、"报应主义"刑论的产生及其发展

报应主义,又称报应刑主义,强调刑罚的施加在于报应。恶有恶报、善有善报是人理常情,犯罪是一种恶,对于犯罪之恶,应以刑罚应之。

报应刑起源于氏族社会的原始复仇习惯,两者都着眼于对已然之罪的惩罚。但是报应刑与原始复仇又有着本质的区别。黑格尔对报应与复仇的区别有过精当描述:"复仇由于它是特殊意志的肯定行为,所以是一种新的侵害。作为这种矛盾,它陷入无限进程,世代相传以至无穷","在无法官和无法律的社会状态中,刑罚经常具有复仇的形式……在未开化的民族,复仇永不止息"。而要解决这种矛盾,就要求"从主观利益和主观形态下,以及从威力的偶然性下解放出来的正义,这就是说,不是要求复仇的正义而是要求刑罚的正义"③。

哈格有关报应与复仇的区别的论说更加通俗易懂:"复仇是利己的,因为其系由感到受了伤害并希望报复的任何人野蛮地(通过自己的权威)所采取的。复仇既不受既有的规则所限定,也不与被报仇的伤害相适应。受报仇的甚至不必是犯罪;好嫉妒的竞争者或情人可能因对十分守法的行动产生不满而复仇。由于其不是任何法定权威适用或控制的,复仇容易伤害守法的公民。血亲复仇可能变成家务事务,并被指向被指称的犯错者的亲属或关系人。……与复仇不同,报应是由法庭在一次有罪指控或审判之后施加的,而在审判中,被告被确认实施了某种犯罪。由所违反的法律所规定且与所犯之罪的严重性相适应的报

---

① 《出埃及记》第21章第24节。
② 《参考消息》2005年3月3日,第6版。
③ [德]黑格尔:《法哲学原理》,商务印书馆1996年版,第107~108页。

应,不是为了满足或补偿因犯罪承受损失或伤害的任何人而施加——即使其确实如此——而是为了实施法律与为了维护法律秩序而施加。"①

报应主义或报应刑主义是人类社会文明进步的成果,其产生完成了刑罚史上由私力复仇到法律报复的突变,标志着野蛮的私力救济让位于文明的国家制裁。根据时代的变迁以及报应根据(为何报应)之本源的不同,报应主义经历了三种理论形态:神意报应、道德报应、法律报应。张小虎在《刑法的基本观念》一书中,对这三种理论形态进行了梳理和描述②。

1. 神意报应

神意报应的思想盛行于古代及中世纪。其以神意来解释刑罚正当性,犯罪是对神意的触犯,理应受到神的责罚,国家根据神的意志,对犯罪人予以惩罚,以维护社会正义。

早期,人类受制于外界自然的神奇力量,于是拥有丰富想象力的人类便创造出蕴藏于自然界深处的主宰着人类幸福与痛苦的万能之神。神要求对犯罪之罪恶回击以严惩。在整个欧洲的古代时期,凡是给他人造成重大损害的行为都要受到神的严厉惩罚。在这种情况下,对罪犯施以痛苦是为了安抚受到亵渎的神灵。

在政教合一的中世纪,人们仍然认为犯罪行为是冒犯了上帝的意志,应该受到上帝的惩罚,而有权作出判罚决定的是教廷。这时期的教会法,从捍卫神学的绝对权威出发,认为犯罪就是亵渎上帝、违反教规的行为,因而将违反教义或宗教信仰的行为宣布为犯罪,把叛教、崇信异教、另立教派、行妖术、巫术及亵渎圣物等行为都定为特别宗教犯罪,以上帝的名义处死犯罪人。在此刑法观念和刑罚制度下,一切科学都被看成是违背教义的异端邪说而严加禁止,从事科学研究的科学家如伽利略等也惨遭迫害。当时的刑罚手段十分野蛮残忍,烙刑、火刑、绞首、溺刑、活埋、车裂等方法常被用来处罚被封建教廷判为有罪之人。

2. 道德报应

道德报应作为一种理论形态,形成于资产阶级启蒙时期。康德是道德报应主义的始祖。道德报应以伦理道德来解释刑罚正当性,犯罪是行为人内心道德邪恶的表现,理应受到道义的责罚,国家根据道德观念,对犯罪人予以惩罚,以维护社会的正义。

康德强调刑罚的报应性,指出:法院的惩罚绝对不能仅仅作为促进另一种善的手段,不论对犯罪者本人或者对公民社会。惩罚在任何情况下,必须只是由

---

① Ernestvan den Haag. Punishing Criminals: Concerning A Very Old and Painful Question. New York: Basic Books Inc. Publishers, 1975. p.10.

② 张小虎:《刑法的基本观念》,北京大学出版社 2004 年版,第 84~88 页。

于一个人已经犯了一种罪行才加刑于他。因为一个人绝对不应该仅仅作为一种手段去达到他人的目的。① 在康德的思想中，人性中既潜藏着善的秉赋，又具有作恶的倾向。

由于人的两重性，就相应地产生了两种道德法则：其一，伦理的法则，即内在地运用于被看成是本体的人的道德法则，它不仅要求行为与法则符合，而且要求法则本身就是行为的动机，因此它具有内在强制力；其二，法律的法则，即外在地应用于既被看成现象又被看成是本体的人的道德法则，它只考虑行为是否符合法则，而不管行为的动机如何，它是与外在的强制力结合在一起的。法律应当体现正义的原则，而这一原则就是道德法则的外在化。在实际生活中，作恶总是比行善容易，作为一种有限的理性存在者，人总是倾向于满足自己的感性欲望，在这一过程中往往违反了道德法则。人的这种行为在道德上应当受到非难和谴责。刑罚因违反道德并由此带来的诸多社会恶果而发动②。

在报应的标准上，康德主张反坐报应，强调刑罚与犯罪之间形式上的对等。他指出："公共正义——作为它的原则和标准的惩罚方式与尺度是什么？这只能是平等的原则。……任何一个人对人民当中的某个个别人所作的恶行，可以看作是他对自己作恶。"③这里康德主张的是一种"以牙还牙"式的报应。尽管他不强求犯罪与刑罚之间的绝对同态对应，但是他坚持犯罪与刑罚之间应当有一种直接的比例关系。

3. 法律报应

法律报应理论是近代的产物。黑格尔是法律报应主义的重要代表。法律报应以法律来解释刑罚正当性，犯罪是触犯法律的行为，理应受到法律的责罚，国家根据法律的规定，对犯罪人予以惩罚，以维护社会的正义。

黑格尔将犯罪视作不法，是对法的否定，而刑罚是对犯罪的否定，通过这种否定，法获得了自身的肯定，因此法是在匡正不法中获得存在的价值。黑格尔认为，不法的形式有三种："它或者是自在的或直接的假象，即无犯意的或民事上的不法，或者被主体设定为假象，即诈欺，或者简直被主体化为乌有，即犯罪。"④所谓无犯意的或民事上的不法，是行为人误以为其不法行为为合法的一种不法；所谓诈欺，是行为人明知自己的行为是不法，却采用欺骗的办法使他人误认为此行为合法的一种不法；所谓犯罪，是行为人自己和他人都明知行为人的行为为不法的一种不法。黑格尔强调："真正的不法是犯罪，在犯罪中不论是法本身或我

---

① [德]康德：《法的形而上学原理——权利的科学》，沈叔平译，商务印书馆1991年版，第164页。
② 参阅李梅：《权利与正义：康德政治哲学研究》，社会科学文献出版社2000年版，第161~167页。
③ [德]康德：《法的形而上学原理——权利的科学》，沈叔平译，商务印书馆1991年版，第165页。
④ [德]黑格尔：《法哲学原理》，范扬、张企泰译，商务印书馆1961年版，第92页。

所认为的法都没有被尊重,法的主观方面和客观方面都遭到了破坏。"①黑格尔指出,犯罪是虚无的,其虚无性在于作为法的法被扬弃了。但是作为绝对的东西的法是不可能被扬弃的。"犯罪行为不是最初的东西、肯定的东西,刑罚是作为否定加于它的,相反地,它是否定的东西,所以刑罚不过是否定的否定。现在现实的法就是对那种侵害的扬弃,正是通过这一扬弃,法显示出其有效性,并且证明了自己是一个必然的被中介的定在。"②

关于报应的标准,黑格尔否定康德反坐报应而主张等价报应,即追求犯罪与刑罚之间一种价值上的等同。他指出:"犯罪的基本规定在于行为的无限性,所以单纯外在种的性状消失得更为明显,而等同性则依然是唯一的根本规则,以调整本质的东西,即犯罪应该受到什么刑罚,但并不规定这种科罚的外在的种的形态。……寻求刑罚和犯罪接近于这种价值上的等同,是属于理智范围内的事。"③

三、"功利主义"刑论的产生及其发展

功利主义刑罚理论是又一种探讨刑罚正当性的理论。报应主义认为刑罚是为了惩罚罪犯的存在,刑罚的正当性,在于犯罪的不正当性。功利主义则认为,刑罚的价值在于其满足国家追求一定功利效果的积极意义,这种功利效果就是犯罪预防,预防犯罪才是刑罚存在的正当性根据。

功利主义认为:趋乐避苦是人的本能,犯罪人之所以选择犯罪,是因为犯罪的结果或过程对行为者来说是快乐的。按照人是理性动物这个前提出发,犯罪人在选择犯罪与不犯罪之时是理性的,他之所以犯罪是因为犯罪之乐大于不犯罪之乐。功利主义从预防犯罪的角度出发论证刑罚的不当性。要阻止犯罪,预防犯罪,就必须使犯罪之乐小于不犯罪之乐,要遏制犯罪之乐就必须对犯罪人施以一种痛苦,通过剥夺犯罪人的自由、生命、财产,使犯罪人感到犯罪之苦大于犯罪之乐,所以对犯罪分子适用刑罚时,必须按照罪刑相适应原则,重罪重罚,轻罪轻罚,无罪不罚,通过刑罚的手段使犯罪人形成一种正确的苦乐观,校正犯罪人不正确的苦乐观,使犯罪人因畏惧犯罪之苦而不敢轻易犯罪,达到预防犯罪、保护社会的目的。所以预防犯罪是对犯罪人适用刑罚的正当性根据。

预防犯罪又包括一般预防和特殊预防。张小虎在《刑法的基本观念》一书中对此也有细致描述。④

---

① [德]黑格尔:《法哲学原理》,范扬、张企泰译,商务印书馆1961年版,第95~96页。
② [德]黑格尔:《法哲学原理》,范扬、张企泰译,商务印书馆1961年版,第100页。
③ [德]黑格尔:《法哲学原理》,范扬、张企泰译,商务印书馆1961年版,第105~106页。
④ 参阅张小虎:《刑法的基本观念》,北京大学出版社2004年版,第88~91页。

1. 一般预防

一般预防以社会一般人为对象,认为刑罚的目的在于通过刑罚的威慑或者确证规范,预防社会一般人,使之不致犯罪。根据预防方式的不同,一般预防分为执行威吓主义、立法威吓主义、积极一般预防。

执行威吓是通过在一般人面前公开执行残酷的刑罚,来防止一般人去犯罪,从而收到预防犯罪的效果。执行威吓盛行于古代与中世纪的专制社会。中国专制社会的刑罚极其野蛮残暴。有墨、劓、剕、宫、大辟法定五刑,还有炮烙、剖腹等法外极刑。中世纪的欧洲教会尤爱囚笼刑,罪犯被关在笼子里,吊在市政厅、法院甚至教堂外面,在众目睽睽之下,饥渴而死。还有活埋、木桩刑、活剥、碎身刑、碾刑、火刑、磔刑、以石击毙,等等。

立法威吓是通过法律明文规定刑罚的方式,来遏制社会一般人的犯罪欲望,从而收到预防犯罪的效果。与执行威吓不同,立法威吓强调的不是刑罚执行的血腥场面,而是刑罚的明确性和确定性。具体地说,对于一定的犯罪,以刑法事先规定明确、肯定的刑罚,使人们预先知道因犯罪而受到刑罚的痛苦,大于因犯罪所得到的快乐,由此,按趋利避害行事的人就会把抑制犯罪发生的小的不快和受到刑罚产生的大的不快比较,宁肯避开大的不快而选择小的不快,从而抑制心理上萌生犯罪的意念,以达到避免犯罪。

积极一般预防是通过刑法的评价机能和决定意思的机能,使公民对刑法产生依赖,由此达到预防犯罪的效果。所谓刑法的评价机能,是刑法把一定的行为当作犯罪并科以一定的刑罚,由此为一般人提供了一个行为价值的判断标准;所谓刑法决定意思的机能,是刑法指令一般人按照这种价值判断标准而作出意思决定。

2. 特殊预防

特殊预防以犯罪人为对象,认为刑罚的目的在于通过刑罚的剥夺或者教育,使犯罪人不致再次犯罪。特殊预防是刑事近代学派所主张的刑罚理论,根据预防方式的不同,特殊预防分为剥夺犯罪能力主义、矫正改善主义。

剥夺犯罪能力主义是以自由刑或者生命刑施加于犯罪人,使犯罪人与社会相隔离或消失于社会,从而排除其再次犯罪的可能性。可见,剥夺犯罪能力主义是消极的特殊预防,又称排他主义。龙勃罗梭是剥夺犯罪能力主义的推崇者。他认为,无论从统计学的角度看,还是从人类学的角度看,犯罪都是一种自然现象、必然现象。刑罚应当根据犯罪人类型的不同而有区别;对尚未犯罪但有犯罪倾向的人实行保安处分,即预先使之与社会相隔离;对于具有犯罪生理特征者予以生理矫治,即通过医疗措施如切除前额、剥夺生殖机能等来消除犯罪的动因;将危险性很大的人流放荒岛、终身监禁乃至处死。

矫正改善主义将刑罚用作矫治、改善犯罪人的手段,通过刑罚对犯罪人的教育改造,使其改恶从善,从而排除其再次犯罪的可能性。因此,矫正改善主义是积极的特殊预防,又称教育刑主义。李斯特倡导矫正改善主义。他认为,刑罚的目的在于改造和教育犯人,消除其危险性,使之重返一般市民生活之中。个别预防的重点不是预防不特定的可能犯罪的人,而是预防已受到处罚的人再次犯罪。刑罚的分量以为了消除犯罪人的危险性(犯罪性),使之重返社会所需的处理期间为标准(处罚的不是行为而是行为人)。与其说刑罚的目的是威吓、儆戒一般人,莫如说是使人自身得到改造、预防犯罪更为重要一些。

第三节 当今世界刑罚轻刑化和非监禁化的发展趋势

一、关于重刑化与轻刑化之争

1. 关于重刑弊端的讨论

重刑主义思想的根源在于对待刑罚的价值取向,过分迷信和夸大了刑罚功能中的威慑作用,认为只有通过严刑峻法才能达到控制犯罪的理想效果,表现在司法实践中便是对所有犯罪人(不论是轻罪还是重罪)都无一例外地适用极为严厉的刑罚措施。重刑主义思想在中国古代和欧洲中世纪的刑罚历史中盛行了千百年,至今还能常常看到它的影响存在。

重刑的适用固然在一定程度上有利于震慑犯罪人,也能对社会上其他人起到警示的作用,但同时造成的危害也是多方面的。

第一,违背了罪刑适应的基本原则。罪刑相适应原则要求对犯罪人适用的刑罚应当与犯罪人犯罪行为的社会危害性、犯罪人的人身危险性以及犯罪人应当承担的刑事责任相适应,重罪重罚、轻罪轻罚、罚当其罪。而重刑主义思想表现在司法实践中则为轻罪重罚、重罪更重,显然与刑罚所要求的罪刑相适应原则背道而驰。

第二,削弱人们对刑法的尊重感。社会认同感是刑法有效实施的社会基础,而刑法要获得人们的认同,首先必须是公正的,也即刑法对罪刑关系的规定必须符合公正、合理的价值理念。过重的刑罚,必然与人们的公正观念相悖,势必削弱人们对刑法的认同感,由此产生的不仅是公众对刑法尊重感的削弱,甚至还会促使人们对罪犯产生同情。

第三,不利于罪犯改过自新。刑罚具有惩罚和威慑两大功能。对于已然犯罪,惩罚具有报应性质,适度的刑罚会使犯罪人产生痛苦与后悔心理,使他感到自己罪有应得,从而产生改过自新的动力。而过重的刑罚,不仅不能促使罪犯产生悔过心理,反而会产生不满、反社会的情绪,为了补偿过重刑罚所造成的心理失衡,甚至会实施更加严重的犯罪行为。贝卡利亚就曾说过:"严峻的刑罚造成了这样一种局面:罪犯所面临的恶果越大,也就越敢于规避刑罚。为了摆脱一次罪行的刑罚,人们会犯下更多的罪行。"①

第四,增加了不必要的司法成本。通常情况下,轻重不同的刑罚执行需要的司法资源配置也是不同的。执行重刑所需要的资源比较多,而执行轻刑所需要的资源比较少。例如在美国,自 1983 年开始执行的社区矫正计划,每个社区矫正罪犯每天所花费的经费为 6.49 美元,而同期在看守所和在监狱中拘押的犯人每天的花费分别为 19.52 美元和 39.05 美元②。重刑主义所造成的后果之一便是将本应判处轻刑的罪犯判处了更重的刑罚,从而使刑罚执行过程中经费投入大大超出实际所需,造成司法资源的无谓浪费。

第五,妨碍社会治安综合治理目标的实现。犯罪是一种由多种因素引发的复杂的社会现象,因此,预防犯罪的手段也不应该是单一的。由犯罪人个人因素引起的犯罪动机和行为,要通过对犯罪人的惩罚和矫正等措施以防止再犯;由社会原因引起的犯罪,应通过对社会相关制度的完善去堵塞漏洞。动辄诉诸刑罚,是社会推卸责任的表现,也是不尊重人的基本权利的体现。重刑主义盛行,会使整个社会对刑法存在一种不正常的信赖和期待,当违法犯罪行为出现时,首先的反应不是通过相关法律制度的建设与完善,而是动辄施之于刑,妨碍了社会治安综合治理目标的实现。

2. 关于死刑存废的讨论

死刑是剥夺犯罪分子生命的刑罚方法,又称生命刑。由于死刑是刑罚体系中诸刑罚方法中最重的一种,因而又称极刑。死刑是凭借从肉体上消灭犯罪分子的手段来惩罚犯罪并防卫社会的刑法手段。死刑是人类社会应用最久的刑罚。早在自由刑和财产刑应用前很久,死刑就存在了。在很长的历史时期里,死刑曾被认为是天经地义的对罪犯进行惩处的方法。

但是,在死刑被适用几千年后,人类对死刑的正当性及其作用产生了怀疑。1764 年,意大利伟大的刑法学家贝卡利亚在其名著《论犯罪与刑罚》中首次提出废除死刑和严格限制死刑适用的主张,死刑——这个人类历史上最古老简单的刑罚方法一下子变得复杂起来。世界范围内废除死刑的运动风起云涌,许多国家在法律中废除了死刑或在司法实践中已不执行死刑。截止到 2000 年 10 月,全世界彻底废除死刑的国家达 78 个,事实上废除死刑的国家达 37 个,仅对普通犯罪废除死刑的国家也有 10 个。与之相比,目前仅 71 个国家仍保留死刑。

死刑存废论的分歧,实质是传统刑罚报应论和预防论与人道主义、人文关怀

---

① [意]贝卡利亚:《论犯罪与刑罚》,黄风译,中国法制出版社 2005 年版,第 54 页。
② 郭建安、郑霞泽:《社区矫正通论》,法律出版社 2004 年版,第 100 页。

冲突的结果。死刑存废问题的争论主要在三个方面,即是否公正、预防犯罪以及符合人道主义。

首先,在死刑是否公正的问题上,死刑保留论者从"报应论"出发,强调报应的"等价性",即犯罪者失去的利益应不小于所侵害的利益,以此论证"杀人偿命"的合理性。认为报应可谓社会对于犯罪人为恶的反应,以刑罚来报应犯罪,因刑罚的痛苦来平衡犯罪的恶害,一方面可以实现正义,另一方面则可以增强伦理的力量,以建立社会赖以生存的法的秩序。而死刑废除论者却认为:从刑罚的公正性出发,并不能得出死刑必不可少的结论。刑罚的公正体现在罪刑相适应,罪刑相适应并没有规定什么样的犯罪要求判处死刑,只是说明有死刑时,适用于最严重的犯罪是公正的,它同样告诉我们,在没有死刑存在的情况下,比死刑轻的刑罚适用于最严重的犯罪就是公正的。所以,有没有死刑存在都可以保证罪刑相适应,都可以做到刑罚公正。

其次,在预防犯罪方面,死刑保留论者认为,"趋利避害"是人们衡量利弊得失时的本能反应和选择,因此,死刑对可能犯罪之人具有巨大的威慑作用。而死刑废除论者却认为,死刑的存在不能起到预防犯罪的效果,并举证当今社会有死刑,但暴力犯罪案件仍显著上升,由此即得出死刑不能预防犯罪。

最后,在死刑是否人道的问题上,死刑废除论者认为,在人的所有权利中,生命权是一项最基本的权利,因为一方面生命是人生存的唯一标志,另一方面生命是其他一切权利的载体,生命权没有了,其他的一切也就无从谈起。根据社会契约论的观点,国家权力是因为公民让出自己的一些权利才形成的,但公民不可能让出生命权,而死刑剥夺的是最基本的人权,所以是有违人道的。而死刑保留论者却认为,上述观点忽略了死刑的目的,掩盖了实施死刑的这种国家权力的真正来源。由于一般情况下,受害人总是比罪犯多,即死刑犯差不多都是剥夺了更多其他人的基本人权,既然罪犯可以剥夺他人的基本人权,为什么国家权力不能呢?须知国家权力不只有罪犯让出的权利,甚至更多的是受害人让出的权利。

3. 关于短期自由刑存废的讨论

在数量上具有可分割性是有期自由刑的重要特征,根据剥夺受刑人人身自由时间的长短,可以将其分为长期自由刑和短期自由刑。在国际上,有关短期自由刑的时间标准存在不同的主张。我国学者赵秉志、陈志军主张根据我国的立法和实践,将短期自由刑的时间标准界定为3年以下自由刑。

短期自由刑在刑罚史上曾经具有相当重要的地位,它作为生命刑、肉刑等残酷刑罚的替代,是法庭对初犯、轻犯、少年犯等社会危害性较小的罪犯进行判决的理性选择,是体现罪刑相适应原则的刑罚制度体系的有机组成部分。

但是到了19世纪中后期,随着刑事实证学派的兴起和教育刑论的盛行,短期自由刑的实际社会效果受到置疑,从此开始了有关短期自由刑利弊、存废问题的争论。从1872年第一届国际刑法及监狱会议起,历经一个多世纪的争论,国内外学者对短期自由刑的弊端,基本达成了以下几方面的共识。

第一,短期自由刑的刑罚功能发挥不明显。短期自由刑由于时间太短,所以一方面惩罚功能太弱,威慑力不强,一般预防效果差;另一方面,行刑机关没有足够时间针对各个罪犯的特点制定有效的个别处遇方案,所以矫正、教育的功能也不理想。

第二,短期自由刑容易产生标签化的负面作用。被适用短期自由刑的大多为初犯、轻犯和少年犯,这些人有较大改过自新的可能。但是一旦被关押,就容易形成负面的自我标签,产生自暴自弃、破罐破摔的心理,有可能在犯罪的邪路上越滑越远。

第三,短期自由刑服刑者回归社会困难。短期自由刑的适用者虽然被关押监禁的时间不长,但由于社会偏见和歧视现象的存在,这些人服刑后在就学、就业、婚姻家庭生活、子女教育培养等方面都会遭遇种种障碍,从而对前途失去信心,在现实社会中无路可走的情况下,容易走上用不合法手段谋求生存权利的犯罪道路。

第四,短期自由刑容易产生罪犯间交叉感染。由于刑罚执行场所房舍不够、设施不善、警力不足、分类管理不严,被执行短期自由刑的初犯、轻犯、青少年犯往往与重犯、惯犯、累犯、成年犯关押在一起,极容易引起罪犯间的交叉感染,相互交流犯罪经验和技术,强化犯罪意识,结成罪犯间的社会支持网络,从而制造出更多更危险的罪犯。

二、当今世界刑事司法的发展趋势

人类社会对罪犯的惩罚,从"以牙还牙"到"杀鸡儆猴"的观念转变,持续了数千年,到18世纪末,人们才开始采用感化的方法来对待罪犯,而不再以残酷的刑罚惩治罪犯而后快。20世纪以来,西方犯罪学理论和刑罚政策更出现了一种非刑罚化和非监禁化的发展趋势。

非刑罚化、非监禁化是指不用传统监禁的刑罚方法而用非监禁刑的方法来感化改造罪犯。通往非刑罚化的途径大致有以下几种。①

(1)通过非犯罪化以实现非刑罚化。非犯罪化就是把各种传统的轻微犯罪划入违反秩序的一般违法行为的范围。非犯罪化的主旨是避免刑法对社会生活过多干预,使刑事司法力量更有效地对付严重犯罪行为。在许多国家的立法与司法实践中,非犯罪化通过两种途径实现:一是从刑事司法上取消某些犯罪行

---

① 参阅孙国祥:《论非刑罚化的理论基础及其途径》,载刘家琛《当代刑罚价值研究》,法律出版社2003年版,第165~168页。

为,如通奸、色情、堕胎等;二是在执法中对某些犯罪行为不追究刑事责任,如一般的交通犯罪等。

(2) 采取起诉便宜主义。即检察机关在某些特殊条件下,通过一定的程序,对某些案件在起诉前予以终止。起诉便宜主义是对传统的有罪必诉、有罪必罚的起诉法定主义的否定。它适用于两种情况:一是对于犯罪情节轻微者适用;二是对于犯罪情节未必轻微但主观恶性较小者适用。

(3) 广泛适用缓刑。即对于初犯、偶犯、轻微犯罪行为者,更多地适用暂缓其刑宣告或暂缓其宣告刑之执行。

(4) 实行保安处分制度。保安处分制度,是国家刑事法律所规定的、对实施了危害社会的不法行为的无责任能力人、限制责任能力人以及法律上特定的有相当社会危险性的有责任能力人等所施以的刑罚以外的医疗施治、保护观察等特定措施,以预防和控制犯罪、确保社会平安和矫治行为者本人的不良人格或病理身心的各类刑事制裁制度的总和。保安处分的种类大致有:监护隔离处分、收容矫正处分、强制劳作处分、保安监置处分、强制治疗处分、强制禁戒处分、保护观察处分、更生保护处分、少年保护处分、限制居住处分、善行保证处分、剥夺驾驶许可处分、驱逐出境处分以及对法人适用的撤销营业执照处分和对犯罪所得物品、使用物品或工具的没收处分等。

(5) 将案件移交社会法庭审理。社会法庭也称社区法庭,其作用是主要通过调解的方法,对小型、轻微的纠纷争议的案件进行审判,以达到维护邻里和睦关系的目的。

(6) 减刑、假释制度。即在执行刑罚过程中,有条件或无条件地缩短执行刑期,让罪犯提前出狱的措施。

(7) 其他非刑罚化、非监禁性措施。如罚金、担保、软禁、向受害人道歉、社会服务、具结悔过、周末监禁、公开训斥等。

第三章 矫正社会工作模式

从矫正对象的角度来看，他们通常面临社会适应欠佳、心理冲突、行为偏差、社会关系失调等问题，需要给予积极辅导和矫正治疗，以此改变其偏差行为，增进其社会适应能力，促使其早日回归社会。矫正社会工作者往往通过各类矫正服务项目，如生活指导、职业辅导、教育训练、社会支持网络建设等工作的开展来实现矫正目标，各个矫正服务项目的实施，需要运用各类社会工作技术和理论模式。

从社会工作发展历史来看，不同的社会发展时期，形成了各具代表性的社会工作服务模式，如20世纪30年代至50年代的精神分析观点下的心理社会分析模式和认知行为模式；20世纪50年代至70年代的人本主义观点下的危机介入模式和任务中心模式；20世纪70年代至今的生态和增能观点下的社会网络干预模式、基变社会工作模式、增强权能模式等等。各类社会工作服务模式的形成，深受一个国家和地区政治、经济和社会文化发展的影响，每个服务模式背后，隐含着各种哲学思潮的不同取向，以及社会工作专业自身的使命追求。我们从上述社会工作服务模式的内涵及特征可以看到，西方社会工作服务模式的划分，主要由其背后主流哲学思潮及专业本身的使命追求所决定。如当强调社会工作是对于个人的修护和治疗时，心理、认知、行为治疗模式成为主流；当相信人性的良善和社会环境的协调时，人本治疗模式、社会网络干预模式成为主流；而在后现代主义思潮的影响下，增权模式下的基变社会工作、女性主义社会工作、优势为本社会工作成为社会工作者的主要追求。

矫正社会工作大都是一种补救式治疗性的服务类型，矫正社会工作的开展也需要社会各方力量的有机整合。为此，本章着重介绍心理社会治疗、认知行为治疗、任务中心模式、现实治疗法、生态系统理论、社区网络干预模式等社会工作理论模式。

第一节 心理社会治疗模式和认知行为治疗模式

心理社会治疗模式和认知行为治疗模式都深受精神分析理论的影响,是比较经典的治疗派理论。

一、心理社会治疗模式

心理社会治疗模式诞生于19世纪末期,它植根于多元决定论之中,与传统社会工作实务关系最为密切。该理论强调应同时从两个方面来理解矫正服务对象,既要识别并评估影响矫正服务对象的心理因素(如人格、智力和能力),还要识别并评估影响矫正服务对象的社会因素(如不幸的家庭历史、同伴关系等)。其理论发展至今,试图综合人类行为与社会环境之各种理论,系统地阐明人格发展与社会功能之关系。在矫正工作中运用心理社会治疗模式,需要探讨和了解矫正服务对象生物的、物质的、身体的、个人的、人际与文化的互动因素。

1. 基本假设

心理社会治疗理论从"人在情境中"的观点出发,认为个人适应问题受内在压力和外在环境压力的互相影响。个人内在压力是指个人内在人格结构的失衡状态,即本我、自我、超我力量冲突所可能产生的内在不平衡状态。外在压力包括家庭、朋友等微观环境,也包括物理环境和社会环境所带来的压力,如文化、组织、制度、社区等。该理论流派对于人类行为动力有以下基本假设[①]:

第一,要了解和预测人的行为必须了解个人与整个形态中的所有人的互动;

第二,人类所生活的环境为一个系统,系统内成员彼此的交互反应和相互影响,成为一个连锁反应;

第三,个人行为反应来自他对环境之知觉、认知和内在心理感受;

第四,个人出生时即具有独特的本能驱力和攻击性,并与环境相互作用而形成独特之行为方式,因此,人格与个人社会生活功能息息相关;

第五,个人对环境的认知是个人对环境的期望与事实两部分的整合;

第六,人之所以会发生适应问题,是来自社会适应失败;

第七,如果矫正服务对象的人格成为一个开放的系统,那么他的自我是可以

---

① 宋丽玉、曾华源、施教裕、郑丽珍著:《社会工作理论——处遇模式与案例分析》,洪叶文化事业有限公司2002年版,第126页。

改变和成长的。

2. 治疗目标

心理社会治疗模式的主要目标包括以下几个方面：

第一，减低矫正服务对象的焦虑和不安；

第二，减低"人在情境中"系统的功能失调；

第三，增强矫正服务对象的自我适应技巧和"人在情境中"系统的功能；

第四，增强矫正服务对象的自我实现和满足感，改善环境以解决问题等。

社会工作者利用助人技术帮助矫正服务对象排除心理障碍，增强自信心，使矫正服务对象能够自己悟出问题所在，从而解决自己的问题。在心理社会理论的指导下，重要的决定应来自矫正服务对象的反省而不是工作者的强加。其工作目的是改善矫正服务对象的社会功能，既要帮助矫正服务对象去改变自己预想不到的困难处境，又要帮助矫正服务对象学会在这种处境中的生活技巧，并在此处境中生活得更好。心理社会治疗模式最重要的贡献就是它创建了对于人类理解的独创方法，发展了弗洛伊德心理学的观点和理论，使得当时正在受抨击的心理动力学说得以进一步巩固。

心理社会治疗不仅包括如衣食住行的可行性、医疗环境、就业机会、娱乐机会和教育机会等具体的现实，还包括人与人之间相互作用和关系的社会心理现实。人们需要依靠环境为其提供各种必需的社会关系，如父母、延伸的家庭关系、婚姻伴侣、朋友和熟人等，而这些关系的质量在很大程度上并不取决于个人的努力和选择。社会关系是一种个人相互作用中的角色关系。社会关系系统中的人们又都作为具有一定独立人格的个体而存在。因此，社会工作者还将协助矫正服务对象释放和处理深藏的感觉，协调各力量的平衡和修正力量间的相互作用，以达到矫正服务对象社会功能改善的目的。

3. 实施原则

心理社会治疗模式的实施原则主要有以下几个方面：

第一，服务计划应随着对矫正服务对象了解程度的不同，以及"人在情境中"（内在心理和外在环境两大因素）的改变而不断修正；

第二，提供社会心理服务应以个别化为原则；

第三，问题研判焦点是放在矫正服务对象目前与过去生活功能表现与生活环境互动关系方面；

第四，重视专业关系的建立和运用；

第五，矫正服务对象要参与问题的研判和处置计划；

第六，直接协助矫正服务对象改变自己来影响环境。

4. 主要治疗技术

心理社会理论的治疗技术分为直接和间接治疗技术两种。

直接治疗技术有以下几项：

第一，支持性的技术。即意图给予矫正服务对象情感的支持，包括工作者方面的行动。

第二，直接影响的技术。包括忠告、建议、强调、坚持、积极说服及实际干涉等。

第三，探讨、描述与宣泄的技术。主要目的在于引出矫正服务对象描述或解释的资料，以鼓励其在会谈中将闭塞的感受倾吐出来。

第四，反映性讨论的技术。以发展或增进矫正服务对象的洞察力为目的，可以再分为人与情境的反映性讨论、形态—动力因素的反映性讨论和人格发展因素的反映性讨论三种。人与情境的反映性讨论技术用来协助矫正服务对象了解其情境的本质、矫正服务对象自己对情境的反应，以及了解其反应与情境间之相互影响；形态—动力因素的反映性讨论技术用来协助矫正服务对象进一步去发掘他的感受、态度与行为的内在心理根源；人格发展因素的反映性讨论技术用来协助矫正服务对象觉知他的某些性格特质，或行为是受早年发展期的经验所影响，以促使矫正服务对象适当地控制这些影响，以免妨碍目前的社会功能。此反映性讨论是用来鼓励矫正服务对象思考他的心思形态或倾向之历史发展背景。

间接治疗技术主要是针对矫正服务对象的环境作改善或修正。环境修正指的是工作者考虑矫正服务对象利益后，直接采取行动改变环境。主要技术包括运用直接干预技巧影响矫正服务对象环境中有关系的重要他人、重要系统及重要环境方面的工作。

二、认知行为治疗模式

认知行为治疗模式是由行为治疗模式发展而来的。条件反射和操作条件反射原理成为行为治疗的重要技术。20世纪60年代，班杜拉发展了社会学习理论，将经典条件发射、操作条件反射和观察学习结合在一起，并将认知视为行为治疗的一个重要组成部分。

1. 基本假设

认知行为治疗是根据认知过程影响情感和行为的理论假设，通过认知和行为技术改变矫正服务对象不良认知和行为的治疗模式。认知行为治疗者认为引起人们情绪和行为问题的原因不是事件本身，而是人们对事件的解释和评价，即人们对事件的认知。认知和情感、行为互相联系和影响。负性认知、情感和行为障碍互相加强，形成恶性循环，是情感、行为障碍的重要原因。因此，打破恶性循环是治疗的一个关键。矫正服务对象往往存在重大的认知曲解，这些认知曲解是矫正服务对象痛苦的真正原因，一旦认知曲解得到识别和矫正，矫正服务对象的情绪障碍必将获得迅速改善。认知疗法的策略,在于帮助矫正服务对象重新构建认知结构,重新评价自己,重建对自己的信心。

2. 治疗目标

一般来说,认知行为治疗模式主要是治疗非理性认知形态,减低认知对于情绪和行为的影响。具体来说,认知行为理论认为矫正服务对象的问题乃系自我效能不足或原来自动化思考形成的错误想法或错误假定导致了对外在环境事件的认知和解读的扭曲或误判,所以认知行为治疗模式的治疗目标主要包括:

第一,改变错误认知或不切实际的期待,以及其他非理性的想法;

第二,修正非理性的自我对话;

第三,加强问题解决和对策抉择的能力;

第四,加强自我控制和自我管理。

3. 社工的角色和任务

社会工作者在运用认知行为模式时常常扮演着教练和伙伴的双重角色。

作为教练,社工应协助矫正服务对象懂得如何运用此种理论与技巧来检验本身各种认知改变与行为修正的成效。如直接指导矫正服务对象了解和掌握自我管理的技巧,催化矫正服务对象经历自我发现的体验和成长,包括激发矫正服务对象的自我观察和醒悟能力,可以觉察本身的信念体系和因应的行为机制,以及承受压力的程度,以及可以逐步自我界定问题和思考解决问题的对策,并向助人者观摩学习理性地评估自己和周遭世界。

作为伙伴,社工则必须与矫正服务对象共同探索其思考的运作方式,并对其认知错误之处及修正的目标与策略达成共识,以及透过协助矫正服务对象逐步养成正向的因应行为,提供示范作用促使矫正服务对象学习和规划适合自己的生活形态与行为模式。

社工在运用认知行为模式进行矫正治疗服务时,通常要完成以下几个任务。

第一,澄清内在沟通。协助矫正服务对象觉察自己的想法及自我对话,以及了解在这个想法背后所隐藏的对自己或对他人的错误认知及非理性想法;一旦这些想法被社工意识到或者自觉,才能通过新的认知来加以改变;同时也协助矫正服务对象了解其不当行为所可能导致的不良后果,以引导其规避或削弱不良行为。

第二,解释认知行为的运作模式。进一步教导矫正服务对象运用 ABC 理性情绪治疗法,解释前置事件及行为结果间的关系,指认或发现造成情绪障碍的错误观念,并协助矫正服务对象挑战及改变此种错误认知或非理性信念,使其逐步学习正确的因应行为。

第三,指定家庭作业。要求矫正服务对象学习 ABC 情绪运作模式,并将实际运用的案例及执行过程与结果,确实记录,借以有效指认、挑战及改善错误观念和非理性的自我对话,确定正确的改进方向及有效结果。

第四,强调体验学习。如通过自我肯定、社会化、角色规范、心理剧、示范、角色扮演、任务分配等来使矫正服务对象获得体验和反思及改变。

第五,试用逆向操作。类似激将法,将矫正服务对象经常或容易产生预期焦虑或不愉快的行为或情境,提前面对。如对上台发言恐慌等,可提前操练。但此方法必须由社工与矫正服务对象一起使用。

第六,运用动态的思考及反思。动态的思考是一种问题解决的思考方式,包括以下方面:意识:及早看到问题的表征;期待:期望自己能解决问题和期待好的结果;定义问题:看看哪里不对,找到影响问题的情境;思考解决的方法和替代方案:罗列、分析、选择;归因:分析并修正个人对问题解决的处理方式及可以维持的结果。

4. 介入策略

认知行为治疗总的方向是协助矫正服务对象改变原来错误的认知,然后运用学习原则以强化和示范的方式,引导矫正服务对象学习正向的因应行为和活动,并从中获得成就或愉悦的经验,以重新塑造另一个正常的生活形态和行为模式。介入策略具体有以下几个方面:

第一,辨认失能或扭曲的思考方式和想法,以及该想法如何导致负面的情绪和失调的行为。

第二,自我监控负面的思考方式或自我对话。

第三,探索负面思考方式与潜在感觉或信念之间的关系。

第四,尝试不同的具有正面功能和不扭曲的思考方式类型。

第五,检验个人重新对自我、世界和未来的基本假定,在因应行为及环境调适上的有效性。

根据上述步骤而发展出的家庭作业的格式:

A:所发生的事件是什么?

B:对于这个事件我有什么错误的观念?为什么我会这么想?

C:我的感觉是什么?

D1:我对 A 的描述正确吗?

D2:我对 B 的描述是合理的吗?如果不是,即重新尝试不同的思考方式。

E:D1、D2 引发我什么新的情绪?

第六,当矫正服务对象的生活形态和行为模式一旦确立,符合日常生活作息的常规与要求,社工与矫正服务对象共同订定的具体行为改变目标已达成,则基本符合结案标准。若个别矫正服务对象所处生活环境的资源十分匮乏和有压力,则需要对其进行定期跟进。

第二节 任务中心模式和现实治疗法

任务中心模式和现实治疗法的共同之处,即相信矫正对象对于问题的解决是有责任和自主能力的。它们不像心理社会学派强调潜意识对人的作用,也不像行为学派只强调环境的改变,它们认为人的行为受外在支配,人不应推诿自己生活的责任,而必须对自己的行为负责,人也有解决自己问题的能力。

一、任务中心模式

任务中心模式是在 20 世纪 60 年代中期,由 Reid 与 Epstein 在美国所提倡、发展而成的一种矫正服务对象工作方法。任务中心模式的运作过程,含有浓厚的问题解决色彩。总体来说,任务中心模式的主要取向是为矫正服务对象提供短期有效的服务。任务中心模式旨在确认要解决的问题,认识问题的意义,并将之转化为可以了解和采取行动之任务,了解有哪些问题解决工作阶段和技术。

1. 基本假设

任务中心模式不讨论问题的起源和发展,而是致力于探知解决问题的阻力和助力,以协助矫正服务对象清楚界定问题,了解问题解决的资源与障碍。

任务中心模式认为:人类不像心理分析学派所认为的是潜意识驱力的俘虏;也不是行为学派认为的完全受环境影响。人类是有自我意志的,不是内在及外在操纵下的产物。人们的困扰来自于处理问题的能力暂时缺损,此困扰正是引发改变的动力。

任务中心模式采取短期处遇,督促矫正服务对象对焦点关注问题的界定。矫正服务对象在短期处遇中的获益并不少于长期处遇,而处遇的时间限制,将促使矫正服务对象和社工一起更加努力。具体来说,任务中心模式的基本假设有以下几点:[①]

人之所以有问题是因为能力暂时受到限制,而非病理因素所致;
解决问题的障碍主要是环境或资源不足;
人陷入困境时就会产生改变动力,但人有适应问题之本能;
人有改变动力,但只想减轻困难到可以忍受为止,而非根本改变;
个人了解到有问题,且处于不平衡状态下,会使个人采取行动解决。

[①] 宋丽玉、曾华源、施教裕、郑丽珍著:《社会工作理论——处遇模式与案例分析》,洪叶文化事业有限公司 2002 年版。

2. 基本特质和原则

第一,经验取向。任务中心模式偏好于经实证研究证实或支持的方法或理论,对矫正服务对象的假设和概念,皆来自所收集的资料。有系统地收集每个矫正服务对象在评估、处遇过程及结案时的数据,持续不断地发展研究计划,以改善工作模式,是任务中心模式的特征之一。

第二,整合性。任务中心模式整合许多以经验为基础的理论,如问题解决学派、认知学派等。

第三,焦点。任务中心模式的焦点集中在矫正服务对象所认同的问题上,以矫正服务对象关注及确认的问题为服务计划的重点。

第四,系统与脉络。问题的发生受许多脉络复杂的系统影响,因此解决问题或避免问题再发生,都会使脉络改变,从而减缓困扰。

第五,短期性。任务中心模式的服务设计是短期的,大约在四个月内进行六到十二次。

第六,合作的关系。任务中心模式强调社工和矫正服务对象的关系是关心和合作的,社工应分享对服务过程和成效的评估,避免隐藏目标和处遇过程,这样不仅可以有效地开展服务,亦有助矫正服务对象问题解决能力的发展。

3. 焦点

任务中心模式有两个关注焦点值得社工注意:

第一,问题解决的焦点必须放在矫正服务对象的需求和想要解决的问题是什么上,即焦点是矫正服务对象所认为的最重要的和最能够去解决的问题,而非机构所认为的最重要的问题。

第二,为了保护矫正服务对象免于一直处于开放的、无止境的问题处置过程中和关系过度涉入,工作者和矫正服务对象必须对问题进行切割。解决问题过程中,实际行动应该是部分的、有焦点的,要一个一个解决,必须把力量集中在可达成之目标上。

4. 问题类别

任务中心模式对于问题的认知是广泛的,其重心放在问题的分类上,重点是问题类型的剖析与处遇,它一般把问题归纳为以下八类。

第一,人际冲突。指个人与个人之间的不协调,通常是指家庭成员间的冲突。人际冲突通常是在两个人发生互动时所引起的,当其中一个人的行为与另一个人的行为不和谐时,尤其是在无法接受他人行为时更容易产生。

第二,社会关系的不协调。矫正服务对象不满意和他人或特定的人之间的某些关系,且认为这些关系是令其痛苦的。矫正服务对象可能集中于问题本身(如我是服刑人员,我不该有足够的朋友,我对他人有危害性),或是集中于他人对自己的行为上(如社区服务中心办事人员刁难我)。

第三,与正式组织间的问题。指个人与特定组织或机构间的冲突,如矫正对象与矫正机构或街道有关社区服务组织的冲突等。

第四,角色执行困难。个人对于执行某种特定的角色有其困难,此类问题常是关于家庭角色的(如父母、配偶等),困难的形态与矫正服务对象所担当的角色有关。

第五,决定的问题。在做特殊的决定时所面临的困难(如我不知是否应去申请低保等)。

第六,反应性情绪压力。指个人遭遇问题时产生焦虑、紧张、沮丧、挫折等情绪,其中的原因往往不只是个体对突发的事件不知所措,并且这种突发事件在他的能力控制之外(如失业、亲人过世等)。

第七,资源不足的问题。因为个人缺乏具体、特定的资源,这些资源大多指的是金钱、食物、住宅及工作方面。

第八,其他未分类的心理或行为问题。如习惯上的失调、成瘾行为、恐惧反应、自我形象等问题。①

5. 介入策略

任务中心模式的主要特点是简短、明确、规划、系统化。该模式注重短时效,一般在1~3个月内进行8~12次会谈,时间限制在3~4个月内完成。这是强调时间的效率与节约经济资源,以有效协助矫正服务对象达成目标。

任务中心模式的介入策略主要有以下几个方面。

第一,协助矫正服务对象澄清问题,清楚地定义问题。

第二,拟定契约,双方对其达成共识,以作为工作过程的导引。

第三,具体分析问题,减少矫正服务对象在执行过程中的阻力。

第四,帮助矫正服务对象选择任务,予以承诺,同时激发矫正服务对象采取行动。

第五,与矫正服务对象回顾工作过程,给予回馈,作为矫正服务对象发展新任务的参考。

第六,当资源匮乏时,社工可适当作为矫正服务对象的支持系统。

第七,协助矫正服务对象决定需求,并将其修改为有助于问题解决的行动,社工在矫正服务对象的行动中提供有矫正作用的回馈,修正将妨碍问题解决的信念。

---

① 参阅宋丽玉、曾华源、施教裕、郑丽珍著:《社会工作理论——处遇模式与案例分析》,洪叶文化事业有限公司2002年版。

6. 介入程序

第一，问题探索。探索焦点落在矫正服务对象的需求上。社工可指出矫正服务对象未意识到的潜在问题或这些问题未被注意所导致的结果。经过工作者与矫正服务对象共同讨论后确定标的问题。然后将标的问题加以具体化，并建立可被测量的改变对照基准。问题的探索对预估来说是一种资料搜集的工具。同时该阶段也需确认以下几个方面：一是任务执行过程必备的条件；二是任务执行过程可能的阻力分析；三是对任务的完成不可改变的阻碍。

第二，确认问题。该程序要完成以下工作：一是协助矫正服务对象以自己的方式叙述问题，以确认潜在的问题，对问题形成暂时的共识；二是挑战未解决的或不合理的问题定义；三是提出额外的问题，以呈现不被矫正服务对象接受或了解的问题；四是必要时寻求他人的参与；五是若为非自愿矫正服务对象，评估转介原因；六是了解问题何时、何地发生的细节；七是以书面方式详述问题；八是对问题建立基线；九是决定所要的改变。

第三，订立契约。该程序要完成的工作主要有：一是建立工作共识，详述矫正服务对象所定义的问题；二是安排问题的优先级；三是界定所要的处遇结果；四是设计第一阶段的任务；五是同意所拟定的契约及工作时限。

第四，任务规划与执行。该程序要完成的工作主要有三个方面。一是任务计划过程，首先要确认可能的任务，其次双方要达成共识。二是任务的执行，要设立记录系统，要确认策略。这又包括：① 确认完成任务的动机、诱因与奖赏；② 确定矫正服务对象了解完成任务的价值及将如何在协助下达成目标；③ 借由模仿或引导式练习，练习完成任务的相关技巧；④ 分析与去除障碍（动机、理解力、信念、情绪、缺乏技巧）；⑤ 规划工作者的任务。三是工作员的任务，包括：① 与矫正服务对象以外的人合作，协助矫正服务对象达成任务；② 安排引发成功的诱因；③ 在矫正服务对象技巧或资源不足时，与矫正服务对象共同分担以达成目标；④ 在每次会谈时与矫正服务对象一起回顾、分析已完成的任务及关联性改变。

第五，结束阶段。该程序的主要工作包括：① 描述以前和现在的标的问题样貌；② 由社工、矫正服务对象及与改变有关的他人共同评估；③ 计划未来及协助矫正服务对象处理未来的问题；④ 额外的契约，使过程完整结束或建立新任务；⑤ 若矫正服务对象与社工或机构仍将持续接触，要有一个明确的结束；⑥ 安排长期处遇过程或安排追踪；⑦ 转介其他机构接受其他服务。

7. 实施技巧

任务中心模式的实施技巧主要包括系统性架构和反应性架构两个部分。

系统性架构包括：探索矫正服务对象问题、确认标的问题、任务行程、设定时间限度、实践任务、有效结束。

反应性架构包括：提供矫正服务对象回馈、鼓励矫正服务对象自我表达、让矫正服务对象感到被接纳、使矫正服务对象了解并运用社会工作者的助力。

具体的实务技巧包括以下几个方面：

探索，即指引出矫正服务对象的问题及分类，并检验任务的可行性；结构化，包括双方互动中的沟通架构与方向；改变导向之技巧；增强知觉，包括回馈、澄清、反映、面质等；鼓励和指导。

任务中心模式着重于帮助矫正服务对象分析和处理具体的问题，因此其所确定的任务是具体的、有限的、外在的目标，是矫正服务对象的问题，而不是矫正服务对象的个人成长，是"一个可处理的问题"。矫正服务对象知道这个问题存在；矫正服务对象承认这是一个问题；矫正服务对象愿意处理这个问题；矫正服务对象有能力处理这个问题，如就业、人际关系、学业成绩等。在介入程序上，该模式可以划分为一系列的阶段，包括工作者与矫正对象找到目标问题；根据矫正对象对问题的焦虑程度确定处理的先后次序；双方就有关问题选择及制定任务，同时分配这些任务给矫正对象及矫正社会工作者；双方共同完成任务；检验成绩并计划矫正对象在辅导结束后应该继续履行的任务等。

二、现实治疗模式

现实疗法是帮助矫正服务对象控制自己的行为，并在生活中作出新的选择。它建立在控制理论的基础上，假设人们可以对他们的生活、行为、感受和思想负责。

1. 理论依据

现实治疗法主要建基于控制理论。控制理论的理念是：人类行为是有目的的，并且这些行为源自于个人的内在，而非外在环境的力量。虽然外在环境的力量会影响我们的决定，但我们的行为并非这些外在环境的力量造成的。我们的行为是为了满足我们基本的人性需求。格拉塞指出，人有"归属"、"权力"、"自由"、"快乐"等四种心理需求及求"生存"的生理需求，这些需求正是驱动行为的强大力量。根据控制理论的观点，大脑的功能如同一个控制系统，协助我们得到自己所要的。当心理需求受到阻碍时，我们会对选择的行为感到痛苦，并对生活感到不满。然而，当我们以负责的方式满足这些需求时，便会培养出成功认同及自尊感，并对选择的行为感到满意。控制理论反对决定论的人性哲学，该理论认为如果每个人愿意努力为某一目标而行动，他必能改变，并可过更好的生活。但当个人的选择侵犯别人的自由时，其行为便是不负责任的。通过现实治疗法的演练，一方面可学到如何获得自由，另一方面又能避免伤害别人。

2. 治疗目标和特征

第一，治疗目标。现实治疗法的主要目标是协助矫正服务对象找出更有效的方法，以满足其归属、权力、自由、快乐等需求，这是现实治疗的总目标。现实治疗法强调帮助矫正服务对象学习各种方法，重新取得对生活的控制权，并过更令人满意的生活。这包括面质对象去评估自己正在做些什么、想些什么及感觉到什么，并思考是否有更好的方式能使这些行为令自己满意。

现实治疗法会探讨矫正服务对象在想些什么，进而增进其察觉能力。当矫正服务对象察觉到他正使用无效的行为控制其生活世界时，他就会更开放地选择学习多种不同的行为方式。现实治疗法与许多理论的不同之处在于，它强调要教导更有效的方法，使矫正服务对象能处理其生活。

现实治疗法的核心在于协助矫正服务对象评估自己的欲望是否实际，以及行为是否对欲望的满足有帮助。矫正服务对象做完自我评估后，社工才协助他拟定一项改变计划，并付诸行动。

现实治疗法在协助失败认同的人通过学习现实及负责任的行为去满足自己的需要，从而迈向成功的认同的过程中，采用的是一对一的个人化工作方式，不重视感受，焦点集中在当前的行为，重视责任和承诺，着重计划，并要求矫正服务对象对执行计划作出承诺。

第二，现实治疗法的特征。现实治疗法主要有以下特征：① 现实治疗法反对心理疾病的观念，认为行为失常是不负责任的结果，强调负责之行为与心理健康同等重要。② 现实治疗法强调行为本身而非情绪或态度，尤其强调对现在行为之观察。③ 现实治疗法重视现在，而不重视过去。该派认为过去是不可改变的，唯有现在及未来的方向存在改变的可能，所以应视矫正服务对象为一个有"巨大潜能"的人，而不是一个病人。④ 现实治疗法强调价值判断，主张由矫正服务对象本人判断其行为品质，以确定什么是导致失败的结果。它特别强调矫正服务对象自身的改变动机。⑤ 现实治疗法不重视移情作用，主张应顺其自然，以建立个别、真诚之关系，协助矫正服务对象在现实中得以满足需要。⑥ 现实治疗法强调人格意识层面，而不重视潜意识。因为强调潜意识将导致矫正服务对象逃避现实，不负责任。⑦ 现实治疗法不主张惩罚，认为惩罚不仅不能完全改变行为，还可能增加矫正服务对象的挫折感并破坏良好的专业关系。⑧ 现实治疗法强调学习负责的行为，该派认为负责任与自我价值观有同等意义，负责任是人类终身之心理需求。

3. 社会工作者的功能

社会工作者的工作在于与矫正服务对象建立融洽的关系，为后续的介入奠定基础。社工的功能有如教师,包括在治疗中要积极带动、协助矫正服务对象撰写特定的行动计划,提供行为的选择,并教导对方学会控制理论。

社工会以现实治疗法的基本问题去引导矫正服务对象思考:"你现在选择要去做的这些事,能够使你得到你想要的吗?"如果矫正服务对象的答案是否定的,那么社工就可提供一些替代方案供矫正服务对象选择。同时,社工也会教导矫正服务对象去为自己所选择的行为负责,并创造出成功认同。社工的功能如下:第一,为治疗树立结构与界限。第二,以关怀和尊重为基础建立彼此的信任关系。第三,强调那些能引导对方走向成功的自身优点与潜能。第四,积极讨论当事人目前的行为,驳斥其为不负责任的无效行为找借口。第五,促使对方去评估实际可满足的欲望。第六,指导当事人撰写明确的行为改变计划并切实执行。第七,协助当事人找寻满足其需求的途径,并且即使对方感到灰心也不轻易放弃。

4. 治疗关系

现实治疗法非常强调社工和服务对象的专业关系,具体而言,包括以下几方面。

第一,现实治疗法强调社工将其关爱、接纳、温暖传递给矫正服务对象,双方共同参与治疗过程,这样有助于矫正服务对象发展成功的认同感,并且避免矫正服务对象走入极端。

第二,现实治疗法强调治疗者与矫正服务对象共同发展计划,并使之实现。治疗者要协助矫正服务对象以较系统之策略,化危机为转机。治疗计划需具体、富弹性,不可过于死板,要根据情况随时调整方案。

第三,承诺是现实治疗法的基石。在矫正服务对象已经决定行动计划后,治疗者应协助其列下诺言、履行计划。

第四,现实治疗法不允许治疗者为矫正服务对象的不负责任行为找借口,矫正服务对象也必须完全面对事实并对其行为负责。

5. 现实治疗法的专业技术

现实治疗法特别强调矫正服务对象力量和潜能的发挥,为帮助矫正服务对象成功获得治疗,治疗者应该采取如下专业技术:第一,与矫正服务对象进行角色扮演;第二,使用幽默感;第三,面质矫正服务对象,并且不允许其找借口;第四,协助矫正服务对象制定特殊之行动计划;第五,担任示范与教师之角色;第六,制定限制,并组织治疗情境;第七,采取口头震撼协议,或以挑战之方法面质矫正服务对象非现实之行为。

第三节　生态系统理论和社会网络干预模式

生态系统理论(society ecosystems theory)主要考察人类行为与社会环境的交互关系,该理论把人类成长所依存的社会环境(如家庭、机构、团体、社区等)看做是一种社会性的生态系统,强调生态环境(人的生存系统)对于分析和理解人类行为的重要性,注重人与环境间各系统的相互作用及其对人类行为的重大影响。

生态系统理论认为个人的生存与心理调适有赖于与环境之间的交流状况,社会网络即是个人与环境交流的内涵之一。社会网络干预模式重视个人社会网络欲获得支持的程度,希望通过协助个人发展或维持社会支持网络,以提升个人因应生活压力事件的能力。

一、生态系统理论

生态系统理论是一个开放的体系,它融合了不同的理论和概念。第一,生态系统理论的早期传统可以追溯至达尔文的进化论,尤其是"适者生存"这一概念。第二,在社会工作领域,这一历史可以回溯到 Richmond "在情境中理解行为"这一论述,而社会工作倡导的是将实质性服务和临床服务结合起来,更好地回应矫正服务对象需要的传统也成为生态系统理论的基础之一。第三个传统来自米尔斯关于"个人困扰"和"公共议题"之间的区分,这一观点指出,社工应关注矫正服务对象问题背后更深层的社会结构因素,将矫正服务对象置于系统之中全面考虑,在环境与个人之间寻找可利用资源,帮助矫正服务对象解决自身的问题。

1. 基本假设

生态系统理论认为个人在与所处生态环境的交流过程中,必须在其各个发展时期获得足够的环境支持,这样才能顺利度过各段生命历程。为了维系生命历程的进行,个人就要与其所处的生态环境保持一定的适应度。根据 Greene 和 Ephress 的归纳,生态系统理论的假设包括[①]:

第一,一个人与其所在环境互动、和其他人发生关联的能力是与生俱来的;

第二,基因及其他生物因素经常被视为是个人与环境交流的结果;

第三,人置身于其中的情境是一个联合的交流系统,人类与环境在此系统中

[①] 宋丽玉、曾华源、施教裕、郑丽珍著:《社会工作理论——处遇模式与案例分析》,洪叶文化事业有限公司 2002 年版,第 257~258 页。

相互影响,形成一种互惠性的关系;

第四,相互适应度是一种个人与环境间互惠性历程的结果;

第五,个人的行动是有目的的,人类为了生存而竞争,因此发展的关键取决于环境对于个人的主观意义;

第六,要理解个人,必须将其置于其生长的自然环境及其所在的情境之中;

第七,个人的人格是个人和环境经常交流的长期发展成果;

第八,个人的生活经验是可以正向改变的;

第九,所谓的问题指的是生活中的问题,要了解个人的问题应将个人置于其所生活的整体空间中来理解;

第十,为了协助矫正服务对象,社工人员应随时准备干预案主所在生活空间的各个层面。

2. 主要理论观点

Greene(1999)认为生态系统视角包括以下几组核心概念①:

第一,生命周期、时间与空间。生命周期在某种程度上可以被认为是一个随个人、家庭和历史时间而变动的个人与环境之间的互动过程。在生命周期中,人们持续地适应环境并与生活环境的众多层面进行交换。他们改变环境,亦为环境所改变。生命周期是在空间和时间这两个重要的环境维度中展开的。这里的空间包括建筑风格、地域关系、个人对空间的认知;时间则包括时钟时间、生物时间、心理时间、文化事件、社会时间和进化时间。

第二,人际关联与角色。人际关联就是个人拥有与他人联结而建立关系的能力。角色则是在人际关联中形成和发展的,表现的是一种互惠性期待的社会层面的角色。

第三,胜任能力与调适。生态观点认为适应良好并非病态、偏差的成果,而是系统中各种因素的成功融合,而适应不良是由于个人的需要和环境所提供的资源、支持之间无法搭配和调和。调适就是这样一个互惠过程。

第四,生活中的问题。基于生态视角的生命模式认为,生活中的问题就是人与环境之间的失衡,这种失衡可能产生于:生活转型,例如成长性改变、声望和角色的改变、生活空间的重构等;环境压力,例如不平等的机会、难以对付和没有回应的组织;人际过程,例如剥夺、不协调的期望等。

Pinderhughes认为生态系统理论也要着眼于了解个人所在的文化环境,他表示滋养性的环境(nutritive environment)指的是,所在环境能在适当的时刻与方式下,提供必要的资源、安全与支持给个人,以增进社区成员的认知及情绪发展;而不友善的环境(hostile environment)是指环境缺乏或扭曲了资源支持的提

---

① 参见何雪松:《社会工作理论》,上海人民出版社2007年版,第89~91页。

供,因而阻碍了个人的发展和适应的能力。①

Bronfenbrenner认为个人所在环境中的不同层次系统是一个层层相扣的巢状结构(nested structures),大致分为四个层次:微观系统(microsystem)指的是在亲密情境下的人际关系活动型态与角色扮演;中观系统(mesosystem)指的是在两个以上的情境间发生的关联及其历程;外在系统(exosystem)指的是两个以上的关联情境并在同一个间接的外在情境中发生关联;宏观系统(macroexosystem)指的是各个系统层次在一个更大的文化环境与社会体系中发生关联。

3. 实践原则

生态系统理论提供了一个多元层面、多元系统的全人观来理解个人的社会生活功能。个人生活的健康与否并非单纯的个人归因,而是在其成长与发展过程中与其所处环境间相互作用交流的结果。因此,在社会工作的实践中,其原则大致有:

第一,个人或家庭所经历的问题与困境是环境资源的不足或障碍,个人与环境是不可分离的;

第二,个人或家庭所经历的问题与困境是多项要素互动的结果,并非单一因素所致;

第三,干预时要善用个人的生活体验及其非正式的支持网络作为切入点;

第四,干预时要关注生态系统中关键部分系统改变就能影响或连带改变其他系统的原则;

第五,干预时要注意问题产生的原因既然非单一因素,那么干预的解决之道也应该是多元的。

4. 介入策略

生态系统理论的干预介入策略强调整合式的实务观点,注重干预阶段的发展,认为不同阶段的发展决定了社工干预的结构及方法。

Pardeck将生态系统理论取向的社会工作实务过程细分为以下七个步骤②:

第一,进入系统(entering system)。社工通过与矫正服务对象及其相关人员的会谈及其他系统的资料提供,并借助矫正服务对象所有的重要关系,找出其与环境不适应的来源及两者各自拥有的优势之处,例如某个矫正服务对象的重要他人、某个矫正服务对象有兴趣谈论的事件等,找出进入其世界的突破口。

第二,绘制生态图(mapping the ecology)。一旦社工人员进入矫正服务对象

---

① 宋丽玉、曾华源、施教裕、郑丽珍著:《社会工作理论——处遇模式与案例分析》,洪叶文化事业有限公司2002年版,第260页。

② 宋丽玉、曾华源、施教裕、郑丽珍著:《社会工作理论——处遇模式与案例分析》,洪叶文化事业有限公司2002年版,第269~271页。

的生活世界,就要开始分析矫正服务对象所在的各种系统并绘制成图,从而掌握矫正服务对象生态系统的流动方向和关系强弱。绘制的生态图主要是以矫正服务对象系统中的人物和事件为重心,正的和负的行为或情感皆应包括在内,所谓事件指的是矫正服务对象与其系统互动过程中具有代表性的事情及内容,而人物则指的是对矫正服务对象或事件具有重大意义的个人或人际关系。此阶段的资料收集过程中,社工可以运用结构式会谈、运用评估的工具及家庭重塑技术来进行。

第三,生态评估(assessing the ecology)。在生态评估阶段,社工要寻找矫正服务对象在生态系统中所经历的基本问题及主要优势,主要内容包括:描述核心系统,辨识需要初步关注的系统;理解矫正服务对象的压力水平和矫正服务对象回应需要应对的问题与利用资源能力之间的不平衡;理解作用于矫正服务对象效能的情境和因素,包括矫正服务对象对环境的行动能力;检视矫正服务对象关系或依恋的范围和品质,他如何回应不同的情感关系,以及其在微观与宏观环境之间的情感和社交联系;洞察矫正服务对象与社工之间的关系以及服务的氛围,包括组织架构和项目结构;探索更大的或宏观的、系统的社会脉络,涉及制度资源、法律、卫生、教育、学校、社会、媒体和技术服务。

第四,创造改变的观点(creating the vision for change)。社工和矫正服务对象共同分享所做的评量后,开始向矫正服务对象提议几个需要改变的生态系统,特别是在矫正服务对象生态系统中最易产生改变的生态系统层次。当然,所有这些干预的选择及确定要经矫正服务对象同意,否则只停留在专业的建议上,不一定可以促成矫正服务对象改变行动。

第五,协调与沟通(coordinating and communicating)。在介入过程中,社工的重要角色在于沟通及协调矫正服务对象的各个生态系统。改变的力量常常掌握在矫正服务对象生态系统中的重要他人手中,例如社工本身就是矫正服务对象生态系统中的一位重要他人,其主要的功能是支持与启动矫正服务对象改变意愿与行动。社工人员通过电话、家访、面谈及其他支持性行动(例如资源转介与联结)来完成改变的任务。由于生态系统是变动的,社工也应及时调整自己的行动,以利于目标的达成。

第六,再评量(reassessing)。如果矫正服务对象及重要他人所参与的干预过程进行得并不顺利,社工应进行再评量,再次寻找契机进入矫正服务对象的生态系统之中,再度与矫正服务对象和其相关的他人会谈以取得更多的资料,进行再评量的工作。

第七,评估(evaluation)。评估是运用一些结构式的工具,由矫正服务对象的评估来研判行动的成效,可以确定生态系统的有效性及评量干预的连续性。干预过程应及时评估,评估应关注未来干预方法的改进,以及考虑如何让其他类似矫正服务对象也能在干预行动中得益。

二、社会网络干预模式

个人适应环境要求的重要基础在于是否拥有良好的支持性资源,而资源又可分为个人资源与社会资源。前者包括个人的自我功能和因应能力等,后者是非个人自身拥有的,指个人的关系网络广度与网络中的人能够发挥支持功能的程度。社会网络干预模式的目的即在于强化人的社会资源以增强个人的社会整合度并且协助个人解决生活中的问题。

1. 基本假设

社会网络干预基于人的生存、问题解决与环境适应的一些观点,这些观点包括进化论、自我发展、自我功能与生态系统理论等,其基本假设主要有:

第一,人类的生存需要与他人共同合作,以及依赖他人的协助;

第二,人类在生命发展历程中会遭遇一些可预期和不可预期的生活事件;

第三,人类在遭遇生活事件时,需要资源以因应伴随事件而来的问题,其中包括个人的内在资源与外在资源;

第四,社会支持网络属于外在资源,可分为正式支持和非正式支持两类;

第五,尽管社会网络也可能对个人造成负面的影响,但一般而言,人类要通过与他人之间的联结,感到自身属于社会的一部分,建构社会整合感;

第六,经历压力事件时,社会支持网络可以缓解压力带来的负面影响;

第七,社会网络中的人可以提供个人压力因应的方法,或是直接参与压力因应的过程,这有助于个人的问题解决;

第八,一些弱势群体的社会支持网络较为薄弱,需要专业人员协助以增进网络范围的支持功能。

2. 主要理论观点

社会网络可以纯粹指人与人之间所构成的关系网,也包括结构与支持的内涵。因此,社会网络指的是一组个人接触,通过这些接触,个人维持其社会身份并且获得情绪支持、物质援助和服务讯息。

研究者关于社会支持的定义非常多,基本上都肯定社会支持是一个具有多向度的概念,如区分工具性支持、情绪支持、讯息支持、自尊支持等;另外,也有人将社会支持区分为实际的支持和感知的支持,前者指客观的事实,后者则是个人主观的评量。这两者之间有时并不一致,当个人期待他人给予的支持越高时,主观感受支持的程度可能不如实际得到的多。此外,也有人从支持的不同来源来区分,如家人、朋友、邻居、同事等,以了解个人人际关系网络中的人能够提供的支持的类型和程度。

Lin 从社会资源的角度,思考不同程度的联结如何发挥不同的支持功能。

他从"社会"和"支持"两个层面来探讨社会支持的概念①。

从"社会"的层面来看,社会支持隐含个人和社会环境的联结,可区分三个层面:社区、社会网络和亲密伴侣。"社区"是最外层的一般关系,个人与社区的关系反映其与社会的整合度,其对社区的"归属感"以及个人对社区的认同与参与。具体的表现是参与社区志愿组织和活动。这种一般关系具有非个人的性质,但这种归属感以及成为社会的一分子,对于个人在生态系统中的定位有相当的重要性。"社会网络"是更接近个人的一层,乃是个人可以直接或间接接触的一些人,关系的来源包括亲戚、同事和朋友。这些人对个人而言比上一层的人更具有特殊性,它使个人有联结感,它指实质联结的关系,虽然有时是间接的关系。最靠近个人的是"亲密伴侣",这是一种"紧属关系"(sense of binding),关系中的人期待彼此互惠与相互交换,并且对彼此的福祉有责任感。这一层的人比社会网络中的人更少,往往是少数知己、密友或配偶。这三层关系,越靠近个人的关系对个人影响越大,也越具有意义。Lin 认为这三个层面存在包含的关系,社会网络中的人往往来源于个人所处的社区,而亲密伴侣则常出自社会网络。而由于当今通讯的发达,通过电话与电子邮件,人际关系的形成已不再受有形地理空间的限制。

从"支持"层面看,Lin 将社会支持分为工具性支持(instrumental support)和表达性支持(expressive support)两类。工具性支持指运用人际关系作为手段以达到某种目标,如找工作、借钱或帮忙看家等引导、协助、有形的支持与问题解决行动;表达性支持则本身是手段也是目的,它涉及分享感受、发泄情绪和挫折、寻求对问题或议题的了解、肯定自己和他人的价值尊严等,包括心理支持、情绪支持、自尊支持、情感支持等。

Lazarsfeld 和 Merton 提出人际互动的相似性原则:具有相同特质、态度和生活形态者倾向住在类似的社区,出现在类似的社会和工作环境中。他们的特质促进彼此互动的紧密度,而密切互动能更加增强彼此共同的特质。②

Granovetter 提出人际联结的强度概念可由互动时间多寡、对彼此的情绪强度、亲密度和相互援助表现出来。他指出强联结对自我的社会心理活动有重要的作用,互动的目的在于维持既有的联结——弱联结是联结个人与更广的社会圈,互动的目的在于拓展联结的多样性③。

---

① 宋丽玉、曾华源、施教裕、郑丽珍著:《社会工作理论——处遇模式与案例分析》,洪叶文化事业有限公司 2002 年版,第 290~292 页。
② 宋丽玉、曾华源、施教裕、郑丽珍著:《社会工作理论——处遇模式与案例分析》,洪叶文化事业有限公司 2002 年版,第 292 页。
③ 宋丽玉、曾华源、施教裕、郑丽珍著:《社会工作理论——处遇模式与案例分析》,洪叶文化事业有限公司 2002 年版,第 292~293 页。

Lofland 提出个人与重要他人联结的类型有七种①：

（1）角色伙伴：关系的建立是基于角色互补；

（2）生活协助：一方为另一方提供服务以满足日常生活所需；

（3）网络联结：透过另一方解释其他重要的关系人或朋友；

（4）肯定自我：关系建立在于对方对自己珍视的形象予以肯定；

（5）心灵安慰：关系的建立乃因对方在面对生命挑战与困境时，将自己纳入其因应过程中，共同创造生命故事；

（6）现实确认：关系建立在对方支持自己对于社会现实的假定；

（7）目标一致：关系的联结是基于彼此有一致的目标，共创未来；

上述与重要他人建构的关系，其内涵包括：我们与他们共同扮演的角色、由他们获得的实际协助、他们协助我们建立网络、他们对我们个人自我影像的肯定、我们共同创造的故事和经验、他们为我们确认现实的状况、他们与我们共创未来。一旦失去这些重要他人，代表失去个人部分的自我，将危害个人自我影像的维系，其调整的过程中需要巨大的自我重组，这使悲伤治疗变得相当重要，其目的在帮助个人重新找到生命的联结与意义。

Lofland 还提出人际联结的四种模式②：

（1）相交满天下：这种类型的人与许多人产生联结，基本含括前述七种类型，但是可预期的每个关系的重要性不是很高。

（2）泛泛之交：这种类型的人交往的人多，但是关系类型较窄，并未含括所有前述的七个类型，这种个人与他人维持淡淡的关系。

（3）知交二三人：此类型的人交往的人不多，但是每个关系的内涵都有很强的联结和互动。

（4）只取一瓢饮：这种型态的人将前述各种关系内涵完全系于一人，是一种多重联结的关系，这种唯一的亲密伴侣，一旦失落了，对个人的影响将是全面且相当剧烈的。

社会支持程度的影响因素主要有：发展因素、个人因素和环境因素。发展因素是指个人过去的经验如何影响其社会生活和社会支持程度。个人因素是指个人特质中的自尊程度、社会性和控制力（包括内控和外控）对个人社会支持程度的影响。环境因素指个人的物质生活环境和社会生活环境对个人社会支持程度的影响。

---

① 宋丽玉、曾华源、施教裕、郑丽珍著：《社会工作理论——处遇模式与案例分析》，洪叶文化事业有限公司 2002 年版，第 294 页。

② 宋丽玉、曾华源、施教裕、郑丽珍著：《社会工作理论——处遇模式与案例分析》，洪叶文化事业有限公司 2002 年版，第 295 页。

3. 介入目标与功能

无论是重要他人还是泛泛之交，社会支持网络都属于个人所处生态的一环，关系网络反映个人与其生态中其他系统之间的关系状态，社会支持多寡则呈现个人与他人之间的交流状态。若个人在需要时能够接近且运用网络中的人发挥支持的功能，那么个人与环境之间的配适度就会较佳，即处于适应良好状态。研究者常把社会支持来源区分为正式支持与非正式支持两类，前者来自专业人员的协助，后者则是来自个人自然网络中人的支援，包括家人、亲戚、邻居与朋友。社工接触的矫正服务对象多是弱势群体，个人周边的关系网络可能不多，且根据相似性原则，他们所接触的人也是资源不丰富的人，或是因矫正服务对象多年的问题，已远离矫正服务对象避免打扰。社工除了提供给矫正服务对象正式支持外，可致力于协助矫正服务对象重建过去的联结，或是建立新的联结，并使关系网络中的人能够发挥支持的功能，这就是社会支持网络模式的介入目标。

Biegel，Shore 和 Gordon 指出社区支持体系可发挥三个层面的功能①，即预防、治疗与复健。在预防层次，社会支持可以增进个人的福利与功能，也可以减少由压力而致的负面影响，如对于刚出监狱或假释的矫正对象来说，若能提供相关的生活适应型知识辅导或能力培训，则可减少负荷的程度。在治疗层面，非正式支持体系可以协助正式支持体系的专业人员进行治疗工作，如监督日常行为，或是协助专业工作人员监督行为改变等。社会支持网络属于社区支持体系的一环，社工可以运用非正式支持的资源以解决矫正服务对象的问题，改善和提高矫正服务对象的社会生活适应能力。

4. 介入过程

社会网络干预的过程从评量矫正服务对象的社会关系网络和社会支持程度开始，然后就其优点与缺失拟定服务计划，这方面的干预可能是整体服务的一部分。

评估的内容与方法。社会支持网络评估可分为"结构"和"内容（或功能）"两方面，结构指的是网络的组成，包括人数、网络中人的类型（职业和场所）、网络中人彼此的距离等。至于内容指的是所发挥的支持功能，可大致区分为工具性支持和表达性支持。评量的对象又可分为个人层次与社区层次。

了解个人关系网络状况，首先可区分个人生活范畴，分别就这些范畴列举与矫正服务对象有关系的人，并询问这些人彼此是否有关系以及各关系人对矫正服务对象而言的相对重要性。

---

① 宋丽玉、曾华源、施教裕、郑丽珍著：《社会工作理论——处遇模式与案例分析》，洪叶文化事业有限公司 2002 年版，第 307 页。

Biegel 等人主张在进行社区支持网络评量时应回答下列问题①。

（1）矫正服务对象的问题与需求是什么？

（2）社区有哪些非正式资源可满足这些需求？非正式支持体系的限制是什么？

（3）社区有哪些正式资源可用以满足这些需求？有哪些限制？

（4）正式资源和非正式资源之间的关系是什么？

（5）如何增进二者的联结？

（6）有哪些问题或需求不能被现有的资源解决或满足？

社工在开展评估工作时应尽量与机构现有的评估工具结合，以免重复而浪费时间。获得资料的途径有：

（1）人口统计分析：经由官方的研究报告，如普查资料，了解一些问题人群的人口特质，如性别、年龄、收入、居住状况等。另外，可从相关单位寻找有关正式资源的讯息。

（2）社区调查：机构若有足够的资源和时间也可以与学术单位合作，进行社区调查，以回答上述问题，包括矫正服务对象的问题与需求，资源配置状况、需求满足状况及未满足的需求等。

（3）使用矫正服务对象接案表格：如果机构既有的接案表格中有相关的讯息，则可透过内容分析整理这些资料，以便分析机构所有矫正服务对象的支持网络优点、缺失和阻碍。

（4）关键人调查：即访谈掌握矫正服务对象信息的人，如派出所、司法所工作人员、社区居委会干部等，以及非正式的支持者，如邻里等。

5. 社工的角色

在社会支持网络干预过程中，社会工作者主要承担以下多种角色。

第一，倡导者。社会工作者设计和组织活动以协助矫正服务对象获得物资、服务、权利和其他资源。

第二，辅导者。社会工作者通过向主要照顾者或服务提供者提供辅导或咨询，协助他们能发挥更多的功能。

第三，统筹者。社会工作者带入更多的正式支持以向矫正服务对象提供完整且适切的服务。

第四，直接服务提供者。社会工作者直接向矫正服务对象提供支持、咨商与统合资源等服务。

第五，促进者。社会工作者加速服务或活动的运作。

---

① 宋丽玉、曾华源、施教裕、郑丽珍著：《社会工作理论——处遇模式与案例分析》，洪叶文化事业有限公司 2002 年版，第 309~310 页。

第六,发动/发展者。社会工作者创造、组织和运作多类活动和服务,以便更好地提供服务。

第七,系统内的联结者。社会工作者使不同的非正式支持来源相互联结以共同支持矫正服务对象。

第八,系统间的联结者。社会工作者使非正式与正式支持来源间产生联结以为矫正服务对象提供更好的服务。

第九,管理者/行政者。社会工作者也在某种程度上承担着监督和管理人员的角色。

第十,资源提供者。社会工作者提供或创造资源给非正式支持者,以使他们能够提供更佳的服务。

第十一,监督者/教导者。社会工作者的专业知识和技巧使他们能适当地提供服务。

第四章 矫正社会工作价值伦理

矫正社会工作是面向特殊人群的社会工作。这些人基本上都属于违法犯罪人员,因此,在开展矫正社会工作的过程中,矫正社会工作者必须以一定的哲学理论为基础,秉承一定的价值观。

第一节 矫正社会工作价值观的哲学基础

矫正社会工作价值观建立在具有普遍意义的哲学基础上。而哲学关于人的本质的思考、人的全面发展的思考、关于社会公平与正义的思考则直接构成矫正社会工作价值观的理论基础。

一、关于人的本质的理论

人是什么?这是一个自人类产生以来就不断追问的话题。对此,人们给予了不同的回答。古希腊的学者们从不同的角度思考了人性,并给予了自己的解答。伊壁鸠鲁根据人的自然属性对人进行了规定,他认为,幸福和快乐是人的生活的目的,而幸福和快乐则是身体的无痛苦和心灵的无纷扰状态,为此,人必然地趋利避害,趋乐避苦,这就是人的本性。亚里士多德则初步从人的社会性方面对人的本质进行了规定,认为"人是政治的动物,天生要过共同的生活"。之后,西方众多学者们都分别对人的本质进行了思考和探索,如文艺复兴时期对人的自然属性的张扬,费尔巴哈对人的感性的肯定,等等。

在中国,孔子最早提出了"性相近,习相远"的人性说,虽然没有直接明确人性是什么,但却开启了中国历史上关于人性的思考和探索。孟子认为,"人性之善也,犹水之就下也,人无有不善,水无有不下",提出了著名的性善说,而荀子则认为"人之性恶,其善者伪也",提出了人性恶的思想。

不可否认的是,在对人的本质的探索和思考中,马克思关于人的本质的规定最值得我们关注和思考,也为矫正社会工作的价值观的提出奠定了坚实的哲学基础。

马克思主要从三个方面对人的本质进行了规定。

一是从人的生产和生活实践出发规定人的本质。马克思认为,实践活动是人和动物的最后的本质的区别,也是产生和决定人的其他所有特性的根据。劳动这种生命活动、这种生产生活本身对人说来不过是满足他的需要即维持肉体生存的需要的手段。而生产、生活本身就是类生活。这是产生生命的生活。一个种的全部特性、种的类特性就在于生命活动的性质,而人的类特性恰恰就是自由的自觉的活动。人的实践活动之所以能够把人和动物区别开来,在于人的实践活动不同于动物的活动,动物的活动是按照其本能进行的,而人的实践活动则不同,人不仅把自然界作为自己活动的对象,按照人的本能开展对自然界的实践活动,而且还能把人自身作为活动的对象,按照人的尺度开展对人和自然的实践活动,人的实践活动不仅能够能动地改造自然,而且能够能动地改造人自身。

二是从人的社会关系的角度对人的本质进行了规定。在《关于费尔巴哈的提纲》中,马克思指出:人的本质不是单个人所固有的抽象物,在其现实性上,它是一切社会关系的总和。第一次从人的社会关系角度认识人的本质,是关于人的本质理论的一个革命性变革。马克思认为,凡是有某种关系存在的地方,这种关系都是为我而存在的;动物不对什么东西发生"关系",而且根本没有"关系";对于动物来说,它对他物的关系不是作为关系存在的。尽管就人本身而言存在着两重关系,即人的自然关系和社会关系,但人的自然关系只是把人纳入自然链条中,而把人从自然链条中区分出来,使人作为人存在的则是人的社会关系。

三是从人的劳动和社会关系构建的动能的角度对人的本质进行了规定。在《德意志意识形态》中,马克思指出:在任何情况下,个人总是"从自己出发的",但由于从他们彼此不需要发生任何联系这个意义上来说他们不是唯一的,由于他们的需要即他们的本性,以及他们求得满足的方式,把他们联系起来(两性关系、交换、分工),所以他们必然要发生相互关系。简单地说,人的需要即人的本质(本性)。劳动活动是人得以生存的前提,为了满足人的生存的需要,人必须参加生产劳动活动,但劳动活动并不仅仅只满足人的生存的需要,同时,在劳动过程中,人们建立了新的关系,满足了人的社会性的需要。马克思说:我的劳动满足了人的需要,从而物化了人的本质,又创造了与另一个人的本质的需要相符合的物品。马克思还指出,一切历史的第一个前提是:人们为了生活首先需要衣、食、住以及其他东西,因而必须投身于生产;第二个事实是:得到满足的需要及其满足方式又引起新的需要……。因此,需要是人进行生产和生活活动的内在动力,没有需要,也就没有生产;把人和社会连接起来的唯一纽带是天然必然性,是需要和私人利益。因此,需要是人的本质的规定性之一,需要的发展是人的本质力量的新的证明和人的本质的新的充实。

关于人的本质的三重规定性,奠定了矫正社会工作价值观的哲学基础。从关于人的本质是人的生产和生活实践出发,在矫正社会工作的开展过程中,我们必须坚持"人在情境中"的基本价值,在人与环境、人与特定的生产和生活实践的关系中开展矫正工作;从关于人的本质是一切社会关系的总和出发,我们必须认识到,人并不仅仅只具有生理和心理两个方面,社会功能是人的本质的重要方面,矫正对象众多问题的产生都源于个体与社会联结的失衡或断裂,因此,恢复人的社会功能,实现人与社会的联结,是矫正社会工作的又一重要价值观;从需要是人的本质的规定出发,在矫正社会工作的开展过程中,必须坚持需求为本的价值观。

二、人的全面发展的理论

马克思曾经依据社会生产关系的运动把人类社会的发展区分为三种形态,即人对人的直接依赖时期,人对物的直接依赖时期,人的自由、全面发展时期;并认为,所谓人的全面发展就是人以一种全面的方式,也就是说,作为一个完整的人,占有自己的全面的本质。人同世界的任何一种人的关系——视觉、听觉、嗅觉、味觉、触觉、思维、直观、感觉、愿望、活动、爱——总之,他的个体的一切器官,正像在形式上直接是社会的器官的那些器官一样,通过自己的对象性关系,即通过自己同对象的关系而占有对象。这也就是说,人的全面发展就是把人的本质归还给人自身,而人的本质则在于人的生产和生活实践、人的社会关系、人的需要。因此,矫正社会工作在本质上就是要促使矫正对象完全地占有自己的这些本质,或者说,矫正对象在某种程度上丧失了人的这些本质,这使他们与社会相脱离,无法像其他人那样正常的生活,矫正社会工作就是要通过矫正社会工作者的工作,促使矫正对象实现与社会的联结,促使矫正对象回归社会、融入社会。因此,促使矫正对象回归社会、融入社会,实现矫正对象的全面发展是矫正社会工作的最基本的价值观。

第二节 矫正社会工作介入理念及价值伦理

对矫正社会工作者而言,其矫正介入是秉持着一定的工作理念和价值伦理,在这种介入理念和价值伦理的指导下开展矫正社会工作的。矫正社会工作的介入理念和价值伦理决定了矫正社会工作的基本走向,而且决定了矫正工作的基本方法。因此,矫正社会工作的介入理念和价值伦理在矫正社会工作中具有基础性的作用。研究和探讨矫正工作的介入理念和价值伦理具有十分重要的意义。

一、矫正社会工作的介入理念

从马克思关于人在其现实性上是一切社会关系的总和的论断出发，可以逻辑地得出人是社会的人，人的本质是由社会决定的这一结论，如果一个人在自己的成长和发展过程中出现了问题，必然是在他与社会的联结方面出了问题。因此，矫正矫正对象，挖掘他们的潜力，解决他们的问题，必须从矫正对象与环境的关系入手。因此，人与环境的构成状态是矫正社会工作介入的基点所在，由此也构成矫正社会工作最基本的介入理念。

社会工作的目标是增强人的社会功能，个人社会功能的水平有赖于他应付人生需要和满足环境需要的能力。人的一生有很多需要，环境是其身处其中的人生情景。人生任务的完成和需要的实现，与环境处境紧密相连，个人要完成的任务常常是环境的要求，需要也需在特定的处境中去实现。从这种观点来看，个人在社会中功能的发挥很大程度上取决于他与环境的关系。矫正社会工作者要了解环境对个人的要求、个人与环境的互动、个人在环境中的资源。人与环境的构成状态是所有社会工作介入行动的焦点。

二、社会工作价值伦理是矫正社会工作介入的基础

矫正社会工作的哲理基础，与积极性的人道主义观点有紧密联系。人道主义哲学深信人性具有"高度可塑性"和丰富的"潜藏"，只要给予适当的机会和善加诱导，必能改变与发展。人的能力高低并非与生俱来，仍需给予机会令其得以发挥。此种哲学深信人之"潜藏"须透过"机会"，方能发挥成"能力"，人之可塑性与尊贵正在于此，纵然偶一失足犯事，也绝不该受轻视与唾弃，反之，应保障其个人权利，给予机会自新①。

社会工作最基本的信念就是相信每个人都有与生俱来的价值和尊严，而这种尊严和价值带给每一个人不可剥夺的社会权利。因此，社会工作者对待受助者的基本态度应是接纳而非批判。这一价值理念在矫正社会工作中尤为重要。在社区矫正中，矫正对象是一些对社会和他人利益有所损害的人，他们的行为在法律和道德范围内是应该受到谴责的。但是进入社会工作领域，他们同样是受助者，不管他们过去的行为多么严重地损害了他人和社会，现在他们只是一个需要给予矫正治疗的个体，就像医生不会因为病人身上有烂疮而把病人拒之门外一样，社会工作者应该将受助者本身连同他过去的犯罪事实接受下来，然后才可

---

① 周永新主编：《社会工作学新论》，(香港)商务印书馆1994年版，第261页。

以以客观的、体谅的心态,在平等的、安全的气氛中与矫正对象深入讨论问题,选择解决问题的办法。

为使社会工作的价值伦理在矫正社会工作过程中得到更好的实践,需要对社会工作价值观及由此而产生的工作原则做一些思考和研究。

1. 社会工作的价值伦理与守则

社会工作价值观包含哪些主要的内容,社会工作者在工作中何以要秉持这些价值观,对此,学者们进行了许多深入的研究,而在一些社会工作比较发达的国家和地区,也专门制定了社会工作者应该秉持的基本的价值观。

Pumphrey 曾于 1959 年将社会工作价值分为三类。第一类是专业与其所处的文化环境之关系,主要倡导社工的专业使命,关切如社会正义、社会改革、满足人类的共同需求等与社会价值的相容性。第二类是专业人员之间的关系,如专业如何解释与执行专业的价值与鼓励符合伦理的行为。此类包含了社会工作者通过与专业人员的沟通与政策的制定来致力于厘清基本的价值与伦理原则。第三类是社工与服务对象的关系,即根据社会工作的价值去了解与回应案主需求,这包括了影响专业人员与案主建立关系的价值观,如尊重个人的价值与尊严、重视个人改变的潜能、自我决定权、赋予案主权利等等。

在社会工作价值观的内容方面,自社会工作专业化开始,社会工作价值观的核心内容基本上保持了稳定和持续,得到了广大社会工作者的认同。通常被社会工作者所使用的社会工作价值包括个人价值与尊严、对人的尊重、重视个人改变的潜能、案主自我决定权、提供个人发挥潜能的机会、寻求满足人类共同的需求、寻求提供个人足够的资源与服务以满足其基本的需求、赋予案主权利、平等的机会、没有歧视、尊重多元化、对社会改革与社会正义的承诺、保密与隐私权、愿意将专业知识与技巧提供给他人等等[1]。

不同的国家和地区以及一些社会工作专业协会在对社会工作伦理价值讨论的基础上形成了对于社会工作价值伦理的一些规定,制定了一系列的社会工作专业守则。

如美国社会工作教育协会建议在社会工作教育课程中,必须要进行社会工作价值与伦理的教育,内容包括:

第一,社会工作者的专业关系是建立在人性的尊严上,强调相互参与、接纳、保密,以诚实与负责的态度处理人生危机与冲突;

第二,在助人过程中,社会工作者尊重案主独立判断作决定的权力;

第三,社会工作者致力于协助案主找到需要的资源;

第四,社会工作者倡导社会制度趋向人性化以回应人类需求;

---

[1] Frederic G.Reamer 著:《社会工作价值与伦理》,包承恩等译,洪叶文化事业有限公司 2000 年版。

第五,社会工作者应显现对于不同族群间的尊重和接纳;

第六,社会工作者应为自己的专业伦理判断负责,并不断寻求知识上和实务上的专业成长。

美国社会工作专业人员协会也发展出社会工作实务标准的价值观,包括:

第一,尊重个人在社会中的价值;

第二,尊重专业关系中的守密原则;

第三,重视社会改变与引发的需求,区隔个人感情与专业关系;

第四,传递专业知识与技巧;

第五,尊重与欣赏个人与团体的差异;

第六,发展个案能力以达自助的目的;

第七,倡导社会整体的正义,致力于有品质的专业关系。

我国香港社会工作注册局为注册社会工作者制定价值伦理守则,包括了对基本价值观及理念、工作守则两个方面进行了规定,而工作守则又从服务对象、同工、机构、专业、社会等方面对社会工作者应有的价值伦理进行了规定。现将其具体内容引用如下:

- 基本价值观及理念

社工的首要使命为协助有需要的人士及致力于处理社会问题。

社工尊重每一个人的独特价值和尊严,并不因任何人的家庭背景、种族、国籍、性别、性倾向、年龄、家庭、信仰、政治观念、智能、体能、社会及经济地位,或对社会的贡献不同而有所分别。

社工相信每一个人都有发展的潜质,因而有责任鼓励及协助个人在顾及他人权益的情况下实现自我。

社工有责任维护人权及促进社会公义。

社工相信任何社会都应为其公民谋取最大的福祉。

社工有责任运用本身的专业知识和技能去推动个人和社会的进步,务求每一个人都能尽量发挥自己的所能。

社工认同人际关系的重要性,会尽力加强人际关系,务求维持、促进及提高个人、家庭、社团、机构、社群的福祉,帮助社会大众预防及减少困境与痛苦。

- 工作守则

有关服务对象:

社工首要的责任是对服务对象负责。

社工有责任让服务对象知道本身的权利及协助他们获得适切的服务,且应尽量使服务对象明白接受服务所要作出的承担与及可能产生的后果。

社工应尽可能协助服务对象知晓在某些情况下,保密原则会受到规限,并使他们清楚知道收集资料的目的和用途。在公开个案资料时,社工应采取必要及负责任的措施,删除一切可以识别个案中人士身份的资料,并须尽可能事先取得服务对象及社工服务的机构的同意。

社工不得滥用与服务对象的关系,借以谋取私人的利益。

社工不应与服务对象有性接触。

如服务需要收费,社工应尽量使服务对象不会因经济能力而不能及时获取所需要的服务。

有关同工:

社工应尊重其他社工、专业人士及义务工作者不同的意见及工作方法。任何建议、批评及冲突都应以负责任的态度表达和解决。

社工应尽量与其他社工合作,以提高服务的成效。

社工应向有关团体报告任何有违专业工作守则而危害社会工作服务对象利益的行为,并在有需要时维护那些受到不公正指控的社工。

社工尊重服务对象的选择权,并不应在不尊重其他机构和同工的情况下夺取其他社工之服务对象。

社工与共事同工合作之间所作的保密沟通,在未获得资料来源者明确同意下,不可向服务对象透露有关其个人资料以外的沟通内容。

有关机构:

社工应向其雇用机构负责,提供具效率及效能的专业服务。

社工应作出建设性及负责任的行动,以影响并改善雇用机构的政策、程序及工作方式,务求令机构之服务水准不断提升,及使社工不会因执行机构的政策时而抵触这份守则。

社工在发表任何公开言论或进行公开活动时,应表明自己是以个人身份抑或代表团体或机构名义行事。

社工不应在未经其服务机构同意下,利用机构与外界的联系,为个人的私人事务招揽服务对象。

有关专业:

社工从事其专业工作时,应持有诚实、诚恳及尽责的态度。

社工应持守专业的价值观和操守,并提升专业的知识。

社工对专业提出评论时,应持有负责任和有建设性的态度。

社工不可就其专业资格、服务性质、服务方法及统计成效提供有误导性或不真实的资料。

社工有责任不断增强本身的专业知识和技能。

社工有责任协助新加入社会工作专业的同工建立、增强与发展其操守、价值观及专业上的技能与知识。

有关社会:

当政府、社团或机构的政策、程序或活动导致或构成任何人士陷入困境及痛苦，或是妨碍其困境及痛苦的解除时，社工需要唤起决策者或公众人士对这些情况的关注。

社工需要倡导修订政策及法律，以改善有关之社会情况，促进社会之公义及福祉。社工亦应致力于推动社会福利政策的实施。社工不可运用个人的知识、技能或经验助长不公平的政策或不人道的活动。

社工需要致力于防止及消除歧视，令社会资源分配更为合理，务使所有人士有均等机会获取所需的资源和服务。

社工需要推动大众尊重社会的不同文化。

社工需要鼓励社会大众在知情的情况下参与制订和改善社会政策和制度。

从前面引用的一些国家和地区的社会工作价值伦理的具体内容看，社会工作者在自己的工作过程中所要遵守的价值伦理并不单一地只针对于服务的对象，还包括了社会工作者对专业、对同工、对环境、对机构所应遵循的价值伦理。我们认为，这些价值伦理也适应于矫正社会工作，也是矫正社会工作者应该遵守的基本的价值伦理。

2. 矫正社会工作的介入理念及其价值伦理

正如前面已经指出的，社会工作一般的介入理念和价值伦理也是矫正社会工作的介入理念和价值伦理。但对矫正社会工作而言，由于其服务对象、与环境关系等方面的独特性，有一些基本的介入理念和价值伦理对矫正社会工作的开展具有十分重要的意义。在此，做一些基本的讨论。

第一，促使矫正对象回归社会是矫正社会工作开展的核心理念。矫正工作的目的是什么？社会工作介入矫正工作的目的是什么？对这两个问题人们的回答并不相同。如在为什么要进行社区矫正的讨论中，不少研究者就认为，开展社区矫正就是为了减少监狱压力、降低矫正成本。这实际上只看到了开展社区矫正的外在目的，就社区矫正的内在目的而言，作为人类文明发展的成果，作为社会人道主义理念的体现，作为人类刑罚执行发展的基本方向，实施社区矫正实质上是以监禁矫正存在很多弊端，社区矫正优于监禁矫正，更有利于矫正对象的正向发展为前提的。这样，开展社区矫正的根本目的就成为通过社区矫正促进矫正对象回归社会。当然，实施社区矫正必然带来监狱压力的减轻、矫正成本的下降，但这只是社区矫正优越性的体现，也可以说是开展社区矫正的副产品，而不是社区矫正的根本目的。

而社会工作之所以能够介入矫正工作，并在矫正工作中占有重要地位，也是因为社会工作的价值观念和方法能够更好地为矫正对象提供服务，能够更好地促进矫正对象回归社会。仍以社区矫正为例，社区矫正是以社区为平台对在社区服刑的人员开展的矫正工作，这一工作过程包含了非常丰富的内容，如对矫正对象的管理、各类统计工作、专业的矫正工作等等，在这些工作中，矫正社会工作者应该做什么就直接地取决于人们所持有的社区矫正的理念，如果矫正工作者只是为了管住矫正对象，那么，他开展工作就只是管住矫正对象，由此也不需要根据矫正对象的需要开展专业的矫正工作。而如果矫正社会工作者持有了要促进矫正对象融入主流社会的理念，那么，以矫正对象的需要为根据，整合资源挖掘矫正对象的潜能，解决矫正对象存在的问题，促进矫正对象的自我发展，开展专业的矫正社会工作就成为其基本的工作。也因为如此，促使矫正对象回归社会成为矫正社会工作的核心理念。

第二，问题导向是矫正社会工作的基本工作理念。矫正社会工作者在工作中以什么为切入口开展工作？这是一个非常现实的问题。以社区矫正为例，矫正社会工作者既可以运用管理的方式开展工作，将社区矫正所需要的各种统计资料、档案建设、公益劳动、集中学习、请销假制度等落到实处，在这种切入方式下，矫正社会工作者只需要在办公室完成这些工作就可以了；也可以以矫正对象的需要为切入口开展工作，针对矫正对象的问题开展工作，通过解决矫正对象的问题，促使矫正对象回归社会。前者工作相对轻松，也不需要很高的专业能力，但其效果只能是外在地管住矫正对象，而后者则不同，将获得寓管理于服务的效果，不仅能够内在地对服务对象实施管理，而且能够通过内在管理达到外在的管理。

以矫正对象的问题为切入口开展工作，要求矫正社会工作者深入了解矫正对象，深入社区，深入矫正对象的家庭，收集和分析矫正对象的资料，诊断矫正对象的问题，制订有针对性的矫正方案，确定有针对性的矫正措施，并整合各类资源开展矫正工作，因此，这是一项专业性极强的工作，对矫正社会工作者具有很高的专业要求，但这也是最具效果的工作。

第三，矫正对象参与矫正过程是矫正社会工作的又一基本理念。在矫正社会工作的开展过程中，受众多传统因素的影响，矫正工作者往往把矫正对象放在一边，按照自己的思维开展矫正工作，这与社会工作的理念是相违背的。社会工作的基本理念是要实现"助人自助"，在更高的意义上，还要实现"自助助人"，也就是说，矫正社会工作者所持的理念应该是通过矫正社会工作者的工作，实现矫正对象的自我管理、自我教育、自我发展，在更高的意义上，在矫正对象达到这样的层面后，矫正对象还应去帮助其他需要帮助的人去实现自助。要实现这一理念，在矫正社会工作的开展过程中，矫正社会工作者必须不断地与矫正对象互动，让矫正对象参与到矫正社会工作的过程中来，通过与矫正对象的共同讨论和行动，实现矫正对象的正向改变。这既是矫正社会工作的基本理念，也是矫正社会工作的基本方法。

第四，平等尊重是矫正社会工作的核心价值伦理。人人生而平等，这是自启蒙运动以来,学者们就已经提出并进行了大量探索的一个基本观念。但在社会的实际发展过程中,这一观念并没有得到应有的贯彻。特别是在我国,在长期的专制主义传统影响下,人们之间的平等关系更是难以得到体现,更何况在重刑主义思想占主导地位的情况下,平等地对待罪犯。正是在这种情况下,以往进入社区矫正的矫正对象大多有低人一等的感觉,由此,形成他们严重的自卑感,而这种自卑往往又成为他们重新犯罪的重要原因。因此,平等地对待矫正对象成为矫正社会工作者开展工作的基本价值观念。

尊重是人与人交往的首要因素,是建立良好人际关系的前提。对矫正社会工作而言,在矫正社会工作中对矫正对象的尊重必须是无条件的,这意味着矫正对象无论处于什么地位,具有怎样的不良习气,工作者都必须尊重他。这不仅仅是出于矫正社会工作者要平等对待矫正对象的职业要求,而且出于矫正社会工作者的专业态度,只有在这种条件下,矫正对象才可能产生建设性的转变。

第五,保密是矫正社会工作最基本的价值伦理。为服务对象保密是社会工作一个基本的价值伦理。对于矫正社会工作而言,这一价值伦理更具有重大意义,在此专门提出,以期引起重视。保密之所以对矫正社会工作特别重要,在于矫正社会工作本身、矫正对象的特殊性。我们都清楚矫正社会工作以犯罪人员为主要工作对象,在监禁矫正的情况下,犯罪人员与社会相隔离,这一问题并不十分突出,但在社区矫正的情况下,这一问题则显得十分突出。由于社会对犯罪人员的防范性很强,也由于社会存在的对犯罪人员的歧视心理,社区服刑人员应保密的内容的泄露会对其生活产生重大影响,有些还可能影响到社区矫正对象的生存,如因此而失业等等。因此,坚持保密应是矫正社会工作者开展工作过程中特别注意的一个价值伦理。

从社区矫正实施过程中矫正社会工作者运用保密这一价值伦理的情况看,一般而言,矫正社会工作者在观念上都能很好地注意这一原则,但在具体的实施技巧上则产生了很多问题,无意中把矫正对象的一些应予以保密的内容泄露出来。如关于矫正对象的一些基本信息,矫正社会工作者在一些可能被公开的相关资料的写作中就曾经出现过不少问题。在写作的最初内容中,矫正社会工作者往往都能注意到保密问题,以化名或其他方式将矫正对象的姓名隐去,但在后面的内容中,矫正社会工作者可能会将矫正对象的工作单位或所在学校及班级、家庭住址、家长姓名及工作单位、朋友姓名及工作单位暴露出来,这就间接地违背了保密原则,而这将给矫正社会工作者带来工作上的隐患。因此,看起来很简单的保密原则在实际工作的开展过程中却表现得十分复杂,需要矫正社会工作者十分注意。

总之,矫正社会工作的理念和价值伦理包含了十分丰富的内容,在这里不可能一一展开,加强矫正社会工作理念和价值伦理研究,将之运用于矫正社会工作是矫正社会工作得以发展和顺利开展的前提,具有十分重要的意义。在具体运用矫正社会工作理念和价值伦理的过程中,矫正社会工作者还需要注意矫正社会工作理念和价值伦理的系统性、有机性,既要考虑其原则性,还要考虑其灵活性。

第三节 社会工作价值观在实践中的运用

在我国,矫正社会工作主要在社区矫正中得到实施,在监禁矫正中,矫正社会工作还处于探索时期,因此,我们主要探讨社区矫正中矫正社会工作价值观的运用状况。

社区矫正的具体实施过程,在很大程度上是矫正社会工作者价值观的展开过程。也就是说,在目前我国社区矫正相关法律还不健全,缓刑、假释等社区矫正的主要刑种规定较严的状况下,进入社区矫正的矫正对象都经过严格的资格审查,他们大多是罪行较轻,或在监狱改造较好的罪犯,在进入社区矫正后,大多能够珍惜社区的自由空气,接受社区矫正。这样,矫正社会工作者在进行社区矫正时,相当一部分矫正对象的改变情况主要不是取决于强制性的刑罚执行,或其他方面的因素,而是在很大程度上取决于矫正社会工作者所持的价值观念。这是由于以往社会里过多地存在重刑主义思想、监管理念,以及社会排斥,使矫正对象在以往的社会生活中缺乏应有的社会关怀和社会沟通,因而当社会给予他们稍微多一点的人性化的关怀时,他们就能感受到社会对他们态度的变化,从而在这种变化中改变自己。因此,在开始社区矫正试点工作的时候,从矫正社会工作者的培训,到矫正社会工作者的选择,都非常重视价值观念的改变。如上海市在对第一批由监狱局转职的矫正社会工作者开展培训时,对他们进行培训的第一堂课就是清理他们以往的价值观念,通过一个工作坊,使他们对自己以前长期在监狱工作中形成的价值观念进行了清理和反思,之后,又通过社会工作专业价值观的培训,使他们掌握了不同于监禁矫正罪犯时的新的价值观念。后来的实践证明,这种对旧价值观念的清理和对新价值观念的掌握,成为他们工作取得成功的基本前提条件。

那么,在矫正社会工作的实施过程中,矫正社会工作者主要运用了哪些价值观念?笔者曾对矫正社会工作者所写的30份个案进行分析,从矫正社会工作者所做的"个案"看,在社区矫正工作的开展过程中,社会工作的理念和价值伦理矫正社会工作者都有所运用,由于篇幅的限制,在此,我们将这些理念和价值伦理适当进行归类,展开分析。

一、平等

在矫正社会工作者开展工作的过程中,以平等的观念对待矫正对象比较集中地体现在矫正社会工作者与矫正对象的互动方面。在开展社区矫正试点之前,矫正对象与公安人员的关系属于监管与被监管的关系,因此,矫正对象在矫正过程中与公安人员的交往基本处于不能平等互动的状态。社区矫正试点初期,经过专业培训的矫正社会工作者上岗后,在与矫正对象建立专业关系之前,也经常遭遇类似情况,如第一次遇到矫正对象时,矫正对象经常会使用"队长"等监狱中的用语,此时,矫正社会工作者会很详细地向矫正对象解释,他们是来帮助他们的,是来和他们交朋友的。在案例14中这样记叙了矫正社会工作者与矫正对象第一次见面时的一组对话:

案主:季队长、熊队长好。

工作者:这不是监狱,以后不要这样称呼我们了。我们今后就是朋友。

案主:朋友?

(案主疑惑地看着我们。)

工作者:(肯定地点点头)是呀,我们以后就是朋友,我们已经看过你的案卷,你在监狱内表现很好,多次受表扬、记功和被评为劳动积极分子。……如果你有什么困难,我们很乐意给你提供力所能及的帮助。

案主:谢谢,谢谢!(声音有些颤抖)

以往,社区矫正对象大多生活在一种"非人"待遇的社会情景中。矫正社会工作者这样描述了矫正对象以往所处的情景:"在他看来,出狱一年多来,执行机关对他都是招之即来,挥之即去,从来没有把他当做朋友,更谈不上关心他的生活状况。"在访谈中,一位女性假释对象这样说:"在最初出来的时候,真的想重新回到监狱里去。"在社区矫正试点工作中,矫正社会工作者创造了"朋友"、"老师"等称谓运用于和矫正对象的互动,这一看似简单的话语转换却把矫正对象带入了另外一个全新的情景中,使矫正对象感受到了一种全新的理念,一种自他们犯罪后就可能没有再体验过的感觉,也开始感受到他们作为人所应有的基本权利。因而,这种情景的转换对他们的改变起到了良好的推动作用。

二、尊重

这具体地体现在以下几个方面。

尊重矫正对象在矫正社会工作的开展中主要体现在两个方面,即对矫正对象的接纳和尊重矫正对象的自决权。

第一,接纳矫正对象。许多矫正对象在犯罪后,或从监狱回到社会后,之所以难有新的改变,其中一个重要的因素是社会不能接纳他们,对他们的思想意识、行为等方面都会加上罪犯的标签,这一方面可能使他们强化自己的罪犯意识和行为方式,另一方面也可能促使他们寻求能够接纳和承认他们的社会交往体系,由于主流社会的排斥,因而这种社会交往体系往往是社会中非主流的体系。这两个方面都可能引导他们不是改变自己,而是强化旧有的思想和行为方式,从而加深与社会的对立。

研究表明,人都有归属的需要。当一个人或群体不能得到主流社会的承认和接纳时,他或他们就会转向非主流社会,而当主流社会能够接纳他或他们时,他或他们则可能转向主流社会。矫正社会工作者以接纳的态度对待矫正对象的矫正工作实践对此予以了证明。

矫正社会工作者接纳矫正对象的理念首先表现在他们能够让矫正对象自由地表达任何情感,对矫正对象的诉说不批评、不阻止,不责备,而是真诚地聆听。在社会生活中,矫正对象是社会的排斥对象,这使他们与主流社会的交往处于稀疏状态,由于处于不被主流社会接纳的位置,他们的很多话语只能在自己的圈子中交流,不敢也不能向主流社会倾诉,这使他们缺乏表达自己的利益和需求的机会。另一方面,在他们的思想观念中也确实存在着许多主流社会不能接受的思想和观念,这些思想和观念是主流社会不能容忍的,本身的社会底层位置,再加上主流社会不能容忍的思想观念,使主流社会也不愿意与他们沟通,聆听他们的想法,表达他们的利益和需求。而监狱矫正系统中一般采用训诫的方式,导致犯罪者不敢自由表达自己的情感,害怕自由表达会受到监狱管理人员的斥责。这两种体验往往被矫正对象带到社区矫正的情景中,使他们怕自己奇怪的想法和喋喋不休会导致矫正社会工作者的批评和指责,甚至因此而惹怒工作者,带来一些相应的惩罚。但对社区矫正而言,不让矫正对象表达自己的思想、反映自己的利益和需求,又很难真正认识和了解矫正对象,实现促进矫正对象改变的目的。因此,倾听矫正对象的各种诉说成为矫正社会工作者开展工作的重要价值观念,也成为矫正社会工作者开展工作的重要方法。在一份矫正社会工作者所写的个案记录中,矫正社会工作者向我们描述了一位女性假释矫正对象与矫正社会工作者相对的一种情景:

"她(笔者注:矫正对象)站立的姿势像个犯了错的孩子,目光不敢正视,偶然瞟一眼。"

这表现了矫正对象的惧怕心理,也表现了矫正对象对矫正社会工作者的一种期待,矫正社会工作者会怎样对待她?

"工作者轻轻端把椅子让她坐下,位置离工作者比较近,并给她倒了一杯热水,慢慢送到她手中。'喝点热水,再慢慢说吧。'她一面点点头,一面用双手捧起杯子准备喝水。工作者用关注的目光,看她喝了几口水,然后,倾听她的诉说。"

在另一份案例材料中,矫正社会工作者写道,某假释对象一进入矫正社会工作者的办公室就开始表扬自己,对这种情况,矫正社会工作者并没有打断矫正对象的倾诉,而是"我们静静地听着,默默地点着头表示赞扬"。

这些场景表明了矫正社会工作者对矫正对象的接纳,从矫正社会工作者给矫正对象搬椅子并把椅子放在离工作者很近的位置上看,矫正社会工作者没有把矫正对象排斥在交往距离之外,而是把她放在一个和自己很近的位置,而近的位置则表明矫正社会工作者对矫正对象的信任,以及把她作为朋友对待的态度;从给她倒水,再给她送水,到具有劝慰性质的说话,再到关注的目光。这种场景,从日常生活的角度看,就像一位长者对待后辈一样,具有很强的关怀特征。从专业性的角度看,这种态度已经超越了长者对后辈的关怀,融入了平等、尊重等专业的价值理念。最后到倾听矫正对象的诉说,矫正社会工作者进入了专业角色。这样一种场景给矫正对象的是一种与监禁矫正完全不同的场景,从而使矫正对象明确意识到主流社会对他们的非排斥态度,同时也使他们刚进入社会就感受到一种社会的人道主义关怀。

接纳矫正对象同时意味着承认矫正对象。这种承认不仅表现为矫正社会工作者要承认他们的存在,还表现为矫正社会工作者要承认矫正对象作为一个人的价值,承认其拥有发展的潜能和改变现状的能力,并通过这种潜能和能力的开发,促使矫正对象形成自我发展的能力。在矫正社会工作者的实际工作中,这种承认表现在两个方面,即矫正对象对矫正工作过程的参与和工作者给矫正对象增能的过程。

尊重矫正对象的内在表现是承认矫正对象是可以改变的。这种改变的动力来自何处,在矫正社会工作者看来,其根本的动力仍然来自矫正对象自我的潜能及其资源,矫正社会工作者的任务就是通过自己的努力,开发矫正对象的这些内在的潜能和外在的资源,促进矫正对象的自我改变和更生。在矫正社会工作者的一份案例记录中,矫正社会工作者描述了一位假释回来的矫正对象阿芬的自我改变过程。

阿芬刚回到社区时,由于从监狱人到社会人的转变没有完成,再加上严重的自卑心理,在办理各种手续的过程中,只要遭遇到一点小问题,她就认为是办事人员在为难她,并因此与办事人员争吵。面对这种情况,矫正社会工作者并没有斥责她,也没有为她代办,而是鼓励她,并协助她办理各种手续。如在办理劳动手册问题上,由于材料不齐,阿芬多次与办事人员发生争吵。面对这种情况,矫正工作者与她一起制定了具体的操办步骤,并鼓励她自己完成。在办理过程中,最大困难就是电脑库中没有她的材料,根据规定,没有材料,就不能办理劳动手册。阿芬根据工作者的指点,首先到她原来居住街道查询,没有结果。她又到原单位的上级公司查询,同样没有结果。她抱着最后的希望到市劳动局查寻,还是没有结果。工作者一面安慰她,一面主动与她父亲商量,最后还是让阿芬去找已解散的针织厂的原领导,经过努力,阿芬终于解决了材料问题,办好了劳动手册。经过这次锻炼,阿芬的自信心增强了,自我发展的能力也得到了提高。

在这个过程中,矫正工作者决定让阿芬独立办理劳动手册的做法,是对矫正对象的承认——承认她作为一个健全的人,有能力解决自己的问题,并完全相信她能够依靠自己把事情处理好。这种信任对一个矫正对象来说是十分有价值的,会让矫正对象产生希望,并从矫正工作者的态度中找到信心。

接纳矫正对象对矫正社会工作者是一个重大的考验。这是由于矫正社会工作者一部分来自司法系统各部门,对于犯罪人员,他们可以说非常了解,也可以说非常不了解。从司法系统的经验和价值观念看,矫正对象见到他们应该是充满畏惧,并老老实实接受训斥。而矫正社会工作者,不仅不能训斥矫正对象,还必须与他们平等相处,并接纳他们、承认他们,必须把自己的价值观作为背景隐匿起来,不用自己的价值观评判矫正对象、看待矫正对象,"容忍"地接受他们的言行,这对监管者和被监管者、训斥者和被训斥者观念十分明确的司法人员而言,所面临的价值冲突是十分剧烈的,对他们原有的价值观是一个巨大的挑战。即使对于招聘而来的矫正社会工作者而言,这种价值冲突也是很大的。在访谈一位矫正社会工作者时,他讲述了这样一个事件。

矫正对象周某在喝得醉醺醺时来找矫正社会工作者,向矫正社会工作者诉苦:他认为政府应该解决他的住房问题,如果不解决,像他这样找不到工作又没有住房的人肯定会犯罪。周某当时的态度完全就是自暴自弃,甚至有些无理取闹——强行要求工作者帮他解决住房问题,并以威胁的口气说:"不解决就睡大街,不解决就自己找'路子'。"

在这种情况下,矫正工作者既没有指责矫正对象,也没有发脾气,而是控制着自己的情绪,以极大的耐心静静地倾听周某的宣泄,等着他慢慢地平静下来。可以想象,此时矫正社会工作者所面临的价值冲突有多大。

第二,尊重矫正对象的自我决定。对于矫正对象而言,解决目前遭遇的各种问题是重要的,但更根本的是要通过矫正社会工作者的工作形成矫正对象自我发展的机制和能力,因此,在矫正工作中矫正社会工作者不能也不应该把矫正对象的所有事物全部包揽。提高矫正对象自我发展的能力,这才是矫正社会工作者的工作重心所在。为此,积极地吸纳矫正对象参与矫正过程,尊重矫正对象的自我决定,具有极其重要的意义。

鼓励矫正对象自我决定,形成其自我发展的能力主要体现在三个方面。一是在刑罚执行的范畴下,为矫正对象提供多种选择,促进其自我决定及自我发展。在这方面比较突出的事件是关于公益劳动问题。在社区矫正的试点中,尽管受到法学界的质疑,但矫正机构仍然要求矫正对象每周进行不少于两小时的公益劳动。这对一部分已经参加工作的矫正对象而言成一个新的问题,即工作时间和学习时间的冲突。在此种情况下,矫正工作者并没有严厉地要求每个矫正对象在规定的时间参加公益劳动,而是采取了个性化的原则,在提供多种选择的情况下,由矫正对象自主抉择。矫正对象既可以在自己的工作单位参加公益劳动,也可以在自己居住的社区参加公益劳动,还可以在社区矫正机构的公益劳动基地参加公益劳动。矫正对象可以根据自己的实际情况做出在何地何时参加公益劳动的决定,并与矫正社会工作者签订协议,之后,矫正社会工作者再与矫正对象选择的公益劳动地点的机构签订协议。这一做法使社区矫正中的刑罚执行具有了较强的人性化特征,较好地实现了社区矫正中惩罚与人性化的统一。

二是协助矫正对象分析事件,在利弊选择中促进矫正对象正确决策。在多数情况下,矫正对象对自己的能力及社会资源了解并不充分,因而,当他们遭遇某些事件时,可选择的途径较少,往往是沿着既往的思路采取对策,而这往往是促使他们重新犯罪的重要因素。在这种情况下,帮助他们分析自己的能力及可资利用的社会资源,引导他们做出正确的决定就具有重大意义。

矫正对象阿芬从监狱出来后,遭遇的第一个事件是住房问题。其前夫占用了她的住房,致使她无家可归,阿芬在多次与矫正社会工作者沟通的过程中流露出的想法是:"我已经几次跟他交涉,但又多次遭到谩骂。我是讲不过他,但我怕他啥?叫几个朋友撬掉门锁,看他怎样!"停了一下,又说:"我刚从里面出来,就是怕弄出点事来不好。"这表明,她处于极其矛盾的状态,在这种状态下,她提出的解决问题的方案与以往犯罪的思路相一致,与她希望的改变自己的愿望相冲突,她不知道该怎样解决自己的问题,此时,矫正社会工作者帮助她对具体情况进行了分析,指出了解决问题的可能途径,最后,阿芬选择了通过法律途径解决住房问题。这不仅使阿芬摆脱了一次可能重新走进监狱的危机,而且还使阿芬认识到解决问题途径的多样性,从而开阔了她的思维,提高了她分析和解决问题的能力。

三是在矫正对象已经做出决定的情况下,尊重其决定。矫正对象的改变是一个过程,在这个过程中,矫正对象可能出现反复,此时,矫正社会工作者也不能改变自己对待矫正对象的态度,仍然需要尊重矫正对象的决定。在矫正社会工作者的一份案例记录中描述了矫正对象郑某的改变过程。

郑某10岁时父母离异,他与母亲关系不好,且看不起母亲,常对其母亲说:"你有什么资格管我。"年仅21岁的他很喜欢电脑游戏,常常去网吧游戏,经常几天甚至二十多天不回家,有"要好朋友6、7人,多数被判过刑,经常在一起玩"。其姨妈比较关心他,并在社区矫正开始试点后带着他与矫正社会工作者建立关系。在矫正社会工作者介入之初,郑某仍然经常外出网吧游戏,在这种情况下,矫正社会工作者没有一味地指责他,而是因势利导,做了四个方面的工作。

第一，与他一起讨论，建议他在电脑网络方面有所作为。第二，在与郑某讨论的基础上，建议他与姨妈签订一份协议书，按照协议书他可以在工作时间之外每周外出三次。第三，给他找了一份工作。由于工作比较努力，得到了师傅和同事们的赞扬，工作积极性大大提高。第四，希望能用关系替代方法替代他以前的交往关系。为此做了三个方面的努力，一是希望其姨妈在可能的情况下，谈生意的时候尽可能把他带在身边，一方面可以减少他与旧朋友交往的机会，另一方面也可借此结交一些新的朋友；二是通过工作，使他与师傅及同事建立了新的关系，并获得了师傅和同事们的认同，这使他进入了一个新的交往圈子；三是为他找了两个大学生志愿者。在这些因素的共同作用下，郑某与旧朋友开始疏远。矫正社会工作者在评价这一矫正过程时，这样写道："经过近半年的社区矫正，现在郑某思想较稳定，已经不再逃夜不归；对工作的态度也已不再挑三拣四了，无论是车床、磨床、钻床、电脑，还是流水线生产，厂里安排什么，他就干什么，毫无怨言，师傅说他肯动筋，干什么像什么，同事们常常称赞他。对厂里安排的公益劳动，他每次都兢兢业业地干好，'非典'期间，他在工厂里积极参加防治'非典'的工作，累得满头大汗，别人叫他歇一歇，他拍着胸脯说，'我年轻，没事'。……在家里，姨妈对他越来越满意，与母亲的关系也趋于正常。"而通过矫正对象的这一改变过程，矫正社会工作者也有了自己的体会，在反思矫正工作时，矫正社会工作者写道："浪子回头金不换。像郑某这样一个到处惹是生非的问题青年能够转变，也给了我们工作者很大的信心。人的潜藏在内心的积极因素通过各方的努力，可以得到极大的激发，这也是矫正工作的意义所在。"

在社区矫正试点过程中，矫正社会工作者围绕"助人自助"这一核心理念，践行了社区矫正的基本理念，这其中包括信任、人性化、同理心、保密、真诚、个别化、关怀等理念，应该说，矫正社会工作者用这些理念装备自己，使自己成为一个"注满价值的人"，又把这些理念运用于社区矫正中，使矫正对象也逐渐被这些价值所同化，更生为一个全新的人，从而使社区矫正呈现出勃勃生机。

第五章 矫正社会工作方法

矫正社会工作服务需要借助专业方法和技巧,来实现服务的最终目标。一般来说,社会工作方法包括直接和间接两个部分。直接的社会工作方法包括针对个人、群体、社区开展工作所必须运用的个案社会工作方法、小组社会工作方法、社区社会工作方法;间接方法主要包括行政管理和研究等。本书的重点是介绍社会工作者开展社会工作服务中的个案、小组、社区三大层面的专业方法,对社会工作行政等方法暂不介绍。

第一节 个案社会工作方法在矫正工作中的运用

个案社会工作是针对个人及其家庭而开展的专业方法,是"专业社会工作者使用的工作取向、价值观体系和实务的类型,它将心理社会、行为和系统概念转化成技巧,通过直接的、面对面的关系,帮助个人和家庭解决内心问题、人际关系问题、社会经济问题和环境问题"[①]。

一、个案社会工作的核心要素

从上述个案社会工作的定义来看,我们认为个案社会工作主要包含以下几方面的要素。

第一,个案社会工作必须回应矫正服务对象的基本需求。一般来说,矫正服务对象都具有以下一些基本需要,他们需要被视为是独特的人,希望被视为是一个有价值和个人尊严的人,有自己的喜好,有获得理解和尊重的需求;需要获得关切和了解,以及对其所表达感受的反应,对个人的问题,希望能获得帮助,而不

[①] Quoted from Memorial of Robert M. Hartley, in Virginia P. Robinson, *Changing Psychology in Social Casework*. Chape Hill: University of North Carolina Press, 1930, p.4.

希望一味地被批评和指责;对自己的生活,有自我选择与决定的权利与机会,不愿被人催促,只希望得到帮助,不希望被支配;期望与个人生活有关的隐私活动得到保密,不愿意让人知道,不愿声誉受损;希望能够尽快改善目前的状况,能够具有一定的独立生活能力,包括有一份工作,有一定的立足社会的基础等。

作为矫正工作者要了解和理解矫正服务对象的基本需求,并运用专业的方法给予回应、处理和帮助。

第二,个案社会工作作为一种专业服务方法,深受社会工作者的工作取向、价值观的影响。如当强调社会工作是对于个人的修护和治疗时,心理、认知、行为治疗模式成为主流;当相信人性的良善和社会环境的协调时,人本治疗模式、社会网络干预模式成为主流;而在后现代主义思潮的影响下,增权模式下的基变社会工作、女性主义社会工作、优势为本社会工作成为社会工作者的主要追求。作为社会工作者,清楚自己的工作取向和价值选择,对于个案工作的开展是十分重要的。

第三,个案社会工作是一种理论和实务技巧的整合。无论怎样的工作取向,以及选择了怎样的服务模式,社会工作者都必须把心理、社会、行为、系统等方面的理论知识,通过具体实务技巧落实到个案服务中来,每个个案服务策略都体现了社会工作理论与技巧的有机结合。

除了社会工作学科本身的一些理论知识外,一些社区服务的知识,也成为个案工作的重要基础。比如对于社区内各类服务机构目标、结构、功能的了解,机构服务范围的了解、各种转介手续和法律程序的规定等,都是开展个案服务的重要的背景知识。

第四,个案社会工作中专业关系是核心动力。社会工作者与矫正服务对象建立专业关系的重要标志是矫正服务对象在整个个案服务中的参与和互动,这并不仅仅是个案初始阶段所需要的,而是贯穿整个服务过程始终的重要组成部分,只有把矫正服务对象的参与和互动充分调动起来,才可能在预估、计划、介入、评估等各实务阶段充分发挥矫正服务对象和社会工作者的合作动力,最终达成个案服务的目标。

第五,个案社会工作的改变目标可能包括个人和环境多方面的需求或者问题,因此个案工作需要社会工作者与其他相关系统的相互影响和配合,这意味着人与环境的视角已经成为现代个案工作的核心要素。个案社会工作方法与其他层面社会工作方法的有机整合也成为社会工作服务的重要特征。

二、个案社会工作方法的运用

1. 个案服务

案例介绍:刘某的故事

- 个案基本情况

刘某是某区的社区矫正服务对象,男性,时年45岁,未婚,初中文化程度。因盗窃罪被判处有期徒刑9年,在新疆监狱服刑。目前属于被剥夺政治权利的矫正类型。

刘某属于典型的外向不稳定性格,容易冲动,自我控制能力差,法律意识较淡薄。他日常用语中充斥粗话脏话,行为粗鲁,解决问题的方式单一。

刘某现在与母亲同住,哥哥已经成家住在其楼上。服刑期间刘某的父亲过世了,他深受打击,对父母有较强的愧疚感,所以现在对母亲非常孝顺。刘某平时缺乏社会交往,邻里关系较差。

刘某目前没有经济收入,主要依靠母亲的八百多元退休金生活,他想就业,但不知道该从何下手。

- 专业判断

针对刘某的上述基本情况,在经过一段时间的接触交流和社会调查后,社会工作者对刘某形成了以下基本分析:

在价值观念上,长时间的社会剥夺及监禁生活造成了刘某较为严重的价值偏差,他对社会种种现象的不理解,使他对社会产生了强烈的不满。这种偏差反映在他出狱后办理户口等相关手续时,经常与工作人员发生激烈冲突。

在社会关系和交往方面,服刑期间父亲的去世对其打击很大,使其对父亲怀有强烈的愧疚感,希望通过对母亲的加倍孝顺来弥补。除此之外,他几乎没有任何社会交往。对友情的渴望以及社会交往能力的欠缺,常常使他陷入痛苦和矛盾中。

在社会适应性方面,刘某文化程度较低又没有一技之长,对于激烈的竞争压力没有足够认识,对未来没有信心,另外,社会的歧视使得他破罐破摔、不肯面对现实,抱着混日子、过一天算一天的想法打发着每一天。

- 矫正服务计划目标

根据以上分析,社会工作者制定了个案矫正服务计划,并把服务计划目标区分为总体目标和具体目标两项。总体目标是通过个性化矫正使刘某摆脱过去、重建自我、回归主流社会。具体目标主要细分为如下几点:

第一,平稳度过最初的矫正适应期;

第二,修正价值认知,增加正向价值观念;

第三,扩大社会交往,改善邻里关系;

第四,学会制定职业生涯规划。

- 理论依据

本案例中社会工作者主要参考了人本主义理论的主要观点,并结合行为认知理论和职业规划理论开展矫正服务。

根据人本主义的相关理论,人有自主发展的需求和能力。虽然刘某有将近八年的牢狱生活,有很多的生活不适应症状,但他自身的生活动力是潜在的,应该通过鼓励和激发而发挥出作用。

认知行为理论的重要观点之一是非理性的自我对话,以及自我管理能力的欠缺能够使个人认知扭曲、行为偏差。所以修正非理性的自我对话、通过训练提升自我管理能力,是本案例社工的主要工作内容。

职业规划的重要内容是建立对职业兴趣、能力的自我认知,以及对职业市场和劳动力市场的基本了解,具备职业生涯的规划能力。

- 介入过程

(1) 介入初期

在宣告会后刘某正式进入了矫正期。矫正初期的前三个月内,社工主要是通过个别谈话、家访等工作形式与刘某建立专业关系,并协助刘某觉察和反思自身的行为和认知缺陷。社工结合每次接触时刘某的过激情绪及行为、粗话脏话,以及刘某在办理户口手续时发生纠纷等各类事件,反复找刘某谈话,分析其行为习惯,启发其可选择和采取的其他方式及可能的后果,促使刘某对自身的局限开始警觉和反思。多次的谈话,以及谈话过程中社工平等、接纳、尊重的态度,让刘某感到了关心和温暖,也逐渐对社工产生了信任。

家访中,社工着重赞许刘某对于母亲的孝顺和对父亲的愧疚。当刘某的情绪低落和挫败感流露时,社工运用"空椅子"技术,让刘某假设父亲在的话,他希望对父亲说什么,父亲希望他过怎样的生活,由此来帮助刘某释放情绪、梳理思路。

矫正初期,社工还利用各种机会帮助刘某增加适应社会的能力,降低其对社会的对抗情绪。如协助补办释放证明,在申请低保失败的情况下给予经济援助等等。社工还利用协助刘某办理日常事务的各种机会,有意识地增加其对外接触交流的机会,事先一起商量对策,事后指出不足。在帮困解难和社工的各类辅导服务下,刘某的对抗情绪开始缓解。

矫正初期成效评估:

经过近三个月的个性化矫正,刘某的言行和状况得到了改善。

首先,刘某对社区矫正工作有了一定程度的认识,适应了社区矫正的要求,能够自觉地服从社工的日常管理,建立了服刑意识。对目前的社会环境有初步的认识,打消了一些不切实际的期望,逐步缩小了心理落差。

其次,社工积极联系社会救助,帮助刘某办理了失业救济,进行了职业登记,保障了刘某的最基本的生活。同时,社工利用办理相关事务的机会提升了刘某的社会交往能力。

再次,社工通过积极的面谈,建立了稳定和信任的专业关系,社工和刘某能够为制定良好的行为规范以及制定职业规划而开展平等友好的交谈。

(2) 介入中后期

在经过了前期的个性化矫正工作后,刘某的各个方面开始趋于稳定,刘某在与社工的个别交流中表示自己有手有脚,依靠政府的救助生活,自己感到不是滋味,但是由于自己文化水平有限,也没有一技之长,加上自己有前科,就业非常困难。同时自己不会说话,脾气也不好,就算就业也做不长。由于心情烦闷偶尔与他人起冲突,但是想想社区给予了那么多帮助,自己也不能够再去做坏事,往后的日子也不知道如何过下去。

针对刘某的心理需求和实际状况,社工开始用职业生涯规划的技术协助刘某寻找就业方向。社工对其希望通过自己劳动来谋生的想法给予了充分的认同,此外进一步启发他,明确寻找工作的目的除解决生计外,提升社会交往能力同样重要。因此,为了能够寻找到工作就必须了解自己的现实情况,针对自己的实际以及以前的经历来调整自己的求职策略,寻找适合自己的求职方式。社工同时建议刘某注意控制情绪,并辅以一些控制情绪的技巧和方法;建议刘某注意平时的举止语言,尽量与周围邻居多交流,主动关心他人,建立良好的人际沟通习惯,经过社工的矫正辅导服务,刘某终于找到了一份工作。

矫正中后期成效评估:

经过社工将近一年的矫正辅导服务,刘某的状态日趋稳定,社会功能改善较为明显。

首先,刘某的抗拒情绪和对抗心态有明显消解;其次,刘某能够运用多种方式与外界交流,特别是与家人以外的人员交流;第三,刘某获得了较为稳定的工作,并重组家庭。

上述刘某的案例,给我们呈现了一个较为完整的个案社会工作服务方法的运用及个案服务过程。

社会工作者十分注重与刘某的专业关系建立过程,通过帮困解难,多次上门家访面谈,社工在获得刘某信任的同时对刘某作出了初步的专业判断,并制定了初步矫正服务介入方案。通过协助刘某度过适应期、激发刘某的内在潜能、纠正刘某的偏差认知和行为,社工和刘某的专业关系日趋稳固。在经过阶段性矫正成效评估后,社工又协同刘某制定职业规划,学习人际交往方法,建立良好社交关系,最终刘某适应社会的能力以及社会功能状况都得到了明显改善。

我们从该案例中发现,在专业关系建立之后,明确的目标界定、适当的理论支持、有效的计划策略和措施、持续的阶段评估、不断调整的矫正服务方案,以及整个矫正过程中社工对刘某自身动力的充分重视和调动,都是本个案案例获得成功的组成要素。

我们从社区矫正的实践经验来看,大多数矫正服务对象或者长期在监狱生活,回到社区后面临新的生活无从适应;或者被判缓刑,其生活方式与原来相比变化不大,但个性上的弱点常常在矫正过程中表现出来。社会工作者针对矫正服务对象的实际情况,开展了针对心理层面的、针对情绪层面的、针对性格层面的、针对认知层面的、针对人际交往层面的等各类专业介入,对于矫正服务对象修复社会功能、适应社会起到了明显的矫正效果。

在针对矫正服务对象个人开展服务的同时,社会工作者还在社区矫正服务对象与社区其他工作系统互动层面开展了各类专业介入。

矫正服务对象与社区其他工作系统的互动方式主要是指矫正服务对象与社区其他系统,如居委会、社区服务中心、其他公共服务系统等发生交往时所遇到的障碍或局限,通常表现为矫正服务对象对现行各类政策、制度不了解、对目前的社会运作方式不熟悉、对办理各类事务的方式不适应和处事能力缺乏,一旦矫正服务对象与相关部门发生关系,或者独立办理一些事务,就会出现不适或冲突,它影响了事务的正常办理,阻碍了矫正服务对象的社会化联系,也容易使矫正服务对象产生逃避或排斥的心态。

赵某是一位女性矫正服务对象,1959年出生。因与丈夫关系不和而离职做生意,1995年因经济诈骗案发,被判有期徒刑10年。由于在服刑期间赵某表现良好,被记功二次,减刑二次,分别为一年零二个月,共二年零四个月。2003年2月24日获假释出狱。

回到社区后,她感到周围的人都看不起她,心里十分自卑,头都抬不起来。她自述长期监狱的生活,使人十分压抑,一旦回到社区,脾气就会十分暴躁,这是一种释放。同时,如果感到受到歧视,也会马上反驳,很容易与人冲突。例如,刚出狱时办劳动手册,在办理的时候她出具了假释证和出狱证明,办理的工作员看后回答说,"这怎么行,没有用的"。赵某说:"这是我们队长说的。"工作员说:"队长算什么?去把原单位的退工单开过来。"由于赵某的原单位早已被裁并了,她也不懂工作员说的什么退工单,她感到工作员的态度中流露着歧视,火气一下就上来了,但又不知该怎么办。她气得把手中材料撕掉后扭头就走。

矫正社会工作者在得知情况后,马上找赵某谈话,帮她具体分析当时的情景,分析社区服务中心工作者的谈话及要求的含义,分析当时赵某的反应所表现出来的心态、行为特征,通过"回放"技巧的运用让赵某反思冲突过程中表现出来的性格特征、行为表现以及处理事务的能力和方式;然后帮助赵某重新与社区服务中心的工作人员协商,学习重新与人交往和办理事务的能力。在矫正社会工作者的协助下,赵某终于办好了劳动手册,也在办理的过程中学习了如何与人沟通、如何办理事务的技巧和方式。矫正社会工作者在赵某回归社区的初期担当了协调、指导和桥梁的角色,也由此赢得了赵某的信任。赵某在获得矫正支持的同时,也放弃了与原朋友圈继续交往的念头。矫正工作的有效性由此得到了体现。

2. 家庭服务

矫正服务对象回到社区后,首先接触和面对的是其家庭环境。一般来说矫正服务对象的家庭环境各有不同,矫正社会工作者的家庭层面介入方式也各不相同。

第一,支持型家庭及社工介入。这类家庭环境良好,家人对矫正服务对象十分关心,也十分理解,家人与矫正服务对象一起面对矫正过程中的任何事务。家庭对矫正服务对象有十分重要的支持。在矫正服务对象中,缓刑人员家庭常常是这样一种类型。社工常常利用该类家庭原有的支持性关系,促使矫正服务对象发挥动能,该类家庭常成为矫正工作开展的资源之一。

季某出生于1957年8月,曾任某医疗器械厂销售科长、工会主席、车间主任等职,同时是一私营企业实际法人代表。因虚开增值税发票,被判三缓五。

季某夫妻关系较好。犯罪前,他与妻子共同注册了一家私营企业,从事贸易生意。案发后,妻子想尽办法借钱赔款并担保季某接受缓刑改造。患难之中见真情,季某十分感激,也倍加珍惜。被判缓刑回到社区后,夫妇俩又注册创办了某贸易公司,从事广告印刷等业务。夫妇俩互相支持,关系和睦。

季某有一个读财会专业的女儿,中专刚毕业,现考入某大学继续攻读财会大专学历。季某对女儿寄予了很大的希望。

由于有良好的家庭支持,季某的日常行为表现一直比较好。"非典"期间,季某协助居委会进行广告宣传印刷及资料复印,还低价提供口罩等防"非典"物质,公司的运营也力求正规。由于表现好,矫正办于2003年第二季度给季某记功一次。

第二,沟通方式失当型家庭及社工介入。这类家庭的主要特征是家人对矫正服务对象关爱心切,但沟通方式失当,家庭关系较为紧张。

矫正服务对象刘某1971年出生,未婚,因犯盗窃罪被判处有期徒刑6年,剥夺政治权利1年。刘某生长在父母管教较为严厉的家庭,20世纪90年代初父亲去世,母亲靠退休金维持家计。

刘某回到社区后,很希望能够融入社会,自食其力养活母亲,但又存在很强的自卑心理,所以一直找不到工作,也没有好的状态。母亲对刘某的状态十分不满,常常在家里指责他,刘某心情十分不好。他知道母亲是疼他的,将他带大吃了不少苦,也知道母亲身体不好,但自己找不到工作,没有办法,心里也很急,也觉得母亲很烦。刘某甚至为躲避母亲的唠叨欲与原来的朋友重新交往。

社会工作者在了解了刘某与母亲的现实状况后,决定从协调母子关系、调整母子互动方式入手建立家庭对矫正服务对象的支持。工作者首先是增加母子的信息沟通和交流,向母亲转达儿子的孝心和焦虑心情,也希望儿子可以对母亲的关爱方式表示理解；其次，工作者对母子之间的互动方式提出改进建议，帮助其学习更有利于双方接受的沟通技巧，如说话的语气、表达情绪的方式等。在听了工作者的分析后，刘妈妈对自己的教育方法深感不妥，表示愿意配合矫正办的工作。刘某也对母亲表达了自己的心情，母子关系得到很大的改善，刘某的情绪也日趋稳定。

第三，关系紧张型家庭及社工介入。这类家庭的主要特征是家庭婚姻关系还维持着，但家庭成员间缺乏和睦和支持，家庭关系紧张。社会工作者着重帮助矫正服务对象修复其家庭关系，尽量使家庭对矫正服务对象加以关心和支持。

罗某是一名假释犯，回到社区后开了一家"时代"画廊，生意清淡，收入微薄。罗某患有高血压、糖尿病等几种疾病，医药费开销较大，而他的社会保险金等都被冻结，生活经济压力较大。罗某的家庭对他没有采取宽容和接纳的态度，罗某一人独居，缺少家庭温暖，心情忧郁，感到无助和无望。

社会工作者认为，要改善对罗某的矫正效果，达到预期的矫正目标，不仅需要工作者对他的指导和帮助，还需要来自家庭的支持。为此，矫正社会工作者几次走访了罗某的妻子和女儿，对她们动之以情，晓之以理，告诉她们关爱罗某不仅是尽家庭的责任，也是承担社会预防、减少犯罪的义务。社会工作者还介绍了罗某现在各方面的状况都比较稳定，希望她们能够接纳罗某，并配合工作者做好帮教工作。在社会工作者的调解和努力下，罗某的家人终于改变了态度，开始关心罗某的生活和生意，女儿叫爸爸了，妈妈和女儿还为罗某准备三餐。罗某感到了温暖，开始用较为积极的状态面对生活。在"非典"期间，罗某还向上海市慈善基金会匿名送去10幅画，并表示将画义卖所得全部捐献给抗"非典"一线的白衣天使，同时还向居委会捐赠了5幅画，用于布置环境。由于罗某各方面表现良好，经过讨论，矫正办决定给予罗某行政表扬一次，以示奖励。

第四，破裂型家庭及社工介入。这类家庭的婚姻和家庭关系面临破裂或已经破裂。矫正服务对象面临一些纠纷或矛盾很难妥善处理，矫正社会工作者协助矫正服务对象认真分析、冷静处理，在事务的处理中学习和培养矫正服务对象的各种应对和处理危机的能力。

赵某原是市重点中学学生，校篮球队队员。父母均为单位干部，上有两个哥哥，家庭情况良好。后因男友关系与家里闹僵。不幸的是赵某与男友结婚后不久，夫妻关系就面临困境。后来，赵某因经济诈骗案发，被判有期徒刑10年（1995年）。2003年2月24日，赵某获假释出狱。赵某回来后首先遇到的就是住房问题。她的结婚房被前夫侵占了。她发火了……

矫正社会工作者知道此事后马上做工作，希望她和平解决，学会协调。事情虽然没有解决，但总算没有激化，赵某也第一次在出狱后开始学习处理矛盾的方法以及如何控制自己的情绪。同时矫正社会工作者也与赵某的娘家人进行了联系,希望父母能够给予帮助。赵某的父母原来对她十分气恼,甚至表示过与她断绝关系。矫正社会工作者为此进行了家访,在矫正社会工作者的协调努力下,其父母接纳了她,并待她很好,给她买了房子,哥哥们给她零花钱。她的生活基本上没有问题。

赵某的儿子归父亲抚养,住在奶奶家。儿子16岁,读了艺术职校,像他父亲一样学习连环画制作。儿子对赵某很好,也不怨她,认为一切都是爸爸的错。赵某的婆婆也来看过她,并表示对不起赵某。在社工的协助下,赵某与前夫进行了沟通,最终赵某看在前夫抚养儿子的分上,表示不再与前夫计较什么。

社工在开展家庭层面矫正服务的时候,通常有两个理论依据,一是家庭结构治疗模式。认为个人的许多问题是由于不良的家庭交往产生的,只有改变家庭的交往方式才能解决案主的问题。因此,社工注重通过改变家庭结构与交往方式以发挥家庭的功能,从而使个别家庭成员的问题得到真正解决。该模式的一些基本概念,如次系统、边界、角色、权力架构、病态的家庭结构等,也成为工作者开展工作的重要理论基础。二是"人在情境中"的理论和工作视角已经在实际工作中得到较好的运用。环境的改善,关系的协调,家庭支持网络的构建等已成为矫正工作的重要介入内容。虽然目前社会工作者在开展家庭层面服务时其专业理论水平和能力还有待提高,但通过家庭关系和家庭功能的有效调节,矫正服务对象的家庭环境得到了改善,其适应社会的能力也得到了提高,获得的社会支持更为丰富,因此家庭层面矫正服务的开展,成为矫正社会工作的重要领域。

第二节　小组社会工作方法在矫正工作中的运用

小组社会工作是一种以小组的形式(两人或更多的人)开展服务的工作方式。由于人是一种群居动物,人类的生存状况一直都是与自己周围的人群的生存状况相互依存的,群体是人们与他人建立各种重要关系的手段,家庭群体、同伴群体等可以帮助人们学习社会规范,形成令人满意的社会关系。所以,人们对他人的需要以及人际间的相互依存是小组社会工作的基础。

一、小组工作的核心要素

关于小组社会工作有很多不同的定义。Helen Northen 的定义是,社会工作实践把小组当作过程也当作手段,它通过小组成员的支持,改善他们的态度、人际关系和他们应对实际生存环境的能力。这种方法强调以小组过程及小组动力去影响小组成员的态度和行为。小组成员解决问题的能力和潜力是通过成员间的分享、相互分担和相互支持而发挥出来的,当然,这需要小组社会工作者按照既定的目标进行和指导①。

Toseland 和 Rivas 的定义是,小组工作是以目标为导向的活动,以满足社会情感需要、完成任务为目的。这些活动都是通过服务提供系统直接面对参与小组的个人和整个小组的②。

上述两个定义所强调的重点有所不同,前一个定义强调小组动力对于改变组员个人的影响,后一定义十分广泛,它把小组当作目标导向的活动,并提出小组社会工作者应该关注的两个重要层面:社会情绪和小组任务。

我们从上述定义中体会到小组社会工作包含了几个核心的要素。

首先,小组是一个目标导向的活动,小组目标是小组发展的重要方向。不同的小组目标有不同的小组类型。比如社会目标型的小组,主要以社区归属和社会整合为最终目标,关注的是社会秩序和社会价值观。小组工作主要在社区层面开展,小组成员是为社会利益作贡献而不是为他们自己;通过成员有意义和负责任的参与,显示他们影响社会变迁的力量。再如治疗型小组,注重的是消除小组成员的心理、社会或行为问题,从而帮助他们达到更佳的适应社会的功能。最终目标是改变小组成员而不是社会。又如社会互动型小组,强调在小组个人、小组之间和有关的社会系统之间达到互助和开放,因此集中点既在个人,也在环境,通过互动,个人和社会的功能都将得到增强。

其次,小组目标和活动是社会工作者事先计划好的,由此提出了小组计划的程序设计概念。小组计划是需求、理论、程序设计、小组评估等各环节相互结合的结果。小组计划体现了小组工作者如何运用社会工作专业理论、知识和技巧,通过设计来满足矫正服务对象的需求和改善矫正服务的对象现状的专业服务技能。小组计划实施过程中,社会工作者要关注两个小组工作层面的内容,一是小组成员相互之间的关系及组员的改变,二是小组任务的完成情况。一些社会工作者常常会把关注点放在小组计划书的实施效果以及小组任务的完成情况,而忽略了小组组员间的相互关系及组员的改变。这会导致小组工作脱离其本质要求。

再次,小组工作是一个产生动力的过程。小组过程有其不断发展的不同阶段,小组动力逐渐在小组过程中得以产生和加强,并对每一个小组成员产生影响。为了使小组动力有比较好的产生和发展,社会工作者要从小组沟通、小组领导、小组气氛、小组规则、小组文化、小组凝聚力、小组控制等方面来创造小组动

---

① 何洁云、谢万恒编:《社会工作实践——小组工作》,香港理工大学应用社会科学系2002年版,第5页。
② O.威廉姆·法利等著:《社会工作概论》,隋玉杰等译,中国人民大学出版社2005年版,第89页。

力。小组动力是小组工作的最核心要素。

最后,小组的改变表现在小组组员、小组本身、环境三个方面。通过小组过程,组员得到改变;通过社会工作者的理论、方法、技巧、态度的不断植入,小组经历不同的发展阶段,小组组员和小组本身的改变,也会带来家庭、社区等社会环境的改变。

在针对矫正服务对象群体的社区矫正工作中,小组社会工作方法开始得到有效运用。同时,集中学习、公益劳动安排等,也是社区矫正工作群体层面的主要工作内容。

二、小组工作程序设计

程序设计,是指社工为达到一定的服务目的而开展的一系列活动设计。它可以包括两个层面的内容,一是设计的过程,二是设计的结果。从设计过程来看,它包括厘定服务需求、理论分析、确定服务目的、形成服务方案的过程;从设计结果来看,主要是指所形成的一套服务方案。当程序设计成为一种服务方案时,社工必须对程序设计有更多的考虑,如方案是否符合矫正服务对象的需要,活动内容与活动目的是否一致,服务方案的实施是否具备足够的资源等。

1. 程序设计的类型

根据矫正服务方案形成的不同依据,一般把程序划分为社会问题取向和个人需求取向两种类型。

社会问题取向,主要是指程序设计是通过问题分析—诊断—方案设计的过程来完成的。在这个过程中,专家、权威、专业人士、社会工作者的意见起主导作用。如专家权威通过社会调查和研究,对社会问题作出分析和解释,然后通过设计一连串的活动来形成解决问题的方案。由于该方案的形成针对主要的社会问题,因此对于矫正服务对象个人来说,他是没有足够的能力参与程序设计的。

个人需求取向,主要是指服务方案的设计是回应矫正服务对象的需要,因此在整个服务方案的策划过程中,社工是发起者和推动者,他通过与矫正服务对象建立关系,然后发动矫正服务对象挖掘自己的需求、社工和矫正服务对象共同收集各类服务讯息,并在对各类讯息经常分析的基础上形成符合矫正服务对象需要的各类服务方案。在该类程序设计工作中,矫正服务对象需求的自我发现、自我挖掘和改变是第一位的,矫正服务对象是整个服务方案设计的主体。以个人需求为本的程序设计,体现的是矫正服务对象自主意识提升和能力增强的过程。

2. 影响程序设计的主要因素

程序设计是一项综合性的工程,受很多因素制约,概括起来有以下几方面的因素。

第一,机构的宗旨。机构宗旨主要包括矫正服务对象、基本立场、工作取向等方面的内容。任何专业服务机构的宗旨,对于服务项目设计及程序设计工作有十分重要的制约作用。

第二,矫正服务对象的需要。任何社会工作服务程序的制定,都要充分考虑矫正服务对象的需要。矫正社会工作中矫正服务对象的基本需要,成为小组程序设计的重要依据,如规范需要、参加公益劳动、集中学习以及社会适应性需要(就业技能、人际沟通技能)等。在考虑以矫正服务对象需求为依据进行程序设计时,矫正服务对象的能力和参与动机也是重要影响因素。能力包括矫正服务对象的生理水平、心理水平、对专注力的持久度、思考能力、人际交往能力等。社工要针对矫正服务对象现有能力的承受程度,开展有针对性的设计。

第三,资源条件。任何服务都离不开资源。这里的资源包括人、财、物等各种物质性资源以及权力、关系等非物资性资源。人力主要包括社工专业知识、工作员数量等,也包括服务实施中是否可以邀请到足够的专业人士提供专业帮助。物力和财力也是制约服务的重要因素,机构的经费数量、资金募集可能性等都会制约服务的开展。

目前中国社会工作服务处于起步阶段,各项制度正在建设中,资源配置机制也在形成中,所以社会工作服务机构物质性资源普遍比较缺乏,非物质性资源配置成为服务得以实施的比较重要的手段。比如服务机构通过与政府有关部门的合作,获得服务经费支持或者活动场地的保证等。

第四,理论基础。社会工作服务是以社会工作专业知识运用为基础的,包括心理学、社会学、社会工作实务技巧等在内的理论基础,是小组程序设计的重要依据。如改变认知行为小组、就业技能训练小组、亲子并行小组等,都基于认知改变理论、行为修正理论、社会交往理论而开展活动设计。理论既能帮助社工掌握程序设计的主要方向,也能为活动程序的具体安排提供逻辑框架。有效的理论运用,可以使服务程序设计得到更有效的实施。

第五,矫正服务对象的参与。社会工作服务的重要目标是实现矫正服务对象社会功能的改善和提高。服务活动是实现上述目标的重要载体。一般来说程序设计是社会工作服务的重要内容。社工丰富的工作经验,也为服务活动的设计奠定了基础。但如果我们从助人自助的服务理念出发,带动和鼓励矫正服务对象参与程序设计的具体过程,从他们对自身需要的了解和反省、相互沟通和交流、接纳不同意见、共识的达成等多方面广泛参与,必定会对矫正服务对象的能力提升起到积极的推动作用。所以社工通过促进和协助,实现矫正服务对象对程序设计过程的参与,是程序设计本身要实现的目的之一。

3. 程序设计的基本原则

小组程序设计是为了充分发挥小组社会工作方法的有效性,达到社会工作服务的功能。小组程序设计有以下几方面的原则。

第一,组员的需要。组员的需要是小组工作的根本依据。一般来说,需要有几种分类,包括规范需要、比较需要、感觉需要、表达需要等①。一般来说,社工常常认为矫正服务对象有某种需要,但矫正服务对象的表达需要却不相同。因此,社工要在规范需要和表达需要之间找到共同点,并以矫正服务对象的表达需要为重要依据。在具体程序设计中,社工也必须按照一定的原则把多种需要进行选择和排序。

要明确矫正服务对象的需要和实现有效排序,社工就要开展调查,进行大量的资料收集。在收集资料过程中,社工需要与矫正服务对象直接接触,对其生活环境进行仔细观察,并运用社会工作技巧促使矫正服务对象把感觉需要转换为表达需要。

当小组活动开始后,随着小组的发展及组员需要的改变,社工需要适当地调整小组活动的程序安排。

第二,活动的过程。小组工作要注重组员在过程中的参与。如青少年矫正服务对象野外拓展小组训练项目的设计,每个小组成员承担了不同的策划工作,从物质准备、活动程序设计、路线安排、交通工具选择等方面进行计划和讨论。在这个过程中,组员学到了设计、组织、协商的技巧。随着小组逐步发展,社工应鼓励小组成员有更多的参与。

第三,组员的关系。小组工作有两个重要的方面,一是小组任务,二是小组情绪,或者称小组成员的成长和彼此的关系。在这两个方面社工首先应关注的是小组成员的反应及他们之间的关系。通过小组程序的设计,让小组成员互相支持和合作,产生良好的互动,这是小组工作方法的最大作用。

4. 小组程序的主要功能

程序是小组工作的重要工具,可以承担很多不同的功能。②

第一,评估的功能。通过程序安排,社工可以达到评估组员行为、认知、价值取向等方面的现状。在很多情况下,组员在游戏中的表现,也是他们日常行为的写照,社工要善于应用程序达到评估组员的目的。

第二,协助表达。组员在小组中需要介绍自己的经验,经常与其他组员进行交流。但有时候,由于小组关系还未达到安全和开放,组员也有一些较为隐私的经验无法自如地表达出来。因此,借助一些程序设计,可以帮助组员在小组之间交流和比较自如地表达。

第三,激发互动。小组的不同阶段,组员的互动有不同的特点。如初建

---

① 何洁云编:《小组工作程序计划簿》,香港理工大学应用社会科学系2001年版,第2页。
② 参阅蔡兆球、苏国安、陈锦汗主编:《活动程序计划、执行和评鉴》,香港城市大学出版社1999年版,第114~137页。

期,组员比较拘谨,彼此并不开放,社工通过破冰游戏等程序运用,打破组员间的隔阂,促进彼此的交流。在小组亲密期,也可能由于组员关系过分紧密而影响小组结构的形成,因此社工也要通过程序实施达到塑造小组合理结构的功能。

第四,提升个人素质。社工通过适当的程序设计,让组员在小组中体验到成功,得到赞许,可以帮助组员提升自信心。如一些青少年通过参与一些历奇训练,在经历磨难后增加了自信。一些组员在经历了小组程序后,学习到自制和责任感。小组程序对于组员素质提高有非常重要的作用。

第五,学习知识和技能。社工可以通过各种设计,让组员直接或间接地学习到知识和技能。如在一个就业辅导小组中,一项关于就业信息的讲座,可以直接把知识向组员传授,但有些情景模拟练习,也能够让组员在体验中获得关于就业方面的各种技巧,如面试技巧等。

第六,促进环境改变。小组工作不仅可以帮助组员个人得到改变,也可以促进社会环境的改变。如一些社会目标小组,小组成员可以为促进社区居民彼此关怀而开展宣传活动;小组也可以开展与政府或其他机构的对话和沟通活动,以达到政策环境的改善。通过这些小组活动的参与,小组成员的活动能力、自信心等都会得到提高。

5. 程序设计的主要步骤

一般来说,程序设计是一个互相关联的计划过程,包括评估需求、确定目的和目标、制定活动方案、执行方案、活动评估等步骤。

(1) 评估需要。举办任何层面的活动,首先要完成需要评估。需要评估包括两个部分,一是确定目标对象,二是了解目标对象的特性和问题。

目标对象是指社工通过活动介入希望予以改变的对象。目标对象的特性和问题需要调查和进一步的资料收集。

(2) 确定目的和目标。目的是指希望能达到的比较长远的结果,目的陈述一般是比较概括的;目标则具体地指出工作员期望于活动完成后的指定时间内要达到什么改变。清楚的目标,应该具有以下的条件。

第一,目标应该是与问题和目的相关联的。目标是基于对问题的清楚解释,是目的的具体体现。

第二,目标是可达到的。在制定目标时,要切合实际,既考虑到人力物力的情况,又考虑到矫正服务对象的实际能力,真正使活动达到应有的效果。

第三,目标是可量度的。订立目标时,应尽可能地制定明确的指标,以便对活动效果开展评估。

第四,目标是有时限的。目标的陈述中,应明确预计在多少时间内可达致效果,这样便于控制服务进程。

第五,目标之间是有关联的。目标是目的的具体体现,各目标之间要形成相互连接的逻辑关系,以使整个服务过程按照一定的逻辑安排逐步推进。

(3)制定小组活动方案。一般来说,活动方案的制定应包括如下内容。[①]

第一,理念:为何要组织这个活动?有哪些问题或需要存在?问题或需要有多广泛和严重?

第二,目的和目标:举办程序的目的是什么?希望透过活动达致哪些长远和短期的改变?

第三,对象:参加者是什么人?如年龄、性别、职业、学历等。

第四,性质:活动内容,活动形式。

第五,时间:举行的日期、时间、困难预计。

第六,地点:在哪里举行?有哪些后备场地?

第七,程序:如何进行(包括次序、宣传、招募等)。

第八,资源:包括人力、物力、财力等。

第九,应变计划:预计可能出现的困难(天气、场地、财政、招募),可能解决的方案。

第十,评估:评估指标、资料收集方法、量度时间等。

在完成了上述步骤后,工作者便可以完成小组工作计划书,清楚地解释小组服务方案的内容、时间、财政预算、评估方法等。具体格式如下。

小组计划书

1. 小组名称;

2. 小组理念:理论架构及服务宗旨;

3. 目的及目标;

4. 活动内容:包括小组性质、工作对象、参加者人数、小组周期、聚会次数及主题等;

5. 招募及宣传;

6. 工作时间表;

7. 每次聚会计划:包括日期、时间、地点、目标、内容及节目、工作者之角色、所需人力及资源等;

8. 预计会出现的困难及解决方案;

9. 财政预算;

10. 评估方法。

---

① 张兆球、苏国安、陈锦汗主编:《活动程序计划、执行和评鉴》,香港城市大学出版社1999年版,第114~137页。

（4）评估。评估的作用是确定活动是否达到目标,并找出日后改进的意见。工作者在订立计划时,也可以考虑采用怎样的评估方法。一般来说,工作者要明确两个方面的问题：一是如何评估活动是否达到目标；二是如何收集资料,以了解参加者对活动的满意程度。

第一,评估的类型。评估可以分为两个类型,一是成效评估,二是过程评估。成效评估主要关注有什么转变发生在小组成员身上。这些转变是根据小组目标而制定的预期转变。成效评估是对小组成效的总结性评价。过程评估则着重探讨小组内有什么元素导致预期的改变得以实现,因此,过程评估关注活动程序的实际开展过程,过程中遭遇到的困难,将来如何避免这些困难,活动程序有哪些预期外的后果,如何加强程序的正面效果和减低程序的负面效果,程序中是否有遗漏的环节等等。

第二,成效评估。成效评估是为了反映小组成员的转变程度。一般在小组结束时,社工会通过收集组员意见来作为评估小组成败的数据。但小组成员的转变,并不完全能够从组员的反馈中得到全面反映。成效评估中基线数据是反映小组成效的重要依据,同时有系统的评估方法和量度工具也是成效评估的重要工具。

基线数据是指组员在进入小组前的一些可以用量度反映的问题现状或行为表现,该数据成为比较组员转变的基础。通过事前事后的测试及前后比较,显示出组员的转变程度。为了更好地证明小组给组员转变带来的影响,通常会采用控制组的方式,控制组的组员在小组期间并不接受小组治疗。通过治疗组与控制组的数据比较,从而达到成效评估。

事先事后及跟进评估也是成效评估的重要方法。

事先评估对于衡量小组是否获得成效有非常重要的作用。一般来说,事先评估有三个方面的功能：一是评估,评估既可以帮助社工获得基线数据,也能够为社工在小组设计方面提供更多的信息支持。二是筛选,筛选的重要标准是看参加者对改变现状的动机、承认自己的问题并愿意对解决问题承担责任、相信通过小组过程有助于解决目前的困境。如果组员事先没有这样的认识,那么参加小组的动机就不强,最终小组的成效很难实现。三是工作者与组员建立彼此信任关系。

事后评估可以通过个别面谈及量表测试的方式进行。事后评估有三个功能：一是收集组员对小组的看法,并得到改进意见；二是通过评估使组员巩固学习所得,并进一步增加组员的信心；三是预防问题再次发生。

跟进评估通常在小组结束后的三个月、半年或者一年后进行,目的是了解组员在小组后的转变是否得到维持或者有所增减。跟进评估对于社工反思小组计划及提高服务方案的有效性有非常重要的作用。

整体来说,在小组中进行评估的架构可以由表 5-1 反映:

表 5-1　小组工作评估框架

评估的层面	评估的环节
小组成员个人	• 人际的 • 个人的 • 环境的
整体小组	• 沟通和互动 • 凝聚力 • 社会控制 • 领导和权力模式 • 目标
小组的环境	• 机构 • 机构之间 • 社区

社工根据上述评估架构完成小组评估报告。小组评估报告是对整个小组工作的总结和评估。主要包括对小组工作目标、小组进程、小组安排及内容、小组互动状况、小组成员表现、工作者专业态度及方法技巧等方面的综合评估。具体格式如下。

小组工作评估报告格式

1　背景资料:小组名称、性质、周期、小组聚会次数、聚会密度、每次聚会所需时间、参加者资料、出席人数等

2　小组目的及工作目标

3　小组聚会进程

4　评估

4.1　小组目的及目标是否达到

4.2　招募及宣传

4.3　小组结构:所招募的组员、聚会暑假、长度、地点、费用等是否合适

4.4　活动的适切性:内容及方式

4.5　个别组员的表现/改变

4.6　小组互动:沟通交往模式、小组气氛、小组规范、小组凝聚力、领导模式、解决冲突的方式等

4.7　小组发展的阶段及方式

4.8 工作者角色

4.9 工作者之专业态度及所运用的知识和技巧

5 财政报告

6 遇到的困难

7 建议

三、小组工作方法在社区矫正中的运用

从目前已有的社区矫正实践经验来看,社会工作者针对矫正服务对象面临的共同问题而开展的小组工作已有多种类型。针对矫正服务对象返回社区初期普遍面临的自卑、消沉、缺乏生活信心等问题,有的矫正社会工作者设计并开设了以建立健康自我观、重塑自信为主题的小组辅导项目;有的社工针对矫正服务对象参加矫正日常管理与工作就业之间的时间冲突,设计并开设了如何处理两者关系的小组辅导项目。有的针对矫正服务对象社会适应能力的低弱开展了系列辅导服务,如就业技能辅导、人际沟通辅导、自我管理能力提升小组等。针对矫正服务对象与其家庭间缺乏有效互动关系而开设的小组辅导项目也得到了矫正服务对象的普遍欢迎。小组辅导过程运用了小组社会工作的理念、带领技巧和程序设计,在小组辅导过程中运用小组动力来达到目标,取得了非常好的矫正效果,既增加了矫正服务对象的服刑意识,也解决了矫正服务对象的一些困惑,得到了各方的欢迎。

案例:法制教育学习小组[①]

迎新学习会服务计划书

(一)背景

"旭日心航"工作室在2007年1月由华东理工大学社会工作系和上海市新航社区服务总站闵行社工站合作成立,旨在通过理论与实践相结合对闵行区青少年矫正对象开展专业、系统的矫正服务。

最近一段时期,江街道青少年犯罪率呈现上升趋势,而且主要以冲动性团伙暴力犯罪为主,此类青少年往往法律意识淡薄、行事冲动。

因此,工作室希望举办迎新学习会,主要在社区矫正期前三个月对青少年进行集中的法制、社区矫正等内容的学习,增强青少年矫正对象的法律意识和在刑意识,帮助他们顺利度过矫正期,从而改善他们日后的行为处世的方式。

(二)目标

1. 帮助青少年矫正对象加强在刑意识。

[①] 引自上海市新航社区服务总站闵行工作站旭日心航工作室2007年度服务资料。

2. 对青少年矫正对象开展法制教育,使其对自身的行为有所反思。
3. 让青少年矫正对象理解社区矫正的真正含义,帮助他们更好地度过矫正期。

(三) 组员招募

1. 小组对象:江街道青少年矫正对象
2. 小组人数:8人
3. 组员招募:宣传及街道社工转介。

(四) 小组特征

1. 性质:学习性小组。
2. 持续时间:3个月。
3. 规模:8人。
4. 聚会频率:一至两周一次。
5. 聚会时间:每周四下午4:00至5:00
(五) 小组理论参考:社会学习理论

社会学习理论认为,人类的学习多数是在社会交往中,通过对榜样示范行为的观察、模仿而进行的。该学习过程可分为四个阶段:(1)注意过程。为了能够依靠观察进行学习,人们需要注意榜样行为的重要特征,加以正确地知觉。(2)保持过程。这一过程是为了把榜样的示范行为以印象和言语形态保存在记忆中,成为记忆编码,会在以后实行这种行为时起着向导作用。(3)运动再现过程。这是把以印象和言语形态保存在记忆中的行为表象转换为行为的过程,也就是行为的实行过程。(4)动机作用过程。人们并不把学到的行为全部表现出来,因此,这一理论把行为的习得和行为的表现区分开来。示范行为如果导致有价值的结果,就会增强观察者产生同样行为的倾向;如果导致惩罚或无报偿的结果,就会抑制或削弱观察者发生这种行为的倾向。直接强化、替代强化和自我强化,对由观察而学会的行为的表现,都具有动机作用的功能。

迎新学习会把社会学习理论运用于小组设计中,小组程序设计以该理论为逻辑依据,使法制教育的形式具有了小组工作的内涵。

(六) 小组活动大纲

节数	日期	名称	目标
第一节	7月19日	角色澄清	1. 介绍社会工作,使组员能够对社工有更进一步的认识 2. 介绍旭日心航工作室及其工作范围 3. 介绍小组,使组员了解小组活动的目的 4. 使组员明确自身的主刑意识,明确司法奖惩与小组参与情况的关系,订立小组契约 5. 与组员确定家庭探访时间安排 6. 详细情况汇报的内容及其规范要求

续表

节数	日期	名称	目标
第二节	8月2日	刑法学习（一）	通过刑法介绍及相关案例分析，增强青少年矫正对象的法律意识。程序：观看视频、描述犯罪行为、分析犯罪原因、提出矫正重点
第三节	8月9日	刑法学习（二）	通过刑法介绍及相关案例分析，增强青少年矫正对象的法律意识。程序：角色扮演、情境模拟、分享（一）布置回家作业：如何看待自己的犯罪行为？
第四节	8月16日	刑法学习（三）	通过刑法介绍及相关案例分析，增强青少年矫正对象的法律意识。程序：角色扮演、情境模拟、分享（二）布置回家作业：当时光倒流，犯罪情境出现时，我可以怎么做？
第五节	8月23日	刑法学习（四）	通过刑法介绍及相关案例分析，增强青少年矫正对象的法律意识。程序：总结前三节小组活动的学习收获，讨论并制订遵法守则，以及日常行为规范。阶段学校效果评估及奖励
第六节	8月30日	社区矫正制度学习	通过介绍美国及中国目前的社区矫正制度，让青少年矫正对象明确自身所处环境，从而顺利地度过矫正期
第七节	9月13日	新型毒品预防	通过案例、相关资料展示，使青少年矫正对象了解毒品的危害性，从而做到远离毒品，关爱生命
第八节	9月27日	犯罪与成本	通过案例分析，帮助青少年了解犯罪所要付出的代价，从而促使青少年对自己的行为做到三思而后行，预防再次犯罪。程序：案例讨论、成本分析、方案制定

（七）预计会出现的困难及解决方案

1. 组员出现迟到的情况时，要求该组员对其他组员做出解释，并且通过小组契约加以强调。

2. 出现冷场的情况时，积极调动气氛，鼓励组员发言同时结合指定发言。

3. 对由于天气过热可能造成的如中暑之类的情况，预先做好防暑降温措施，保证饮料茶水的供应，安排有空调的学习场地。

（八）财政预算

（九）评估方法

1. 评估的范围：对社工的评估、对小组的目标与过程评估、对小组成员的评估

2. 评估的方法：小组成员反馈（小组过程中的分享、小组结束后的评估调查反馈表）、社工观察

上述案例展示了教育类学习小组的程序设计过程。首先是设计理念。社工认为，加强法制教育、规范日常行为，是社区矫正工作的主要内容，同时也是犯罪青少年改正自新、健康成长的内在需要。在这个前提下，社工制定了小组目标，并以社会学习理论作为小组程序设计的理论基础，使小组设计把专业理念、专业理论和矫正目标有机地结合起来。在每节课的安排上，社工把法制学习内容与社会学习过程相结合，运用视频观看、案例讨论、情境模拟、角色扮演、回家作业、讨论分享等专业手法，使小组成员逐步经历观察、注意、保持、再现、内化等学习过程，最终较好地实现了小组目标。

第三节 社区工作方法在矫正工作中的运用

社区工作是以社区为对象的社会工作介入方法。它通过组织社区内居民参与集体行动，去厘定社区需要，合力解决社区问题，改善生活环境及素质；在参与过程中，让居民建立对社区的归属感，培养自助、互助及自决的精神；加强居民的社会参与及影响决策的能力和意识，发挥居民的潜能，培养社区领袖才能，以达致更公平、公义、民主及和谐的社会。[1]

社区矫正工作，对于矫正服务对象来说是个人社会化功能的恢复和改善，对于整个社会来说，则是社会关系的调整。通过改善社区环境来促进社区关系的调整和重塑，促进矫正服务对象社会功能的恢复，是社区层面矫正社会工作介入的主要内容。

---

[1] 甘炳光等著：《社区工作理论与实践》，香港中文大学出版社1998年版，第13页。

一、社区工作的核心要素

首先,社区工作的对象是社区,既包括社区居民,也包括社区内的各类组织和社区关系。所以,开展社区工作,可以以社区居民为主要工作对象,也可以为实现社区居民状况的改善而去改变社区关系和社区环境。比如社区矫正工作的开展中,社会工作者可以组织矫正服务对象参与各类社区活动,如慰问老人、服务残疾人、参与社区公共卫生工作等,以此来提升矫正服务对象对社区的参与感,也可以改善社区居民对社区矫正服务对象的偏见及认知,改善社区关系,从而提升社区凝聚力。社会工作者也可以通过建立社区内不同组织间的合作机制,通过制度建设和政策倡导,为社区矫正服务对象更好地适应和融入社会创造更好的条件。

其次,社区工作是一个组织的过程、发动居民的过程、集体行动的过程。所以,社区工作要求社会工作者具有较高的社区分析、社区计划、社区资源配置、社区动员与协作等能力。

再次,居民的参与是社区工作的核心动力。社会工作者相信居民有能力处理好自己的问题;居民也有改变的愿望和改变的能力;社会工作者只有促进居民参与社区事务,并在参与中促进社区发生改变,这样的改变才是真正持久和有效的。居民的参与需要社会工作者的组织的支持,也需要社区各类资源的整合和支持。

最后,社区工作是一个复杂的系统工程。中国基层社区的体制、结构、资源分布、居民习俗、社区认同等与西方社会有很大的不同。目前关于社区社会工作的现有理论解释大多数来源于西方学者的论述,中国特有的复杂的社会经济政治制度背景,以及社会发展脉络、居民文化习俗等,将给社会工作者呈现出不同于西方的社会处境。所以,在探索中国本土的社区工作实践的基础上发展出具有中国特色的社会工作社区服务模式,是每个社会工作者都面临的挑战和重要使命。

二、社区工作的基本过程

社区工作与个案或小组工作一样,存在其过程性和连续性。社区工作过程主要包括认识社区、建立社区关系、协调及改善社区关系等步骤。每个步骤相互关联,具有持续性。

1. 建立对社区的基本认识

社区矫正工作者开展工作之初,首先要了解和熟悉社区,与社区建立关系,如果工作者无法与社区建立良好的工作关系,为改善矫正服务对象社区环境而开展的各类社区工作就没有了基本条件。

了解社区是一个具体和系统的工程,包括收集资料、建立对社区的基本认识、了解社区关系及社区资源等。了解社区的比较重要的内容可以包括以下几个方面。

第一,社区历史。一个地区的事件和问题与地区居民、组织和过往所发生的事情是相关联的。了解社区历史可以帮助矫正社会工作者了解该社区居民参与社区事务的基本方式、社区关系的特点,便于工作者根据该社区特点开展社区层面的工作。

第二,自然环境和设施。自然环境和设施可能与社区居民的工作和闲暇生活有关,也与工作者的工作环境有关。工作者对于社区自然环境和设施的充分了解,有助于工作者在社区层面与矫正服务对象联系和开展工作。一般来说,基本的环境资料可以包括区域位置、交通设施、房屋状况、社会服务(教育服务、健康服务、社会福利服务、法律服务、其他法定服务或志愿服务)的提供情况、经济和商业活动等。

第三,居民。社区矫正工作的一个工作目标之一在于发动居民成为社区矫正工作的支持者,同时社区矫正工作也要保护社区安全和居民的利益。在进入社区之前,工作者要收集本社区居民的基本资料,建立对本社区居民的基本了解和认识。一般来说,有关居民的基本资料包括:人口规模和流动情况,年龄团体的分布和比例,家庭的规模和类型,社交互动和参与,非正式的网络和结构,文化传统和特点,对生活的态度和对所在社区的认识,等等。

第四,社区组织。在社区中有大量的正式组织,其中有政府组织、准政府组织和非政府组织,如街道办事处、居委会、警署、社会保障服务中心、文化馆、学校、医院等。每一个组织都有其特定的目标和工作内容,了解这些组织,对于在矫正工作中发现和整合各类资源有非常重要的帮助。有关社区内正式组织的资料可以包括组织的服务性质和范围、目标、结构、政策、基金提供、工作人员安排、它们与社区和其他组织的关系与交流、拥有的资源等。

第五,社区权力关系。社区权力关系主要是指在社区层面开展活动或者组织各类形式的社区活动时,主要的权力拥有者和决定者、决定或者决策的方式等。了解这些基本情况,有助于矫正工作者了解和理解在社区层面开展工作的主要适用方式。

2. 建立社区关系

在了解社区的基本情况以后,工作者就要开始与社区建立较为紧密的合作关系。

第一,建立关系的过程。建立关系是一个过程,工作者必须明确建立关系的具体目标以及建立关系的步骤。一般来说,建立关系需要在以下几个方面做好准备。

首先是决定建立关系的范围。从社区矫正的实际工作来看,建立社区关系的第一项内容就是与社区组织建立关系。社区组织是矫正工作的重要资源。矫正工作者进入社区后首先就是与社区警署、居委会等组织建立关系,除了向警署和居委会了解矫正服务对象及其家庭情况外,还互相交流和配合,共同制定合作方案。工作者也要与街道办事处等部门建立良好的工作关系,在街道办事处的支持、配合下,矫正工作者对矫正服务对象的帮困解难才更易实现。劳动就业部门、社会保障部门、一些职业介绍部门等也能对社区矫正工作给予大力支持。建立社区关系的第二项范围就是与社区居民的关系建立。由于社区矫正工作的特殊性,矫正工作者一般通过警署、街道、居委会与社区内的志愿者、楼组长以及相关的一些居民建立合作关系,使得社区矫正工作可以得到社区居民的支持。

其次是自我介绍。在与有关组织和居民建立社区关系时,工作者必须清晰准确地介绍有关工作、工作机构及工作者自己。由于矫正工作是刑法执行的过程,有其法定性和严肃性,因此在向有关组织和居民作自我介绍时,应该考虑区别性和弹性,提供的有关讯息要视与之联系的组织和个人而定。

再次,确立联系的"合约"和观察联系的过程。在这里所谓的合约主要是指社区关系建立双方的共同约定。在合作关系的建立中,工作者需要向有关社区组织和居民介绍矫正工作的具体工作要求和内容,有关组织和居民也有了解矫正工作的需要以及对于即将承担的相关工作或要求作出一定的承诺。联系的"合约"可以是口头的,也可以是书面的,这要视双方能够接受的方式而定,关键是"合约"本身需要达到的目标必须在关系建立的过程中得到落实。

在与社区组织和居民建立关系的过程中,工作者要随时观察和调整联系的过程。要对已经建立的联系以及"合约"的履行情况作出及时的评估,并对联系的方式和结果作出及时的修正。

观察和不断修正联系结果的过程,也是矫正机构和矫正社会工作者与社区组织和居民不断合作、增加双方理解、促进社区关系日趋完善的过程。

最后是跟进联系。在联系之后,矫正社会工作者要向已经建立联系的组织和居民及时传送相关讯息,告诉他们矫正工作的进展,工作者的想法和有关资料,鼓励社区组织和居民在参与中获得支持,也鼓励他们参加已在计划中的活动和行动。

第二,建立关系的方式。社会工作者与社区组织和居民建立联系可以有很多的方式。通常来说,举办新闻发布会、联谊会、社区宣传、上门拜访、探查、调查、小组工作等都可以起到建立联系的作用。

新闻发布会或者联谊会主要是指由社区矫正机构出面,组织社区组织的相关人士和居民个人,通过消息发布、工作讯息通报、合作进程交流、联谊等形式,向有关社区组织和居民介绍社区矫正工作的进程,提出建立关系的希望和要求,促进合作关系的建立。

社区宣传是指在一些社区报栏及社区公共场所,社区矫正办公室可以组织一些面向社区组织和居民的宣传资料,在社区层面进行宣传。宣传的主题可以根据社区矫正工作的需要、建立社区认同和社区支持的需要来设计,目的在于促进社区对于矫正工作的了解、支持和参与。

上门拜访主要在两种情况下开展。一是工作者进入社区初期,通过上门拜访,认识有关机构和个人,同时介绍社区矫正工作的有关性质和内容;二是在社区矫正工作的开展过程中,在一些需要具体商谈和合作的工作内容上,矫正社会工作者需要向社区组织和居民个人进行较为具体和详细的沟通和交流。如需要有关部门对矫正服务对象在户口、劳动手册、最低生活保障、劳动就业安排、关系协调等方面给予支持时,工作者往往上门拜访有关组织和个人,陈述事情的原由和具体困难,对于希望获得的支持给予充分的表达和请求,有关组织和个人由于对矫正工作有了较为清楚的了解,也都尽最大努力给予帮助。

探查主要指矫正社会工作者通过举办一些面向有关组织和居民的活动,既可以通过活动表达服务社区的意愿,建立与社区组织和居民的联系,同时又可以测试他们对于社区矫正工作的认识和反应。

调查方法是指通过问卷、参与观察等形式建立与社区组织和居民的联系。

小组工作形式是指通过小组工作方法的运用,帮助社区相关人士建立彼此之间的联系和认同,通过互动建立较为紧密的工作网络,扩大社区矫正工作的社区支持。

3. 协调和改善社区关系

社区矫正者可以在以下几个方面开展改善社区关系的工作。

第一,动员社区资源。矫正社会工作者在与社区各组织和居民建立关系后,就通过动用和整合社区各类资源系统,给予矫正服务对象多方帮助,使矫正服务对象在融入社区关系方面得到帮助和支持。首先是通过志愿者队伍建设,为矫正服务对象提供一对一的关心和帮助;其次是把楼组长、居委会、治保主任、警署干警等连接起来,构成帮教网络,给予矫正服务对象有益的管理和帮助;再次是通过政府有关协调部门,如综合治理办公室,给予资源等多方支持。

第二,组织各类活动。社区矫正办公室和社区矫正工作者通过社区公益劳动等活动的组织,让矫正服务对象有机会通过自己的努力服务社区,建立与社区的联系,获得社区居民的承认。各矫正工作办公室也在一些非常时期,及时组织矫正服务对象对社区和社会尽他们的力量,这些工作,都对矫正服务对象改善社区关系和融入社会起到了良好的效果。

第三,开展帮困解难工作。社会工作者通过社区资源的调置,帮助矫正服务对象建立社会支持网络。具体开展的工作有落实社会保障政策、安排就业岗位、帮困解难、调节社区关系、建立志愿者队伍、培养矫正服务对象社会公益意识和服务社会的行为等，社区矫正工作者可以从社会资源的配置、社区教育基地的建设、社区内正式和非正式系统的协调等多方入手开展帮困解难，即帮助矫正服务对象适应社会。

三、社区工作方法在社区矫正中的运用

案例一："社区共责计划"和"伴你同行计划"

张先生是某街道社工点的社区矫正社工，他在工作中发现，几个正在服刑的青少年矫正服务对象经常结伙在街区内闲荡，他们或者出没于网吧，或者出没于游戏机房，或者聚在小店喝酒嬉闹。最近，这几个青少年又与其他团伙有所接触并发生了争执，社区居民深感不满，并向附近派出所投诉。

张先生在家访中也发现，在这些青少年服刑人员的家庭里，常常是父母失管或矛盾纠纷经常发生。张先生为此十分焦急。他走访了派出所、司法所、青少年保护办公室、居委会等部门，也走访了区帮教协会和司法保护劳动基地，与这些部门商议该如何在社区构筑一个有效的预防犯罪和矫正工作网络。经过走访，张先生发现这些组织都有很强的动机，愿意共同努力来改善这些青少年的状况，营造安全和谐的社区环境。

为此，张先生经过精心策划和多方联系，主持召开了第一次社区安全建设座谈会。出席会议的有派出所、司法所负责人、街道青少年保护办公室主任、居委会青少年干事、社区服务中心负责人、帮教协会秘书长、司法保护基地主任等。会上，大家畅谈了对社区安全建设的设想，也谈到青少年矫正工作的重要性和面临的挑战，大家对于现状和目前面临的问题充分交流后提出，要建立一个有效的社区安全建设网络，并对该工作网络的功能、分工、职责等提出了建议。但由于参会各方还没有从整个社区利益出发考虑，第一次会议并没有形成一个可行的社区安全网络建设方案。

半个月后，张先生又多方联络沟通，接连召开了两次工作研讨会。第三次会议上，青少年保护办公室主任提出，会议应该吸收家长和无偏差行为的青少年参加，该提议得到了与会者一致同意。会上，大家提出了很多方案，经过反复商讨，"社区共责计划"和"伴你同行计划"等社区行动计划应运而生，与会者很快在社区行动计划目标、策略、措施等方面达成共识。"社区共责计划"详细部署了社区政府各部门在预防青少年犯罪方面的角色和职责；"伴你同行计划"的核心是发动大学生志愿者，与青少年结成伙伴关系，通过建立与青少年矫正服务对象的正向交往，促使青少年减少偏差和犯罪行为，并逐步恢复包括就学、就业等在内的正常社会交往。

经过近一年的多方参与和协商，社区内预防青少年犯罪的机制逐步建立，居

民的投诉减少了,青少年在街边闲荡的现象也不见了。

案例二:"新航义工"

小徐是位年轻的矫正社会工作者,在从事社区矫正的工作中,他常常思考如何把管理和服务的功能能够在社区矫正工作中有机融合。

公益劳动是社区矫正工作的常规工作内容,但在实际实施过程中,往往出现两种情况,一是由于难以落实公益劳动基地而使该项工作不能正常开展;二是公益劳动限于形式,有时间的保证,但实现不了促进矫正服务对象改过自新的目的。如何能够提高公益劳动的工作成效呢?

在与同事的研讨和社区走访中,小徐发现,在社区中有些弱势人群及相应的服务机构,如敬老院以及社区残疾儿童康复中心,非常需要有人关心和支持,探望、联欢、打扫卫生等助老助残活动应该可以成为公益劳动的内容,帮老助残活动也能帮助矫正服务对象提升其助人关怀之心,修正其品德,改善其人际交往关系。经过仔细考虑和筹划后,小徐与两家机构负责人开始接洽商谈,也与派出所、司法所和相关服务管理机构进行商量,在各方达成共识后,小徐把辖区内的矫正服务对象组织起来,成立了"新航义工"服务队,并制定了详密的活动安排表。在小徐的组织带领下,服务队每月均要来到敬老院和社区康复中心,帮助打扫卫生,进行文艺表演,开展康复健身活动。一段时间后,老人们和残疾儿童们渐渐地认同和喜欢上了这些特殊的"义工",每次活动后,他们都真诚地表示感谢,舍不得离别,矫正服务对象也在每次浓浓的谢意中受到触动,感受到自身价值被认可,感受到真情的力量。

一年过去了,新航义工服务队不仅坚持下来了,而且渐渐为社区居民所了解和认同。在又一次中秋节到来时,服务队被居委会邀请,作为特邀代表,参加了社区居民中秋大联欢活动,表演了"新航义工之歌"合唱节目。

从上述两个案例中,我们看到多部门合作是社区矫正工作的重要特点之一。社区矫正办公室、街道办事处、警署、社会福利机构、社区服务中心等都是社区矫正工作的重要依托部门。虽然在合作的过程中往往会因各部门自己的特点和利益而产生多次协商争讨,但为了维护社会稳定这一共同目标,各部门都能够发挥各自所长,整合不同资源,团结合作,共同努力,充分体现了社区矫正工作的社会性和综合性特点。

同时,我们从社区矫正实践中发现,社区矫正工作涉及社会福利、劳动就业等制度层面的工作,社会工作者还需要在制度政策等方面开展更多的倡导性工作。如特别的社会救助和医疗保险政策、过渡性的就业基地建设、企业公益责任的保障鼓励政策等等。

第六章 矫正社会工作过程

矫正社会工作是一项十分艰难的工作,必须遵循科学的程序。这一程序包括建立专业关系、资料收集与分析、问题诊断、计划与介入、评估与跟进等五个环节。

第一节 建立专业关系

人与人的关系具有多维特征,因此,对矫正工作的开展而言,明晰矫正社会工作者与矫正对象的关系无疑具有十分重要的意义。专业关系是矫正社会工作者开展矫正工作的基础。良好的专业关系既是矫正社会工作者开展矫正工作的基础,也是促进矫正对象改变的重要因素。

一、社会工作者与矫正对象

专业关系是矫正社会工作与矫正对象之间的一种认同关系,而这种认同关系以矫正社会工作者、矫正对象对自身角色的认同为基础,因此,讨论矫正社会工作中的专业关系首先必须对矫正社会工作者和矫正对象在矫正社会工作中的角色有正确的认识。

1. 矫正社会工作者角色的影响因素

矫正社会工作是一项复杂的工作,这不仅在于其工作对象的特殊性和复杂性,而且还在于其工作的环境也具有特殊性和复杂性,因此,在不同的情景下,矫正社会工作者往往要扮演不同的角色。

一般而言,有五个方面的因素影响了矫正社会工作者的角色。

第一,矫正工作的目标。在整体上,矫正社会工作的目标是期望通过矫正社会工作者的工作,促使矫正对象回归社会。但在矫正社会工作开展的具体情景、不同阶段和不同时期,矫正社会工作的目标又可分解为具体的子目标。这就要求矫正社会工作者在不同的情景下、不同的子目标中扮演不同的角色,以期达到具体的子目标。

第二,矫正社会工作者的认知和价值取向。矫正社会工作对矫正情景及矫正对象的不同认知及其工作的价值取向对矫正社会工作者的角色扮演也会产生重大影响。如当矫正社会工作者认为矫正情景不利于矫正工作的开展,需要改变矫正情景时,可能就会扮演倡导者的角色,而当矫正社会工作者认为对矫正对象应以管理为主要手段时,其扮演管理者角色的几率就会大于扮演其他角色的几率。至于矫正社会工作对矫正对象的认知则直接决定了矫正社会工作者所扮演的角色。

第三,矫正对象的需求、问题和期望。矫正工作的开展以矫正对象的需求、问题和期望为基础,因此,矫正对象不同的需求、问题和期望在一定程度上决定了矫正社会工作者的角色扮演。

第四,矫正对象的角色意识。矫正对象的角色意识在很大程度上决定了矫正对象的行为方式,因此,矫正对象的角色意识对矫正社会工作者的角色扮演会产生很大的影响。如在社区矫正工作中,如果矫正对象的"在刑意识不强",那么,矫正社会工作者在扮演教育者的同时,还需要扮演管理者的角色。

第五,矫正情景的性质和复杂性。矫正对象的行为在不同情景下会有不同的表现,同时,矫正情景的不同,也使矫正工作呈现出多样性,因此,依据不同的矫正情景,矫正社会工作者会扮演不同的角色。

2. 矫正社会工作者的角色

根据矫正社会工作的目标、任务和功能,矫正社会工作者一般担任以下几种角色:

(1)资源整合者。资源整合者的角色主要是指矫正社会工作者作为中间人,把矫正对象的需要与社会资源连接起来,以满足矫正对象的需要或解决其问题。

矫正社会工作者要能较好地担任资源整合者的角色,需要有广博的知识,并能了解社区资源和特定机构的运作程序,具有配置资源的能力,并能对资源的长处、局限和最新发展做出及时的评估,以保证其所担当的经纪人角色的经纪方向正确,只有这样,才能有效地把矫正对象所需要的服务和资源连接起来。

(2)使能者。使能者就是矫正社会工作者能够帮助矫正对象发现他们的能力和资源,并促使这种能力和资源正常发挥,从而增强他们的社会功能。这包括增能和挖掘潜能两个方面。

矫正对象在身处困境的时候常常不能利用自己的力量或内在资源去应付困难。对于矫正社会工作者来说就是要帮助矫正对象运用其自身的内在资源去改善其社会功能,如对自己的行为、想法、态度、感觉进行反省,帮助矫正对象获得自身的成长。同时,在矫正过程中,矫正对象也可能存在对社会资源、社区资源了解和认识不够的问题,这也需要矫正社会工作者把这些资源交付给矫正对象,从而增强其应对问题的能力。

矫正社会工作者要担任使能者的角色,必须具备丰富的关怀人的心理、动机和行为的知识、能及时评估矫正对象的需要和能力,对与矫正对象相关、能够增进矫正对象能力的相关因素有深入的认识和了解,并选择合适的介入时机和方法。

(3) 调停者。调停者是指矫正社会工作者能够解决矫正对象和其他个人、组织和系统的争议,找到矫正对象与他方的共同点,进而解决矫正对象与外界之间的种种冲突。

如在社区矫正中,有的矫正对象回到社区后,面临与家人的冲突、与一些社会组织的冲突,这些冲突对矫正对象的发展会产生重大影响,因而需要矫正社会工作者通过调停予以解决。

矫正社会工作者要担任调停者的角色,必须有解决冲突、谈判、说服等等方面的能力和技巧,他要在冲突中敏锐地感觉到双方的共同点,并使这一共同点成为调停的方向。有时,更多的调停在于各组织之间的协调配合,此时,矫正社会工作者关注的共同点就是矫正工作对于整个社会稳定以及矫正对象回归社会目标的实现,也因为这样的目标,使得各部门能够相互协调,共同为矫正工作提供帮助和支持。

(4) 教育者。矫正社会工作者同时也是教育工作者。矫正社会工作者通过个别谈话、集中学习、组织公益劳动、技能培训等方式对矫正对象开展法制、行为准则、人际关系、就业技能等方面的教育。

作为一名教育者,矫正社会工作者本身必须有良好的素养,如有较好的社会适应能力、对人生目标有清楚的了解、对相关知识有很好的把握。此外,矫正社会工作者还要熟练掌握正规的和非正规的传授和教育方法。

(5) 倡导者。社区矫正社会工作者担任倡导者的角色是指他们能够了解并识别矫正对象的需要和问题,也能够了解资源的现状以及改变资源的方向。当矫正对象所面临的问题是由于社会结构问题所引起的时,矫正社会工作者就要在社会结构的改善方面作很大的努力。如果有的是由于政策执行和资源配置程序出现了障碍,矫正社会工作者则要努力争取做出相应的改变。

作为倡导者,矫正社会工作者应该具备一定的组织、动员、发动的技巧和能力,他们必须有能力对社会问题和社会政策作出分析,并且对社会有个人的独特见解,他们也应该具有争论、谈判、协商、辩论、控制等社会倡导的能力。

(6) 管理者。矫正社会工作者具有管理和服务的双重职能。作为管理者,矫正社会工作者主要有两个层面的工作。一是行政管理工作。如在社区矫正中,矫正社会工作者要完成矫正办公室自身的行政事务和管理工作,必须按照相关规定做好日常管理工作。如完成《社区矫正工作情况月报表》,按季填写《社区矫正人员基本情况统计表》、根据相关制度规定实施《社区矫正人员行政奖惩办法(试行)》,落实日常管理措施等。二是对矫正对象的管理工作。矫正社会工作者也要密切关注矫正对象的行为、思想动态,及时给予管理、教育和帮助。

作为管理者,矫正社会工作者必须掌握基本的管理方法和技能,如资料处理、档案管理、行政事务处理、矫正对象信息的掌握和管理等方面的方法和技能。

管理职能与社会工作的服务职能相结合,在服务理念下从事社区矫正管理,对社区矫正工作有重要作用。

3. 矫正对象角色的影响因素

同样,也有五个方面的因素影响了矫正对象的角色。

第一,对矫正工作的目标的认知。矫正对象对矫正工作目标的认知及认同度不同时,其角色扮演会有差异。

第二,矫正对象需求满足状况。矫正对象需求是否能够得到满足,也对矫正对象的角色扮演产生着重大影响。

第三,矫正对象的自我角色认知。

第四,矫正社会工作者的工作价值观。矫正社会工作者是否能够接纳矫正对象,对矫正对象的角色扮演具有直接的影响。

第五,矫正情景。

4. 矫正对象的角色

(1)既有现实角色。所谓既有现实角色是指矫正对象通过自己的活动而获得的角色,矫正对象的这种角色类似于社会学中所指的自致角色。如"矫正对象"、"犯罪人员"、"罪犯"等都是对他们角色的指谓。

(2)社会赋予角色。社会总是赋予各种社会角色以一定的社会地位、权利和义务,人们也由此形成了对这些角色的角色认知,这种认知在得到社会普遍认可的情况下就转变为社会认知。

(3)自我期望角色。我们在社区矫正研究中的调查表明,很多矫正对象都不认同自己的既有现实角色和社会赋予角色。我们访谈的数十位矫正对象大多都期望改变自己,使自己获得新的角色。这表现在两个方面:一方面他们期望在参加社区矫正期间不要发生什么问题,用他们的话说,就是要珍惜这来之不易的机会,不要再回到"大墙"内去;另一方面表现为他们都对自己存在着一种新的期望。

矫正社会工作者的角色担任会和矫正对象的角色担任产生很多不同类型的组合,从而形成矫正社会工作与矫正对象不同的关系组合。这就要求矫正社会工作者能够不断地把握这些关系组合的变化,在不同的组合中担任不同的角色,及时转换角色,以使矫正工作达到最佳效果。

二、专业关系及其特点

矫正社会工作是矫正社会工作者与矫正对象在互动过程中形成的以相互认同、相互信任为基础的专业助人关系。这种专业关系具有以下特点。

1. 目标性

矫正社会工作者和矫正对象之所以能够建立专业关系,在于双方具有共同的目标。矫正社会工作者和矫正对象在互动过程中,对某一问题达成共识,希望通过共同的努力改善这一问题,由此形成双方的行动目标,这一目标也成为矫正社会工作者和矫正对象共同的行动基础。

这种目标由矫正社会工作者和矫正对象共同确定,并形成双方的共同承诺。因此,这种以特定目标为基础形成的专业关系便具有了时间性,即什么时候开始,什么时候结束,也就是通常说的从接案到结案的过程。

2. 以服务对象为本

矫正社会工作的目标是为了协助矫正对象实现其矫正目标,因此专业关系也必须以对象的需求和问题为本。在这个关系中,矫正社会工作者的工作内容、态度、时间安排等,都应该围绕矫正对象的需求或问题展开。

3. 非平等性

专业关系也存在着非平等性。在专业关系中,矫正社会工作者具有专业技能、专业地位和法定职责等方面的权威性,矫正对象也应该把自己的个人资料如实提供给矫正机构。

4. 控制性

专业关系不仅要以达成的目标为标准,也要受专业伦理和道德准则的约束。矫正社会工作者也要控制自己个人的价值取向和情绪波动,客观公正地接受矫正对象的求助,并在帮助中实践保密、自决等工作原则。专业关系也要受相关法律的约束,一旦矫正对象出现了违背法律规范的行为,矫正社会工作者也必须依据相关规定严格加以控制。而一旦矫正社会工作者的行为违背了法律的规定,同样要受到相应的处置。

5. 代表性

在专业关系中,矫正社会工作者代表着社区矫正机构,是从事社区矫正工作的专业权威,因此,矫正社会工作者在专业关系的处理中必须遵守相关法律法规,以社会工作价值观和伦理守则为准则,维护专业矫正机构及专业的权威性。

三、专业关系建立过程中矫正社会工作者的工作

专业关系的建立有助于促使矫正对象进入矫正过程,并对矫正效果形成直

接影响,因此,矫正社会工作者应尽一切努力,建立专业关系。

1. 明确建立专业关系是一个过程

人们很容易把专业关系理解为一次性关系,这具有一定的片面性。在矫正社会工作实务过程中,一方面,矫正对象可能会不断地有新的问题出现;另一方面,由于矫正社会工作的复杂性,已经建立的专业关系还有可能被破坏。因此,矫正社会工作者必须注意到专业关系的建立是一个持续的过程。

2. 了解矫正对象的基本情况

由于矫正工作刑罚执行的性质,矫正对象具有被指定的性质,即这些对象并不是自己来求助的,而是由其他司法部门决定而进入矫正系统的。在这个过程中,矫正社会工作者只有非常微弱的影响力。尽管如此,矫正社会工作者还是需要对矫正对象的基本情况有所了解,以便促进专业关系的建立。这些情况主要包括:矫正对象的来源,如在社区矫正中,了解矫正对象源自何处(如是来自监狱还是法院),矫正对象的性质,矫正对象的犯罪类型,等等。

3. 初步评估矫正对象的问题和需求

初步评估是用于识别对象最初关心的事情,以便了解为什么矫正社会工作者和矫正对象能够走在一起。了解矫正对象关心什么十分重要,否则,由于双方缺乏了解,矫正对象会放弃与工作者建立专业意义上的工作关系。

4. 促使矫正对象进入角色

在对矫正对象的需求、问题进行初步评估后,矫正社会工作者需要和矫正对象一道明确各种的角色,并就可能达成的目标初步形成共识。

5. 与矫正支持系统建立关系

为了巩固和持续专业关系,使针对矫正对象的工作具有成效,必须与矫正支持系统建立相应的关系。这一系统包括公安部门、街道、居委会、志愿者、矫正对象家属及亲朋等。

四、建立专业关系的基本技巧

矫正社会工作是十分复杂而艰难的工作。由于矫正工作本身及矫正对象的特殊性,在建立专业关系的过程中,矫正社会工作者可能会面临许多困难,因此,掌握一定的技巧对专业关系的建立具有重要的意义。

1. 感同身受

小孙是一位假释人员,34岁。经过各方努力,他在一家快递公司谋到一份工作。工作很辛苦,也没有正规的上下班时间,小孙常常从早忙到晚。

矫正社会工作者张先生发现小孙最近常常不来参加集中学习,连公益劳动也经常缺席,张先生准备找小孙谈谈,了解一下情况并采取一些措施。

上述案例中小孙已经进入社区矫正系统,但小孙与张先生的专业关系尚未建立,而小孙已经面临了社区矫正的基本要求和工作之间的矛盾。当张先生试图与小孙建立专业关系时,感同身受的技巧就非常重要。

在找小孙谈话时,张先生需要先摸清小孙的感受及其所关心的事情,了解小孙对处理这一矛盾的看法,体会小孙在关系处理方法上的习惯并予以理解,了解小孙自身克服困难的动机,然后根据小孙的情况予以帮助。

如果这个技巧掌握得好,矫正社会工作者就可以被小孙接纳,就可能与小孙共同面对问题,专业关系的建立就比较顺利。但如果矫正社会工作者一味从矫正工作的要求出发,认为小孙在集中学习和公益劳动方面的缺席是违反了有关矫正纪律,必须予以批评和处理,那么,专业关系的建立就可能遇到困难。当然,张先生很好地掌握了这个技巧,并成功地予以运用。

2. 订立目标

当张先生与小孙建立了初步的信任关系后,接着就应该根据小孙的具体情况进行分析。分析工作主要包括如下两点。

(1) 明确目标。张先生必须清楚地了解小孙的目标,这样才能判断是否需要实现这些目标。如果小孙也希望能够处理工作与接受矫正两者的矛盾,只是不知如何处理,那么,张先生与小孙就有可能取得目标的一致;如果小孙是想借此逃避接受矫正,那么张先生可能就要从管理者的角度去纠正小孙的想法,可能暂时两者的目标并不一致,也不能很快建立起良好的信任关系。

(2) 订立目标。在对目标进行澄清后,张先生需要与小孙一起去订立共同的目标。在这里只是一个方向性的目标,即大家对今后的关系内容进行协商,然后达成共同努力的方向。当小孙表示愿意接受张先生的帮助,以解决工作与接受矫正的矛盾冲突时,这个目标就已经初步订立了。然后在以后的阶段中,会对目前的问题进行进一步的分析,包括收集资料,进行分析,制定改变计划,实施计划、评估等等。

在订立目标的同时,双方也要进一步澄清彼此的角色和期望,明确彼此的分工,共同在约定的范围内开始合作。

3. 制造氛围

制造氛围也是建立关系的重要因素,它可以帮助工作者树立起良好的专业形象。氛围的营造首先体现在工作场所。如有一个温馨的谈话室,矫正对象在这样的环境中能够感到安全和关怀;其次是工作者的态度,要表现出专注和接纳;再次是工作者本身的专业形象,如友善、诚恳、自信、有能力等。

4. 积极主动

矫正社会工作者的积极主动有助于专业关系的建立。主动的态度表明工作者对于矫正对象的问题的关心和热情。尤其是矫正对象曾长期处于被监禁和受严惩的环境中,工作者的主动和热情,会减低矫正对象的紧张情绪,缓解工作者与矫正对象之间的关系,由此可以防止过早终止服务。

第二节 矫正资料收集与分析

当矫正社会工作者与矫正对象建立了专业关系后,矫正社会工作就进入了矫正资料的收集与分析阶段。

一、矫正资料收集

为了准确地把握矫正对象的需求和问题,使矫正工作有针对性,需要收集矫正对象的资料,为此,需要掌握资料收集的基本理论和方法。

1. 矫正资料收集的主要内容

矫正社会工作者应尽可能全面地收集矫正对象的资料,为此,矫正社会工作者应对需要收集的资料进行分类收集。在此,我们把所要收集的矫正对象的资料区分为矫正对象个人方面的资料、环境方面的资料、矫正对象与环境互动方面的资料三类进行分析。

第一,矫正对象个人层面的资料收集。矫正对象个人层面的资料收集,主要包括以下四个方面的内容。

(1) 个人的基本资料。如年龄、个人生活简历、生活经历以及重要(关键)事件、个人服刑经历、社会经济地位、周围重要的人物、相关的社会系统等。这可以帮助我们了解矫正对象本人及其社会关系等方面的情况。

(2) 矫正对象对现状和问题的主观看法。包括存在怎样的问题,问题出在哪里,问题的原因是什么,问题存在多久了,矫正对象以往是如何解决他的问题的,希望如何解决他的问题等。

(3) 收集解决问题的动机资料。动机是解决问题、改善现状的内驱力,也是矫正社会工作者最重要的改变现状的资源。有关动机方面的情况了解得越细,矫正社会工作者就越能够调动矫正对象的积极性,设计有助于矫正对象改变的矫正工作计划。

(4) 了解矫正对象生理、心理、情感、智力等方面的能力。各类矫正对象在生活经历、犯罪类型、服刑经历、家庭背景、社会关系等方面都存在着相当大的差别,他们的生理、心理、情感等能力也呈现诸多的不同。因此,作为矫正社会工作者,必须全面收集这方面的资料,如果发现矫正对象的实际能力与表现之间出现明显的差距,矫正社会工作者也要仔细分析造成差距的原因。

第二,环境层面的资料收集。这时所说的环境,是指矫正对象生活于其中的重要社会系统,以及可以得到的各种资源系统。

社会系统主要包括家庭、亲属、邻居、学校、工作等。在了解这些不同的系统时,矫正社会工作者对物理和人文的环境都要关注,尤其要关注对于矫正工作和矫正对象有重要影响和重要关系的人,因为这些重要人物对于矫正对象持有的希望和支持,以及他们帮助矫正对象的能力,对矫正工作的开展都具有积极的意义,因而都是矫正社会工作者必须了解和认识的。

资源系统主要包括各种可以利用的资源,如邻里关怀、志愿者、各类社会保障政策、就业岗位、各类专业服务组织可能提供的服务等等。这些资源将成为矫正社会工作者制定矫正介入计划的重要依据。

第三,矫正对象个人与环境交互作用方面的资料。矫正对象个人与环境交互作用方面的资料主要包括矫正对象个人与周围环境的关系特别是与重要人物的关系,矫正对象寻找帮助的主要方式,社会系统对个人求助的反应,其他系统互动方式对矫正对象问题的影响等方面的内容。

2. 矫正资料收集的主要方法

通常来说,资料收集的方法有文献法、访谈法、问卷法、观察法等。

第一,文献法。文献是指人们专门建立起来储存与传递信息的载体,是人们从事各种社会活动的记录,包含了用文字、图像、符号、声频、视频等手段记录人类知识的各种物质形态。通过文献获取相关资料的方法称为文献法。

相对于其他的收集资料方法,文献法具有间接性、稳定性、客观性等特点。

在矫正社会工作中,文献法对矫正社会工作者收集资料具有重要的意义。如矫正社会工作者可以通过法律文书了解矫正对象的基本情况,通过相关卷宗了解矫正对象的生活经历、犯罪情况等方面的资料,通过相关矫正工作记录的阅读,了解矫正对象进入矫正系统后的情况,等等。因此,文献法是矫正社会工作者经常使用的资料收集方法。

第二,访谈法。访谈法是一种最古老、最普遍的收集资料的方法,它是指矫正社会工作者通过有计划地与访谈对象进行直接的交谈来获取资料。访谈法主要以口头交谈为获取信息的主要方式,基本上是一种面对面直接的资料收集方式,所以使用访谈法能够获得更多的信息资料。

人们对访谈有多种区分,但使用最多的是结构式访谈与无结构式访谈。结构式访谈又称为标准化访谈,它是一种对访谈过程高度控制的访谈。访谈的过程也是标准化的,即对所有被访谈者提出的问题、提问的次序和方式,以及被访谈者回答的记录方式等都是完全统一的。在访谈中,访谈者按照问卷上的问题发问,不能随意提出其他问题或者对问题作解释,当被访谈者表示不明白时,只能重复一遍问题或者按照统一的口径进行解释。通常这种类型的访谈都有一份访谈指南,其中对问卷中有可能发生误解的地方都有说明,这些说明规定了访谈者对这些问题解释的口径。

对于社区矫正工作来说,结构式访谈仅可以在一定范围内使用,如对于一些客观资料的收集等,对于矫正对象的更深入和主观层面的资料收集,还需要通过无结构式的访谈过程来进行。

无结构式访谈又称为非标准化访谈,它是一种半控制或无控制的访谈。与结构式访谈相比,它事先不预定问卷、表格和提问的标准程序,只给访谈者一个题目,由访谈者和被访谈者就这个题目自由交谈,访谈对象可以随便地谈出自己的意见和感受,无需顾及访谈者的需要,访谈者事先虽然有一个粗线条的问题大纲或者几个要点,但所提问题是在访谈过程中边谈边形成、随时提出的。在这类访谈中,无论是所提问题本身和提问的方式、顺序,或者被方谈者的回答方式、谈话的外部环境等,都是不统一的。

社区矫正工作中,访谈法是最主要的资料收集方法。其中结构式访谈法主要用于一般的问卷调查,如同类矫正对象的需求调查、就业动机调查、心理测试、家庭经济情况调查等,结构式访谈常采用问卷表的方式进行。

为充分发挥访谈法的作用,在访谈中应注意一些基本的技巧。

(1) 提前设计访谈提纲。

(2) 访谈过程中应保持友好、亲善的态度。

(3) 恰当地进行提问。提问在表述上要求简单、清楚、明了、准确,并尽可能地适合受访者,适时、适度的追问也十分重要。

(4) 准确地捕捉信息,及时收集有关资料。

(5) 适当地做出回应。访谈者不只是提问和倾听,还需要将自己的态度、意向和想法及时地传递给对方。回应的方式多种多样,可以是诸如"对"、"是吗"、"很好"等言语行为,也可以是点头、微笑等非言语行为,还可以是重复、重组和总结。

(6) 及时作好访谈记录,一般还要录音或录像。

第三,问卷法。问卷法是现代社会调查中最流行的一种方法。它以书面提问的方式调查社会信息,用精心设计的问题表格,来测量人们的特征、行为和态度等。

第四,观察法。观察法也是资料收集的重要方法之一。它是观察者根据调查要求,利用眼睛、耳朵等感觉器官和其他辅助工具,有目的地直接考察被调查者而获得资料的一种方法。

二、矫正资料分析

矫正社会工作者采用不同的资料收集方法收集了大量的资料后,需要对所收集的资料进行分类整理,并进行相关分析。

1. 矫正资料分析过程

对矫正对象的资料进行分析的过程包括资料整理、资料分析和总结三个阶段。

（1）资料整理。资料整理是把收集到的资料系统化、规范化、有序化的过程，包括对原始资料进行审核、复查、分类、撰写备忘录等内容。

第一，资料的审核。资料审核是对已有资料进行审查和核实，以达到去除虚假、无用的资料，保证资料的准确性和有效性的目的。

第二，资料的复查。资料的复查是指矫正社会工作者从各个方面获得了矫正对象的相关资料后，为了保证资料的真实性和准确性，对已有的一些资料进行再次调查，检查第一次调查的质量。在一般情况下，矫正社会工作者并不需要对所有资料进行复查，而只需抽取其中某些资料进行复查。

第三，资料的分类。经过审核与复查，矫正社会工作者保证了资料的真实性和准确性。但这些真实与准确的资料仍然是一堆零散的、不系统的、杂乱的资料，从这些资料中，矫正社会工作者仍然很难把握矫正对象的主要问题，并以此为根据制定矫正方案。这就需要对已有的资料进行分门别类的整理。这种为了使繁杂的资料系统化、规范化、条理化，把性质相同的资料整理在一起的过程就是资料的分类过程。

确定分类的标准具有极其重要的意义。一般而言，理论界把分类标准分为品质标准和数量标准两大类。所谓品质标准是指反映资料属性差异的标准，如一个人有性别、年龄、民族、职业等方面的属性差别。数量标准则是指反映资料数量差异的标准，如年龄、收入等方面的差别。但对社区矫正而言，笼统地按照品质标准和数量标准对资料进行分类很难准确、全面地反映矫正对象的情况，也很难如实地反映矫正对象的特点，因而我们主张把矫正对象的资料分为基本资料和背景资料两大类。

基本资料是指反映矫正对象基本情况的资料，如矫正对象的姓名、性别、年龄、文化程度、婚姻状况、家庭成员等。

背景资料主要是指反映矫正对象的家庭情况、生活经历、社会关系、经济状况等方面的资料。

第四，撰写备忘录。有三个方面的因素决定了矫正社会工作者在从事矫正工作时必须撰写备忘录。其一，矫正对象的复杂性要求矫正社会工作者在开展矫正工作时必须撰写备忘录。其二，矫正工作任务的繁重性要求矫正社会工作者在开展矫正工作时必须撰写备忘录。其三，资料整理内在地要求矫正社会工作者在开展矫正工作时必须撰写备忘录。

备忘录的内容主要包括两个方面，即描述性内容和分析性内容。描述性内容主要是指对资料的记录。分析性内容是指矫正社会工作者在整理资料过程中产生的一些思考和想法。

在撰写矫正备忘录的过程中，矫正社会工作者还应注意以下问题。第一，矫正社会工作者应随时撰写备忘录。第二,由于备忘录的描述性内容和分析性内容具有不同的功能,因此,矫正社会工作者在撰写备忘录时应把描述性内容和分析性内容分开记录。第三,备忘录可能包括了很多方面的内容,这要求矫正社会工作者经常对备忘录进行整理。

(2) 资料分析。在对矫正对象的各种资料进行分门别类的整理后,需要对资料作进一步深入的分析。需要指出的是,整理资料的过程与分析资料的过程既相统一,又有区别。一般而言,矫正社会工作者在整理资料的同时,也会对资料进行分析,而在分析资料的过程中,也会对资料进行再整理,在这个意义上,资料整理和资料分析是不可分割的。然而,资料整理和资料分析又存在差异,尽管在资料整理过程中,矫正社会工作者会进行资料分析,但此时矫正社会工作者的主要任务是整理资料,分析工作只是随着资料整理的进行而部分地开展,有时,在整理资料过程中产生的一些想法可能会有很大的随机性或偶然性,这些想法是否正确、全面、系统,还有待经过资料分析给予验证。同样,在资料分析过程中,矫正社会工作者也会对资料进行再整理,但此时矫正社会工作者的中心任务是分析资料,整理资料只不过是基于分析资料的需要而已。

(3) 总结。通过资料整理和资料分析,矫正社会工作者形成了关于矫正对象的认识。一方面,矫正社会工作者需要保存这些认识,另一方面,矫正社会工作者需要把这些认识传达给矫正对象及相关人员,因此,在完成资料整理和资料分析后,矫正社会工作者应对这个过程进行总结,使自己的认识系统化,并将这些认识记录下来,以适当的方式传达给矫正对象和其他相关人员。

2. 矫正资料分析方法

资料分析方法有很多种,这里主要介绍比较分析、因果分析两种常用的分析方法。

(1) 比较分析。比较分析方法是一种最常见的资料分析方法,是指通过比较事物或现象,发现其共同之处和差异所在,并由此揭示事物或现象间的内在联系及相互区别的分析方法。在社区矫正中,把比较分析方法用于矫正对象资料分析,是为了通过比较矫正对象的各种资料,揭示这些资料之间的内在联系和差别,把握矫正对象的问题。

对事物进行比较时可采用的角度和层面具有多样性,因而比较也具有多样性。有同类比较、异类比较、纵向比较、横向比较、结构比较、功能比较、一致性比较、差异性比较,等等。其中,最常见、运用最多的比较分析方法主要有横向比较和纵向比较,一致性比较和差异性比较。

(2) 因果分析。世界上任何事物的产生、发展、变化都有其内在或外在的原因,同时,这些事物又可能是其他事物产生、发展、变化的原因。因此,可以说,因果关系是世界上各种事物相互联系的一种基本形式。分析矫正对象的各种资料,其目的就是为了弄清这些资料中存在的因果关系,找出形成矫正对象偏差行为或观念的根本原因。因此,因果分析是分析矫正对象资料的重要方法。

从因果关系的视角看,事物因果性的存在是多样的,有一因一果、一因多果、一果多因、多因多果等存在形式,而对整个世界而言,如果我们把世界看作是一个由因果关系构成的链条,那么,每个事物只不过是这个因果链条中的一个环节。作为世界因果链条中的一个环节。每一事物可能既是因,又是果。

矫正对象的资料也表现出复杂性。在对矫正对象资料进行因果分析时,这些资料表现出来的因果性也必然是复杂的,也会存在一因一果、一因多果、一果多因、多因多果等形式,也会出现某一资料既是原因,也是结果的现象。这就要求矫正社会工作者在进行资料分析时"具体问题具体分析",即根据具体的时间、地点和条件,确定各种资料之间的因果关系,明确在特定的时间、地点和条件下,哪些因果关系起主导作用,哪些是主要的、根本的原因,在什么条件下,因果关系可能发生变化。同时,矫正社会工作者还要明确,事物的因果关系是复杂的,也是可以转变的,但在特定的时间、地点和条件下,事物的因果关系是相对确定的。只有这样,矫正社会工作者才不至于陷入相对主义的泥坑中不能自拔。

第三节 矫正对象问题研究与诊断

问题导向是矫正社会工作的基本工作方法。矫正社会工作是在矫正社会工作者与矫正对象共同探索、研究矫正对象存在问题的基础上展开的,因此,在收集并分析各种资料后,矫正社会工作者必须和矫正对象一起就矫正对象的资料进行研究和分析,提炼出矫正对象存在的问题,并对问题进行研究和评估,以设计矫正方案,实施社区矫正。

一、问题研究与诊断的视角

对矫正对象面临的问题进行研究,对矫正社会工作的开展具有重大意义。可以说,问题研究及诊断既是资料收集、分析的必然结果,也是之后矫正社会工作者制订矫正方案的基础。因此,问题研究与诊断在矫正社会工作过程中具有承上启下的作用。

1. 问题的含义

问题是一个普遍使用的概念。无论是在日常生活,还是在学术研究中,"问题"都是人们使用频率较高的一个词。《现代汉语词典》在一般意义上把"问题"的含义归结为四个方面,即要求回答或解释的题目;须要研究讨论并加以解决的矛盾、疑难;关键,重要之点;事故或麻烦。这些解释仅仅描述了问题的存在状态,还没有对问题的根本给予揭示。揭示问题的根本,必须考虑三个方面的因素。第一,问题产生的原因。当我们说"没有问题"这句话时,实质上是指事物各个要素的互动处于一种良好状态,相互之间没有产生冲突,事物在整体上处于平衡状态。而当我们说"有问题"或"出问题了"时,我们实质上是在指事物各个要素之间产生了冲突,事物各要素间的平衡被破坏。比如说,在矫正过程中,当我们说某个对象"有心理问题"时,是指对象心理的各个要素出现了失衡现象。因此,在质的方面,我们可以把问题定义为事物各要素间的不平衡现象。第二,问题表现出来的程度或问题的大小。在日常生活与工作中,问题时刻都存在,但有些问题引起了人们的重视,被人们发现和认识,而有些问题则不被人们感知。这表明,问题成为问题有一个量度。一般情况下,一个问题影响到人们的生活或工作时,问题便成为问题,反之,则不然。对个体而言如此,对社会而言也如此。第三,问题只有在被人们反应时才能成为问题。当问题处于还不被人认知的情况下,问题不成为问题,只有人们认知了问题时,问题才成为问题。由此,我们可以对问题做一个基本的规定:问题是指事物各要素间的失衡现象,当这种失衡对事物的发展产生了不利影响,且被人们反应时,这种现象称为问题。

问题是一个抽象概念,概括了事物的各种失衡现象。根据问题所属的领域,可以把问题区分为两大类,产生于自然界的问题称为自然问题,产生于人类社会的问题称为社会问题。所谓社会问题是指由于在社会发展中社会各要素间出现了失衡,从而影响了社会发展并为社会所反应的社会现象。整体上,犯罪问题产生于人类社会,属于社会问题的范畴,因此,我们可以把要研究的问题概念置于社会问题的范畴下进行讨论。但是,我们必须看到,社会问题也是多样的、具体的,即使是犯罪问题也具有多样性,涉及制度问题、法律问题、道德问题、社会关系问题、行为问题、心理问题、家庭问题等众多方面。本书所讨论的只是犯罪问题中的一类问题,即矫正对象在矫正过程中已经出现或可能出现的问题。根据上面对问题及社会问题的一般探讨,我们把这类问题规定为矫正对象自身各要素失衡及其与环境关系失衡所引发的各种现象,这些现象对矫正对象恢复社会功能、重返社会形成不利影响,并为矫正社会工作者或矫正对象所反应。

2. 问题研究与诊断的主要视角

(1) 生理研究视角。这种研究视角起源较早,它将人和社会与生物比较,把问题归结为人的生理因素和社会的健康状况。这种理论视角对研究矫正对象存在的问题,或预测矫正对象可能出现的问题的意义在于,我们在研究矫正对象存在的问题,或预测矫正对象可能出现的问题时,既要考虑矫正对象所处的社会环境,也要考虑矫正对象本身的生理条件。

考虑矫正对象的生理条件包括了许多要素,如矫正对象的性别、年龄、身体状况、性格等。研究表明,矫正对象性别不同,产生的问题不同;年龄不同,产生的问题不同;性格有差异,产生的问题也会不同。因此,应针对矫正对象具体的生理条件,具体分析矫正对象已经存在的问题,或预测可能发生的问题,实施不同类型的矫正。

(2) 社会变迁视角。从社会变迁的角度研究社会问题的形成,是社会问题研究的又一重要视角。从这个角度看社会问题的形成,在于社会发展过程中会产生一系列新的要素,这些要素与以往社会中存在的一些要素相互作用,或形成要素真空,或相互冲突,从而引发问题。

(3)文化视角。从文化发展的角度看,社会的发展实质上也是文化的发展,与社会变迁可能引发社会问题一样,文化变迁也必然引发社会问题。不同的文化背景,形成了人们不同的价值观念和行为方式,同时,不同的人群在一起也会形成不同的亚文化。由此,文化的不同也可能引发一系列社会和个体问题。

(4) 利益视角。利益冲突是矫正对象产生问题的主导性因素。犯罪问题对社会的破坏作用,以及长期以来社会对犯罪问题的消极认知,使社会对犯罪人的角色和地位大多定位很低,犯罪人是社会的"垃圾"似乎是一种普遍的社会心理,这使矫正对象的利益追求遭遇极大困难,"安排正常人的工作都很困难,怎能为这些罪犯安排工作"的观念得到了较大认同。这种社会心理使矫正对象在获得职业、物质收益等方面遭遇极大困难。这是一个非常现实的矛盾,而更重要的是,经济利益问题的解决又成为解决矫正问题,或预防矫正对象产生问题的关键点。因此,在研究矫正对象的问题时,考虑矫正对象现实的经济状况,从中、长、短三个时间维度预测矫正对象可能遭遇的经济利益问题,同时在横向维度上考虑矫正对象可能与哪些社会成员产生利益冲突,对研究矫正对象的问题具有极其重大的意义。

(5) 行为视角。越轨行为理论研究了人们的越轨角色是怎样获得的,为什么不同的人采用了不同的角色等问题。该视角还把越轨角色和社会环境、社会结构联系起来进行探讨,认为人们越轨行为的形成或是出于对机会不均等状况的修正(罗伯特·默顿),或是在人际交往过程中习得的行为(埃得文·H.萨西兰),而这种越轨行为的习得在很大程度上取决于越轨角色所处的初级群体和亚文化。因而,越轨行为研究特别注意越轨角色的初级群体研究,如家庭、朋友等。同时,这种理论认为既然人们的越轨行为是在相应的初级群体和亚文化中习得的,因而在改变初级群体和亚文化的情形下,这种行为也是能够改变的。这种理论由于对越轨行为卓越的解释力和问题解决能力而得到了广泛的认同,在20世纪50年代后成为社会问题研究中最具影响力的理论。

在越轨行为研究中,研究者逐渐提出了一些更深刻的问题,如:哪些行为是越轨行为?哪些人扮演了越轨角色?这些行为之所以成为越轨行为是由哪些人决定的?一些学者研究后发现,越轨行为之所以成为越轨行为、越轨角色扮演者之所以成为越轨角色扮演者、社会问题之所以成为社会问题,不是由于这些行为、角色、问题本身固有本质决定的,而是由其他人规定的,是由人们对这些行为、角色、问题的反应决定的。这就像"情人眼里出西施"一样,在一些人看来是丑的东西,在另一些人眼里则成为美的东西。因而,社会问题之所以成为社会问题是人们主观定义的结果,这就是标签理论研究社会问题的基本视角。由于这种理论建立在行为互动主义的基础上,因此,我们将之归结到社会问题研究的行为视角中。

标签理论对我们实施社区矫正的重大启示是,这个理论提出了矫正对象问题的认定问题。矫正对象对自己在社会中的角色和地位也有自己的认识和定位,这种认识和定位有时甚至脱离他们自己的实际情况,这使他们的行为常常出现与他们的实际状况不相一致的情况。这样,矫正对象往往很难对他们自己存在的问题形成正确的认识。有些行为在他们看来可能是正常的,而在社会看来则是属于有问题的。对矫正社会工作者而言,一方面不能以贴标签的方式对待矫正对象,另一方面又必须准确地认识矫正对象的问题,明确矫正对象的行为中哪些会对社会和矫正产生不利影响,哪些是应该予以肯定的。

(6)心理视角。基于心理学视角,研究者们认为,一些人的偏差行为是由他们的心理原因所致。心理视角包括不同的研究角度,如人格角度和心理失调角度等。

(7)社会权益视角。在现实社会生活中,一些人给矫正对象以很低的评价,这产生了两方面的效果。一方面,矫正对象感受到很大的压力,这种压力很可能使他们形成"破罐子破摔"的想法,从而促使他们走向重新犯罪的道路;另一方面,矫正对象在法院判决限制之外的权益也会受到很大的损害,有些社会成员甚至会当面对矫正对象做出歧视性动作或说出歧视性语言,面对这种情况,矫正对象往往处于无助状态,既不能与歧视者发生冲突,也不能如社会正常人员那样进行自卫反击。这些都可能导致矫正对象形成新的问题。

(8)综合视角。上面谈到的种种理论,从不同的方面分析了矫正对象问题,但这些理论大多从某个方面讨论社会问题,当从这个理论研究的角度解释社会问题时,具有很强的说服力,但如果换到其他角度讨论社会问题时,该理论的说服力则受到限制。这种状况受到了许多学者的批评。第二次世界大战后,特别是在20世纪50年代,在社会问题研究中出现了一种试图整合各种理论的综合理论学派。这种理论认为,社会问题之所以成为社会问题需要具备几个方面的条件,即必须出现一种客观的而非主观的现象;这种现象具有普遍性;这种普遍性的现象已经影响了社会机能和社会生活;由于对社会的这种影响,这种现象受到社会的普遍关注;由于这种现象产生的影响具有社会性质,因而只有依靠社会力量才能得到解决。

二、问题研究与诊断方法

研究和把握矫正对象的问题,不仅需要从理论上掌握矫正对象问题研究的视角,而且还需要掌握一些矫正对象问题研究与诊断的方法,只有这样,才能准确地把握矫正对象的问题,提出针对性的矫正计划。

1. 问题分类

对矫正对象的问题进行分类是开展矫正工作的基本方法之一。这不仅有利于简化矫正对象存在的问题体系,而且有利于找到问题的根源,明确矫正思路,从而从根本上解决矫正对象的问题

怎样对问题进行分类?首先我们应承认某个矫正对象存在的各种问题具有一定的相互联系,这种联系使我们有可能找到问题分类的基本根据。其次,问题间的联系使各种问题存在一定的可量化的秩序关系,这种秩序关系使我们有可能依据分类根据进行问题排序。如在问题深度方面可能存在表层问题、中层问题和深层问题,在危害性方面可能存在危害个人的问题、危害家庭的问题、危害社会的问题,等等。再次,根据问题序列,通过比较、归纳、综合、分析等逻辑方法确认问题之间的关系,明确哪些是主要问题,哪些是次要问题。

2. 确定问题域

确定矫正对象的问题域就是要明确矫正对象的问题属于哪个方面的问题。一般而言,我们往往把矫正对象存在的问题区分为三个方面,即矫正对象自身的问题、环境方面的问题、矫正对象与环境互动方面的问题。也可以根据前面所说的研究与诊断视角确定矫正对象的问题属于哪个方面的问题。

3. 明确问题性质

在明确问题的问题域之后,需要明确问题的具体性质。确定问题的性质有多种角度,如可以把问题区分为根本问题和非根本问题、主要问题和次要问题;也可以把问题区分为有危害的问题和无危害的问题等。此时,进行问题诊断就要问该问题与其他问题是怎样的关系;其他问题是否由这个问题引起;如果其他问题由该问题引起,是怎样引起的,等等。通过对这些问题的回答,我们基本上能够明确这个问题是根本问题,还是非根本问题;是主要问题,还是非主要问题;是有危害的问题,还是没有危害的问题。

4. 量化分析问题

明确问题的性质后,还需要明确问题的影响及其程度,即从量的角度进一步分析诊断问题。此时,需要问,这个问题是否已经对矫正对象产生影响;这种影响是正面影响;还是负面影响;如果是正面影响,这种影响有多大;如果是负面影响,这种影响有多大;在整个问题系列中,这个问题对其他问题是否有影响;如果有影响,这种影响是正面影响,还是负面影响;如果是正面影响,这种影响有多

大;如果是负面影响,这种影响有多大。

此外,还可以通过问题排序的方法,把问题按对矫正对象影响程度的大小进行排序,从而明确目前急需解决的问题。

通过上述过程,我们基本上能够诊断出矫正对象的问题系列,同时明确在这个问题系列中,每个问题的位置。此时,并不意味着问题诊断已经结束,我们还需要对矫正对象的问题进行更深入的分析,从而明确问题的可能走向。此时,我们需要问,该问题作为矫正对象的根本问题或主要问题,可能会导致矫正对象产生怎样的思想和行为,这种思想和行为可能会使矫正对象产生怎样的变化,而这种变化又可能会使矫正产生哪些问题,也就是说,需要追问该问题的可能走向是怎样的,对这个问题的解决可能会引起怎样的结果等。

第四节 计划与介入

在明晰了矫正对象的问题后,矫正社会工作者需要与矫正对象一道就所诊断的问题制订矫正计划和相关措施,并实施矫正计划。因此,矫正计划与介入包含了矫正社会工作者必须要完成的核心工作,对矫正社会工作的开展具有关键性作用。

一、矫正计划

从现有矫正社会工作,特别是社区矫正社会工作发展的情况看,矫正计划似乎还没有得到应有的重视。受传统工作方式的影响,部分矫正社会工作者认为,计划只是一种表面的功夫,因此,计划制订是一回事,而计划是否执行则又是另一回事。这必将影响矫正社会工作的科学性与专业性,从而影响矫正效果。

一般而言,矫正计划由三部分内容组成:计划目的和目标、计划关注的对象、计划实施的策略等。计划目标是指矫正项目最终要达到的成果;关注对象是指计划实施对象,或者说是计划想要改变的对象,包括个人、群体、家庭、社区、社会等;计划实施的策略主要是指计划实施的步骤、方法和各种安排。

1. 计划目的和目标

目的是指期望通过介入最终获得的长远结果。目标则是指在中间阶段所要获得的较为具体的、近期的结果。要实现最终的目的,一般要先把目的分化,使之成为能够实施的子目标,然后通过子目标的实现去最终实现最后的目的。目标常常被看作是实现长远目的的中间结果。

目的和目标是经过资料分析和问题诊断后确定的。目的和目标表达了该矫正项目中矫正对象可以改变的方向,明确了项目中矫正工作的核心任务,因而在矫正过程中具有极其重要的作用。

确定了矫正计划的目的和目标,可以明确矫正社会工作者和矫正对象共同努力的方向;可以避免在矫正过程中的不确定性和受干扰性,有利于比较持续地执行矫正计划;可以帮助矫正社会工作者和矫正对象适当地选择介入策略和介入模式;为计划的实施提供了控制的方向;可以作为评估社区矫正工作成效的有效指标和依据。

在目标确定过程中,应坚持以下原则。第一,目标必须与矫正对象所需求的结果相关,一般而言,应是矫正对象最基本的需求;第二,目标应有明确的且可测量的定义;第三,目标必须切实可行;第四,目标必须与矫正社会工作者的知识与技巧相称;第五,目标应用正向的语言叙述并注重促进矫正对象的成长;第六,目标必须与矫正机构的功能相符。

矫正社会工作者可通过以下过程选择矫正目的和确定矫正目标。第一,确定矫正对象对于协商目标是否做好了准备。当我们尝试建立计划的过程是矫正社会工作者和矫正对象共同协商的过程的工作理念时,首先就要判断矫正对象对于目标协商工作的准备情况,如他是否对问题有了清楚的评估等等。第二,解释确定目的和目标的意义。第三,协商讨论选择适当的目标。第四,清楚地定义目标。第五,决定目标的可行性并讨论可能的改变和不利结果。第六,决定目标的优先顺序。

2. 关注对象及实施措施

计划不仅要确定目的和目标,还要详细说明关注对象。关注对象主要是指矫正工作要介入的焦点,一般而言,这些介入的焦点可以包括个人、家庭、群体、组织和社区等。而对每一个关注对象的介入,都必须有相应的实施策略和措施,这里所说的策略和措施主要是指矫正社会工作者和矫正对象各自的角色和任务,以及介入的方法和技巧。

二、矫正社会工作介入

针对矫正对象的问题,制订矫正计划后,矫正社会工作者和矫正对象需要按照所制订的目标和措施将矫正计划付诸实施,这一实施矫正计划的过程称为矫正社会工作介入。根据社会工作的一般原理,矫正社会工作介入可从直接介入和间接介入两个方面进行。

1. 矫正社会工作直接介入

矫正社会工作的直接介入是指针对矫正对象采取的行动和直接的服务介入。从直接介入的主要内容看,包括针对矫正对象个人的矫正介入、针对矫正对象群体的矫正介入等。

(1) 针对矫正对象个人的矫正介入。在矫正社会工作中,矫正对象个人面临社会适应、社会支持、社会态度、心理、行为、人际交往等诸多困惑。矫正社会工作者可以针对矫正对象面临的这些问题,运用个案社会工作的方法,开展社区矫正的直接介入工作。

个案社会工作是以个人(或家庭)为对象的社会工作方法。它采取面对面的沟通和交流,运用人与环境互动的理论和方法,协助个人(或家庭)增强其适应社会的能力,以恢复和增加其社会功能,最终实现其福利的增进。

(2)针对矫正对象群体的矫正介入。针对矫正对象群体性的问题,矫正社会工作者可以使用小组社会工作方法开展矫正工作。此外,矫正过程中的一些诸如集中学习、公益劳动安排等,也是社区矫正工作群体层面的主要工作内容。

社会工作实践将小组当作过程也当作手段,它通过小组成员的支持,改善他们的态度、人际关系和他们应对实际生存环境的能力。这种方法强调以小组过程及小组动力去影响案主的态度和行为。小组成员解决问题的能力和潜力通过成员间的分享、相互分担和相互支持而发挥出来。

在矫正社会工作的开展过程中,一些法规和行政规定的集体活动也是矫正社会工作者针对矫正对象的共性问题开展矫正工作的重要介入途径。如在社区矫正的开展过程中,一些地区规定矫正对象要参加集中学习、参加公益劳动。以往,这种集中学习往往具有针对性不强的特点,矫正社会工作者参与矫正工作后,应改变这种状况,使之成为具有针对性、科学性的矫正活动。

2. 矫正社会工作间接介入

矫正社会工作的间接介入主要是指对矫正对象以外的其他系统采取的介入行动,它也被视为改变环境的工作。一般来说,它可以包括针对矫正对象所处家庭环境的间接介入、针对矫正对象所处社区环境的间接介入、针对矫正对象所处社会环境的间接介入。

(1)针对矫正对象家庭环境的间接介入。矫正对象的家庭环境各不相同,不同的家庭环境,对矫正对象的支持或者影响也不相同,矫正社会工作者的家庭层面的介入有多种方式。

一般而言,矫正对象的家庭环境主要有支持型家庭环境、沟通方式失当型家庭环境、关系紧张型家庭环境、破裂型家庭环境等类型,矫正社会工作者在矫正工作过程中,应针对家庭系统、家庭结构等方面的情况,运用家庭治疗的理论和方法,有针对性地开展矫正工作。

(2)针对矫正对象社区环境的间接介入。无论是监禁矫正,还是社区矫正,矫正社会工作都会面临社区环境的问题。相对而言,监禁矫正工作开展中与社区的关联性相对较为间接,但在社区矫正中,社区环境问题更具有重大意义。

社区矫正工作对于矫正对象来说是个人社会化功能的恢复和改善,对于整个社会来说,则是社会关系的调整。社区矫正的社区层面间接介入的目标也是在于促进社区关系的调整和重塑,其主要的工作内容是通过调整和改善社区环境,以促进矫正对象社会功能的恢复。

通过改善社区环境来促进社区关系的调整和重塑,促进矫正对象社会功能的恢复,是社区层面矫正社会工作介入的主要内容,矫正社会工作者将面临社区矫正工作者如何建立对社区的认识、如何与社区建立关系、如何协调和改善社区内各方面的关系等内容。

(3) 针对矫正对象社会环境的间接介入。无论是监禁矫正,还是社区矫正,矫正社会工作都会面临社会环境的问题。相对而言,监禁矫正社会工作开展中与社会的关联性相对较为间接,但在社区矫正中,社会环境问题更具有重大意义。

社区矫正社会环境层面的间接介入主要是指落实社会福利政策,如矫正对象户口安置、办理劳动手册、提供就业岗位、争取社会保障政策、发放补助金、协调其他部门共同做好帮困解难工作等。

第五节 矫正评估与跟进

矫正评估是在矫正服务计划实施后,对矫正进行整体反思的过程。通过矫正评估,矫正社会工作者不仅对矫正效果、过程进行思考,而且要对矫正工作的未来做出相应的跟进计划。

一、矫正评估

1. 矫正评估的含义

评估是一项贯穿于人们日常工作始终的活动。一般而言,无论人们从事怎样的工作,都存在工作的过程是怎样的,所做的工作是否达到了预期的目标,还有没有更好的达到目标的方法等方面的问题。这些问题并不只是在工作完成之后才出现,而是贯穿于整个工作过程因而评估也贯穿于人们工作的每一个环节中。在这个意义上,评估实际上成为人们了解和认识自己工作的成效,评价自己的工作是否达到预期目标,取得了什么绩效的一种手段。因此,可以把评估规定为对项目的实施过程及绩效进行系统研究的过程。

这样,可以说矫正评估就是矫正社会工作者或机构对矫正过程及矫正绩效进行系统研究的过程,通过这个过程,矫正社会工作者或机构要达到评价矫正项目的过程及绩效的目的。

2. 矫正评估的主要类型

根据不同的标准可以把矫正评估区分为不同的类型。

以矫正评估的对象为依据,可以把矫正评估区分为对矫正机构的评估、对矫正社会工作者的评估等。

以矫正评估的主体为依据,可以把矫正评估区分为由政府实施的评估、由矫正机构实施的评估、由矫正社会工作者进行的评估等。

以矫正评估的目标为依据,可以把矫正评估为阶段性评估、过程性评估、绩效评估等。

以矫正评估实施的时间为依据,可以把矫正评估区分为前期评估、中期评估和后期评估。

此外,还可以根据矫正工作实施过程中的各类项目进行各种类型的项目评估,如对矫正对象的需求进行评估、对矫正社会环境的评估、对矫正社会影响的评估等。

3. 矫正评估的功能

归纳起来,矫正评估的功能主要有如下三个方面。

第一,把握矫正项目的实施过程,考查矫正项目的实施效果。

第二,提高矫正社会工作者的工作能力,提升服务品质。

第三,寻求矫正工作的未来方向。矫正评估不是为了评估而评估,也不仅仅是为了察看矫正效果而评估。无论是了解矫正项目实施的过程,还是调查矫正项目实施的效果,都是为了通过矫正评估找到未来工作的方向。

4. 矫正评估过程

矫正评估是一个过程。不论是何种类型的评估,从评估过程看,都存在相似性,包括了评估准备期、评估设计期、评估实施期、评估总结期四个阶段。

(1) 矫正评估的准备期。矫正评估的准备期主要有几项工作。第一,明确评估目的;第二,确定评估主体;第三,评价评估条件。

(2) 设计矫正评估方案。矫正评估是科学的活动,因而实施矫正评估不能凭借经验或一时的兴趣进行,而要在全面准备的基础上,经过严格、科学的设计后进行。因此,评估者在接受了评估任务后,需要设计评估方案,明确评估的问题、方法、程序等方面的问题。

评估方案的主要内容应包括以下几个方面。第一,评估要解决的问题;第二,解决问题的方法和程序;第三,明确评估者与参与评估的各个方面的关系;第四,评估成果的主要表现形式。

就矫正评估内容的设计而言,主要有如下几个步骤。第一,确定需要评估的问题;第二,收集和分析资料;第三,设计评估方案。

(3) 实施评估方案。当评估方案设计完成后,评估者进入实施评估方案阶段。实施评估方案实际上是按照评估设计的基本程序具体进行评估的过程,是把评估方案化为具体的行动。因而,实施评估方案在很大程度上与评估方案设计具有一致性和交叉性,许多在实施评估方案过程中进行的活动在所设计的评估方案中应有所体现。实施评估方案的过程大体如下。

第一，收集和分析评估资料。

第二，制定评估指标体系。社区矫正是一个复合过程。它至少包括了社区、刑罚执行和社会工作三大方面的内涵。因此，反映社区矫正实质的指标也不可能是单一的，而是一个体系，是一个系统。这就需要评估者根据评估的目的对评估指标进行筛选。当评估者根据矫正评估的目的筛选一组具有内在联系的指标，并将其有机地组合起来，就形成了所谓评估指标体系。这一评估指标体系必须满足以下几个方面的要求。其一，评估指标体系必须反映评估的目的；其二，评估指标的选择必须具有代表性，反映所评估对象的实质；其三，评估指标的选择必须相对完善；其四，各评估指标之间存在逻辑的、有机的联系。

制定评估指标体系的另一项内容是确定各项指标的权重。在评估指标体系中，各项指标具有不同的地位，发挥着不同的作用，为了充分体现各项指标不同的地位和作用，使评估具有科学性，需要对不同的指标赋予不同的权数。确定各项指标权数的根据主要有三个方面：其一，指标的信息含量。一般而言，指标所含的信息量越大，权数越高，反之亦然。其二，指标的敏感性。这是指能够反映所评估对象实质的指标，这类指标能对评估对象的变化等做出敏感的反映，因而具有重要意义。一般而言，敏感度越大的指标，权数越高，反之亦然。其三，指标的独立性。这是指指标的不可替代性。一般情况下，各项指标之间存在一定的相关性，在这种相关性前提下，有些指标的作用可以被其他指标替代，此时，该项指标就应该剔除，不占有指标权数。反之，如果某些指标能够明显地增加评估的信息量，那么，该项指标的权数就会相应增加。

确定指标权数的方法有很多，通常使用的方法主要有比较法、德尔斐法等。

比较法是通过比较指标的重要性确定指标权数的一种方法。其基本步骤是：由专家根据指标的重要性进行指标排序，并将后面的指标与前一指标进行比较，计算其相对重要比，由此计算出各项指标的权数。

德尔斐法是一种利用专家系统对指标权数进行确定的方法。其基本步骤是：首先，把待定权数的指标和有关资料及统一的规则发给选定的专家，由他们独立地给出各项指标的权数值；在此基础上计算各指标权数的均值和标准差；将计算结果及补充资料返还专家，要求他们在第一轮征询结果的基础上研究和思考，重新确定权数，并给出确定权数的理由；反复进行上面的步骤，直至专家们的意见趋于收敛、稳定或基本一致，然后计算各指标的均值作为该指标的权数。

第三，实施评估。

第四，评估分析及总结。

二、矫正跟进

矫正工作完成评估阶段后，一般就会进入结案及跟进阶段。根据结案方式的不同,跟进方式及跟进内容也各有不同。

1. 矫正跟进的含义

一般来说,跟进是指矫正工作者与矫正对象的专业关系结束后,工作者必须对矫正对象进行一段时期的随访,并对随访期出现的情况做出一定程度的处理和回应。

根据专业关系结束方式的不同,跟进可以有不同的方式和内容。

第一,矫正项目结案后的跟进。我们所说的矫正项目结案后的跟进是指根据矫正对象的某类需要或问题而建立的矫正项目计划实施完成后,矫正社会工作者对矫正对象需继续跟进,一方面巩固和维持因矫正项目实施而获得的效果,另一方面也可以根据矫正对象的状况制定新的促进矫正对象改变的矫正方案。

第二,转介后的跟进。转介是指把矫正对象从现有机构转介到其他更适合他的机构接受矫正或服务。转介后的跟进是指矫正对象进入其他机构后,矫正社会工作者仍需对矫正对象进行一段时间的跟进工作。

第三,矫正关系结束后的跟进。矫正关系结束后的跟进一般指矫正对象服刑期满,离开矫正系统进入到其他系统后,矫正社会工作者的跟进工作。

2. 矫正跟进的主要功能

矫正跟进是矫正过程的必要环节,虽然不同形式的矫正跟进有不同的要求和内容,但矫正跟进的必要性是一致的,它对矫正工作具有重要的功能。

第一,维持和巩固矫正项目实施所获得的效果。

第二,帮助矫正对象得到更合适和更有效的矫正监管和服务。

第三,帮助服刑期满的矫正对象更快地实现向社会人的转变,成为一个自食其力和被社会接受的人。

第四,有利于各部门和工作员之间的信息交流和合作。

从建立专业关系到矫正评估和跟进,矫正社会工作完成了一个周期。但需要注意的是,矫正社会工作的周期并不是一次性的。与其他社会工作案主的情况不同,矫正对象是犯罪服刑人员,对他们矫正的结束并不一定以问题的解决、需求的满足为标志,在更多的情况下,是以刑期为标志。因此,矫正社会工作可能具有多周期性,也可能具有不完整周期性。此外,矫正社会工作过程中每一阶段的划分也具有相对性。矫正过程中各个环节往往相互交织、相互渗透、相互依存,不能将这一过程僵化、绝对化。

第七章 社区矫正的社会基础

社区矫正代表当代人类刑罚执行制度改革的发展趋势，既是人类文明发展的表现，也是人类社会人道化的表征。社区矫正的实施有其坚实的社会基础。

第一节 社区矫正的法律基础

社区矫正的法律基础涉及两个方面：一是现行法律规定；二是社区矫正立法。这是社区矫正先由部分省市试行，然后逐步推广到全国各地，并且形成现代社会社区矫正制度的全部法律基础，它是社区矫正法律适用的完善过程，是社区矫正勃发生机的力量源泉。

一、现行法律规定

社区矫正涉及的相关法律，主要是刑法、刑事诉讼法、未成年人保护法、预防未成年人犯罪法和治安管理处罚法。刑法是刑事实体法，刑事诉讼法是刑事程序法，它们规定的有关刑罚制度，是社区服刑人员适用社区矫正的法律根据。目前，社区矫正适用的对象主要是五种人员：（1）被宣告缓刑的罪犯；（2）被判处管制的罪犯；（3）被裁定假释的罪犯；（4）经批准暂予监外执行的罪犯；（5）被判处剥夺政治权利，并应在社会上执行其单处剥夺政治权利或附加剥夺政治权利的罪犯。他们适用的刑罚统称为"非监禁刑罚"，但是，他们适用的非监禁刑罚的缘由和处遇有所不同，大体可以分为两种情况。

1. 非监禁刑的法律规定

按照刑罚执行的场所和方式划分，刑罚可以分为监禁刑和非监禁刑。监禁刑主要是适用监狱和看守所执行的刑罚，它包括拘役、有期徒刑和无期徒刑；非监禁刑是指无需在监禁场所执行的刑罚，它包括死刑、管制、剥夺政治权利、罚金和没收财产。社区矫正适用的非监禁刑，主要是管制和剥夺政治权利两种。

2. 非监禁刑罚执行制度的法律规定

按照刑罚执行制度的性质划分,刑罚执行制度有监禁刑罚执行制度和非监禁刑罚执行制度。前者是指在监狱或者看守所执行刑罚的制度,例如,有期徒刑和无期徒刑适用的减刑制度;后者也称附条件不予监禁执行制度,是指根据刑法和刑事诉讼法的规定,依据罪犯的悔罪表现、改造情况或身体状况,对罪犯采取的附条件不予监禁执行制度。它包括缓刑、假释和监外执行。

上述五种社区服刑人员如果违反法律、行政法规和公安部有关监督管理规定,应当如何处理呢?根据《治安管理处罚法》第60条的规定,被依法执行管制、剥夺政治权利或者在缓刑、保外就医等监外执行中的罪犯,有违反法律、行政法规和国务院、公安部门有关监督管理规定的行为,处5日以上10日以下拘留,并处200元以上500元以下罚款。

《未成年人保护法》和《预防未成年人犯罪法》,主要强调了未成年犯罪人的刑事政策。对于未成年人的刑事政策,我国一贯倡导"教育、感化和挽救"的方针,实行"教育为主,惩罚为辅"的原则。这是因为,首先,未成年人正处于身心发育和成长时期,其知识、智力、生理和心理需要有一个循序渐进的变化过程,由于其身心发育尚未基本成熟,缺乏刑法意义上的辨认和控制自己行为的能力,所以,对未成年人的犯罪行为同成年人的犯罪行为应该加以区别,对未成年人的刑事责任应该采取特别的处遇。其次,未成年人犯罪是个体因素和社会因素相互作用的结果,其中社会因素最终起着决定性作用。未成年罪犯是社会化过程中,特别是在基本社会化过程中出现人格缺陷所致,即未成年人的认知、情感和行为的组织系统在其形成过程中,由于缺乏充分而和谐的发育环境,而导致其个人生活的错误倾向和不良模式。但是,未成年人的人格机能具有可塑性特征,易于矫正其犯罪心理和行为恶习。为此,《预防未成年人犯罪法》规定,未成年人的父母或者其他监护人和学校、城市居民委员会、农村村民委员会,对于被判处非监禁刑罚、被判处刑罚宣告缓刑、被假释的未成年人,应当采取有效的帮教措施,协助司法机关做好对未成年人的教育、挽救工作。城市居民委员会、农村村民委员会可以聘请思想品德优秀、作风正派、热心未成年人教育工作的离退休人员或者其他人员协助做好对上述未成年人的教育、挽救工作。《未成年人保护法》和《预防未成年人犯罪法》都规定,对于上述未成年人,在复学、升学、就业等方面与其他未成年人享有同等权利,任何单位和个人不得歧视。

二、社区矫正立法

社区矫正的立法,就是立法机关依据法定程序,在其职权范围内制定、修改、补充、认可和废止有关社区矫正法律规范的活动和结果。社区矫正是一场刑罚执行制度的伟大变革,它需要有一个法律完善过程。从一定意义上说,社区矫正的立法,就是将人们对于社区矫正这一客观事物的经验认识通过理性加工而上升为法律,它是在立法预测的前提下,起草法律的漫长而复杂的过程。因此,社区矫正的立法应当包括如下内容。

1. 社区矫正的试行规定

社区矫正的试行规定,是指两院两部发布的有关社区矫正的文件以及进行社区矫正试点工作的省、市颁发的社区矫正的文件。

两院两部发布的有关社区矫正的文件主要包括最高人民法院、最高人民检察院、公安部、司法部2003年7月10日发布的《关于开展社区矫正试点工作的通知》和2005年1月20日发布的《关于扩大社区矫正试点范围的通知》以及司法部于2004年5月9日印发的《司法行政机关社区矫正工作暂行办法》。两院两部发布的文件,是开展社区矫正试点工作的指导性文件,它明确了社区矫正的意义、性质、范围和任务以及应当注意的问题,它要求社区矫正的试点省、市在现行法律制度的框架内,积极探索、大胆实践。司法部印发的《司法行政机关社区矫正工作暂行办法》(以下简称《办法》),则是司法行政机关进行社区矫正的具体规章,《办法》计有6章42条,对于司法行政机关实施社区矫正作了全面规范,是司法行政机关实施社区矫正工作的法律依据。

社区矫正试点省、市颁布的有关社区矫正的文件包括三个部分:第一部分是社区矫正试点省、市领导机构发布的开展社区矫正的指导意见和社区矫正工作实施细则。这部分内容是试点省、市根据两院两部文件精神,结合本地区的实际,制定的实施社区矫正工作的纲领和方案。例如北京市发布的《关于开展社区矫正试点工作的意见》和《北京市社区矫正工作实施细则(试行)》;浙江省发布的《浙江省社区矫正试点工作意见》和《浙江省社区矫正实施方案》;《江苏省社区矫正试点工作意见》和《江苏省社区矫正工作流程(试行)》等。第二部分是试点省、市相关部门发布的开展社区矫正的具体措施。这部分内容主要规范有关部门应当履行的职责以及各个部门应当如何相互配合、相互支持,以保证社区矫正工作的顺利开展。例如,北京市高级人民法院、北京市人民检察院、北京市公安局、北京市司法局、北京市监狱管理局制定的《社区矫正衔接工作规定》,北京市司法局制定的《参加社区矫正工作监狱劳改干警管理规定(试行)》和《社区矫正工作监狱劳改干警岗位职责(试行)》等。第三部分是试点省、市社区矫正工作机构发布的有关社区矫正的具体制度。这部分内容是试点省、市在现有法律制度框架下,积极探索、大胆实践的结果,这部分内容富有创造精神,是形成社区矫正制度最具活力的部分。例如,北京市制定的《社区服刑人员分类管理分阶段教育实施方案(试行)》、《社区服刑人员公益劳动暂行规定》、《关于进一步做好阳光社区矫正服务中心工作的试行意见》等。

上述三个部分是实施社区矫正和制定社区矫正制度弥足珍贵的经验和资

料,没有它们的存在,就难以产生一部符合中国国情的社区矫正的法律。

2. 社区矫正的法律修改

恩格斯曾说:法不仅必须适应于总的经济状况,不仅必须是它的表现,而且还必须是不因内在矛盾而自己推翻自己的内部和谐一致的表现。社区矫正的现行法律与社区矫正的试行已经不相适应的,需要进行修改和完善,否则,社区矫正立法和社区矫正发展之间难以相互适应,协调一致。现行法律需要修改的内容主要有以下几个方面。

(1) 修正执行主体。按照现行的法律规定,社区矫正的五类罪犯的管理、考察和监督的执行主体是公安机关,其行刑权限均由法律确认和授予。而两院两部规定的社区矫正试点工作,是由司法行政部门组织实施,人民法院、人民检察院、公安机关等相关部门予以配合。这种刑罚执行权能的分配格局造成社区矫正执行主体和工作主体的相互分离,不利于司法行政部门发挥它的职能,也不利于相关部门之间的积极配合。为适用社区矫正的需要,就要改革这种刑罚执行权能的分配格局,理顺刑罚执行活动的运行机制。一方面,刑事司法活动内在地分为侦查、起诉、审判、执行四道环节,相应地刑事司法机关由侦查机关、起诉(控诉)机关、审判机关、执行机关组成,"分工负责、相互制约、相互配合"的原则是现代刑事司法活动的最重要的特征之一,公安机关既是侦查机关,又是执行机关显然有违这一基本原则。公安机关担负着打击现行犯罪、维护社会治安的任务,实际上无暇顾及行刑工作。由于疏于管理而使其对在社会上服刑罪犯的监督、考察和改造流于形式,这是行刑体制造成的弊端。另一方面,刑罚权是国家基于统治权依法对犯罪人实行刑罚惩罚和教育改造的权力。刑罚权是刑罚创制权、刑罚裁量权和刑罚行刑权的统一,即刑罚权的内容由制刑权、量刑权和行刑权三部分组成。制刑权属于立法机关,量刑权归于审判机关,而行刑权则应归属于司法行政机关,这才符合法治国家的立法、行政和司法之间的制衡关系。目前,我国监禁刑的执行属于司法行政机关,而社区矫正的非监禁刑罚的执行则属于公安机关,这是造成刑罚执行运行机制不畅的主要原因。因此,需要修改刑法、刑事诉讼法及有关规定,将社区矫正的非监禁刑罚执行权授予司法行政机关,以利于司法行政机关统一行使行刑权,理顺刑罚执行的运行机制,充分发挥刑罚执行的功能。

(2) 完善执行制度。非监禁刑罚的执行制度,主要是指缓刑、假释和监外执行制度的完善。首先,扩大社区矫正的适用范围。从我国目前刑事法律规定看,适用缓刑、假释和监外执行的形式条件均应放宽。例如,按照刑法第72条的规定,适用缓刑的对象是被判处拘役或者3年以下有期徒刑的罪犯。但在司法实践中,被判处3~5年有期徒刑的罪犯占有相当大的比例,5年以下有期徒刑都应属轻刑范围。因此,有必要将缓刑的适用对象修改为"被判处拘役或者5年以下有期徒刑的犯罪分子",这样就会扩大缓刑的适用范围。同时,适用缓刑、假释和监外执行的实质条件亦应明确。刑法对适用缓刑、假释以及因生活不能自理而暂予监外执行的罪犯,都有一个实质条件,即确实不会再危害社会。这种规定过于原则和抽象,由于缺乏可操作的具体科学标准,只能依靠司法人员的推测或判断,无形中就妨碍了这三种非监禁刑罚执行制度的适用。因此,有必要通过立法解释或司法解释将其具体化,并使其成为判断犯罪人的人身危险性的科学依据。其次,增加执行制度的种类。例如,假释制度是一项行之有效的非监禁刑罚的执行制度。但我国只有裁量假释,而没有法定假释和部分假释。为此,刑法应增设法定假释和部分假释,并修改裁量假释,健全和完善假释制度。国外的法定假释一般是服刑一半以上,就可以依法释放。按我国刑法第81条的规定,被判处有期徒刑的犯罪分子,执行原判刑期1/2以上,被判处无期徒刑的犯罪分子,实际执行10年以上才能适用假释。据此,如果增设法定假释,就应缩短裁量假释的服刑期限,被判处无期徒刑的犯罪分子,执行原判刑期1/3以上,被判处无期徒刑的犯罪分子(后经改判为有期徒刑的)实际执行8年以上,可以获得假释。裁量假释和法定假释都属于完全假释的范畴,即附条件从监禁机构内部完全释放,在社区矫正期间只要不违反法定事由,就不再收监执行刑罚,而像普通人一样正常地生活。部分假释和完全假释不同,主要目的不是促进罪犯的改造积极性,而是以帮助犯人逐渐适应社会生活为宗旨。部分假释主要形式包括日假释、临时假释等。日假释,就是准许罪犯白天在社会上工作、学习,夜晚必须回监服刑;临时假释近似于周末监禁、工作假释、学习假释、可以由行刑当局决定,目的是为了帮助罪犯顺利完成从监狱生活到社会生活的过渡,或者同时兼顾工作、学习的需要。部分假释的适用比较灵活,时间可长可短,犯人在狱外的时间监狱可以监控并可随时召回。推行部分假释作为基本形式的半监禁,实现犯人从完全监禁到部分假释,再到完全假释或完全释放,形成一个循序渐进的转变过程,有助于提高罪犯适应社会的能力,提高行刑效益。最后,完善执行制度的内容。根据目前的法律规定,适用社区矫正的服刑人员应当遵守的行为规范,都是命令性规范,属于消极义务,而没有负担性规范,履行积极义务。因此,对于社区服刑人员的监督管理,应当增加负担性规范,例如,增加公益劳动、赔偿损失、赔礼道歉等内容,以弥补给社会和受害人造成的损失,调整和平衡犯人和社会之间的关系,以利于社区服刑人员顺利回归社会。

(3)修改剥权制度。剥夺政治权利是一种资格刑,而不是自由刑,所以,其内容应该予以明确。按照刑法第54条的规定,剥夺政治权利的内容计有四项,其中剥夺犯罪分子的言论、出版、集会、结社、游行、示威自由权利属于自由刑的范畴,不是资格刑的内容,该项内容应予取消。担任国家机关职务的权利和担任国有公司、企业、事业单位和人民团体领导职务的权利都属于担任公职的权利,两项内容可以合并。因此,剥夺政治权利应改为剥夺公权,又可称褫夺公权,即剥夺公权上所确认的权利。其内容为:① 剥夺选举权和被选举权;② 剥夺担任公职的权利。判处附加剥夺政治权利应在社区矫正的罪犯,被判处有期徒刑、拘役附加剥夺政治权利的期限为1年以上5年以下;死刑缓期执行减为有期徒刑或者无期徒刑减为有期徒刑的,其剥夺政治权利的期限改为3年以上10年以下。在这样长的期限中,如果没有减刑、复权制度的设立显然不利于鼓励罪犯改造的积极性,有碍社区矫正的目标实现。因此,就应通过刑事法律的修改,补充资格刑的减刑、复权制度。资格刑减刑的适用范围不仅包括附加剥夺公权,也包括单处剥夺公权,它不限于随主刑的减刑而相应缩短剥夺公权的期限,主要是根据社区矫正的表现而酌情减少剥夺公权的期限。复权制度是指被判处资格刑的罪犯,当其具备法律规定的条件时,审判机关提前恢复其被剥夺的权利或资格的制度。中国台湾学者林山田认为:资格刑"若执行一定时期后,犯罪人已无社会公安上的顾虑,自可回复其被剥夺之资格及权利,此种司法处分,即为复权"。①

(4) 增设刑罚种类。增设刑罚的种类,一方面可以增加现有刑罚制度的内容,例如,剥权制度的内容,除经过修改后剥夺公权的内容外,可以增加剥夺权利的内容,包括从事特定职业资格、民事权利、军衔、荣誉称号等。增设剥夺权利刑实行分立制。所谓分立制,就是法院在判决剥夺权利时,不是对刑法总则所列剥夺权利权项的全部剥夺,而是根据犯罪的性质和情节,明确剥夺犯罪人一项或几项权利,因此,刑法总则除要列举所有可以剥夺的权利外,刑法分则要在刑法罪行条文中,具体规定可以剥夺权利的权项,以便法官在审判时可以选择适用,以避免权利剥夺的不足或者浪费。另一方面,增设社区服务刑,以取代管制刑。社区服务刑是一种新的监禁刑罚的替代措施,它是指法院判处罪行较轻的犯罪人,在社区矫正机构的监督管理下,为社区无偿地提供一定时期公益劳动的刑罚。社区服务刑是矫正思想和赔偿理论的结合,有利于罪犯的教育改造,回归社会。它和管制刑的性质相似,但更适合社区矫正,所以,社区矫正服务刑完全能够取代管制刑,而成为社区矫正的一种新的刑种。

3. 社区矫正的法律制定

1957年确立的劳动教养制度是一项具有中国特色的司法制度,自其实行以来,在预防和减少犯罪、维护社会稳定方面发挥了重要作用。但是,随着国家法治和政治文明的发展,劳动教养制度日渐暴露出它的诸多缺陷,并引发了有关劳动教养制度的存废的争论。针对劳动教养制度存在的问题,在理论和实务界进行争论的同时,立法部门也在考虑通过立法对劳动教养制度进行改革和完善,以不断适应法制建设和人权保障的需要。2004年和2007年全国人大常委会曾两

---

① 参见林山田著:《刑法学》,台湾商务印书馆1986年版,第312页。

次将《违法行为矫治法》列入立法规划,并委托全国人大常委会法制工作委员会负责《违法行为矫治法》的起草工作。《违法行为矫治法》是介于《刑法》和《治安管理处罚法》之间的法律,三者共同构成我国惩罚和预防违法犯罪,教育和改造违法犯罪人的法律处分体系。《违法行为矫治法》主要适用下列五种对象:(1)构成犯罪,虽不需要给予刑罚处罚但有重新违法犯罪可能的轻微犯罪人;(2)严重或多次违反治安行政法规但不构成犯罪的违法者;(3)虽不构成犯罪,但有严重潜在社会危害的违法者;(4)我国刑法规定的由政府收容教育的未成年人;(5)我国刑法规定的需要由政府强制治疗的精神病人。上述五种对象中可能有部分对象要实行社区矫正。德国著名法学家黑格尔曾说:"法律的范围一方面应当是一个完备而有系统的整体,另一方面它又继续不断地需要新的法律规定。"①因此,在修改《刑法》、《刑事诉讼法》以及制定《违法行为矫治法》之后,制定一部专门的《中华人民共和国社区矫正法》就势在必行。我国社区矫正的理论界和实务部门都对这个问题进行了探讨,例如,有的学者认为,《社区矫正法》的内容应当包括总则、社区矫正对象、社区矫正机构、社区矫正工作者、社区矫正工作程序、社区矫正工作内容、社区矫正工作保障等七章②。这样,修改后的《刑法》、《刑事诉讼法》,新制定的《违法行为矫治法》、《社区矫正法》和《社会治安管理处罚法》就构成社区矫正完备而系统的法律整体,成为社区矫正的坚实的法律基础。

第二节 社区矫正的社会资源基础

社区矫正是积极利用各种社会资源,整合社会各方面力量,将罪行较轻、主观恶性较小、社会危害性不大的罪犯置于社区中进行有针对性的管理、教育和改造工作,因此,在社区矫正实务中各种社会资源具有十分重要的作用。关于社会资源的概念与类型,根据不同的研究视角,不同学者的论述略有差异。比较有代表性的观点认为"社会资源为在社区矫正中可以利用的一切物质和精神财富的总和","在社区矫正中可以利用的社会资源包括人力资源、设施资源、经费资源和技术资源,其中,人力资源具有主导性地位"③。我们认为,作为社会工作领域之一的矫正社会工作,是将社会工作的专业理论与技术实施到罪犯矫正体系之中,为矫正对象提供专业服务,使其重建社会适应能力和机制,并促进其顺利回归社会。因此,在矫正社会工作视角下的社会资源概念、类型及适用范围的侧重

---

① [德]黑格尔著:《法哲学原理》,范扬、张企泰译,商务印书馆1996年版,第315页。
② 吴宗宪:《关于社区矫正若干问题思考》,《中国司法》2004年第7期,第63~64页。
③ 吴宗宪:《利用社会资源开展社区矫正的模式探讨》,《人民司法》2007年第1期。

点不同,具有特殊的意义。

一、社区矫正的资源体系

任何一个社区都存在着数量不等、质量迥异的物质资源和社会资源,它们共同构成了社区赖以存在和发展的基础。同任何一项社区发展计划、社会发展事业一样,社区矫正的展开有赖于对社区资源的发掘与利用,而发掘、利用社区资源本身则构成了社区矫正工作的过程目标,成为社区建设的重要组成部分。本节将社区资源分为物质资源和社会资源两大类,并从其相互关系的角度分析在社区矫正过程中对此二者的发掘与利用。

在社会学领域,研究者已经对社区资源的概念做出诸多定义和分析。一般认为:"社区资源是指社区赖以存在和发展的物质资源和社会资源的统称;社区资源分为两大类:一类是物质资源,一类是社会资源。"[1]前者指社区的经济条件和环境条件,如:土地、矿产、交通、公共设施等硬资源,而后者指社区内的人力资源、智力资源、文化资源、关系资源等软资源。国外学者认为:"社会资源指作为社会行为手段(工具)或报酬而使用的物质的、关系的、文化的对象,即物质资源(原材料、资本、消费品)、关系资源(权利、威信)、文化资源(知识、信息)。社会资源的分配,在满足个人需要的同时对实现社会体系的目标做出贡献。"[2]

上述概念反映出研究者不同的学科视角和研究趋向,并从不同的侧面描绘出社会资源的本质特征。我们认为,社区矫正工作在我国处于起步阶段,关于社区矫正的社会学研究尚不充分,有必要将社会学的基础概念与社区矫正实务相结合,对社区资源的概念做出具有矫治社会工作特色的界定。特别是处于社会转型中的各种类型社区,正面临新的资源整合,社区结构重建的动态过程中,有必要进一步细化社区资源的分类与构成,并阐明各种社区资源之间的相互关系。

社区资源可根据不同的标准进行分类。以社区资源的形态特征划分,可分为有形资源与无形资源;从社区资源的性质划分,可分为自然资源和人文资源。参照已有的学术研究成果,我们认为,在社区矫正实务中能够直接或间接利用的社区资源主要有物质资源和社会资源两大类型。其中,物质资源包括组织、设施、经费、技术四类有形资源,构成社区矫正工作的物质基础;社会资源由人力、智力、文化及关系资源组成,构成社区矫正工作的社会基础,两者共同构成社区矫正工作的资源体系(参见表7-1)。

---

[1] 蔡禾:《社区概论》,高等教育出版社2005年版。
[2] 参见田宗介编:《社会学事典》,弘文堂1988年版。

表 7-1 社区矫正资源体系一览表

物质资源	组织资源	街道办事处、司法所、居（村）民委员会、企事业单位、民间团体
	设施资源	社区矫正中心、社区活动中心、教学（培训）设施、其他公共设施
	经费资源	政府经费、社区筹资
	技术资源	信息技术、心理咨询技术、监控技术
社会资源	人力资源	社会工作者、合同制矫正工作者、社区矫正志愿者、社区居民
	智力资源	人大代表、专家、学者、各类专业人士
	文化资源	价值观、道德意识、行为取向、社会规范、制度
	关系资源	社会（个人）支持网络、血缘、职缘、邻里关系

资料来源：参照蔡禾《社区概论》[1]、吴宗宪《利用社会资源开展社区矫正的模式探讨》[2]编制。

从表 7-1 可以看出，社区矫正资源体系具有形式多样、各种资源之间关系密切的特点。首先，物质资源和社会资源在社区矫正过程中相互依存，缺一不可。没有物质资源，社区矫正就没有开展工作的物质基础；物质资源匮乏，将使社区矫正的效果受到极大的影响。同样，没有社会资源，社区矫正便失去了赖以支持的社会基础，有悖于社区矫正的目标和策略；社会资源的缺失同样会使物质资源难以发挥作用，造成社区矫正官员孤掌难鸣、进退两难的局面。因此，物质资源与社会资源的相互融合、综合利用是开展社区矫正工作的首要策略。

其次，物质资源与社会资源各个子项目之间并非是相互排斥，而是彼此融合、互为补充的关系。这是因为，在社区矫正实务中很难靠单纯的逻辑推理，将有形资源与无形资源截然分开，如组织资源和人力资源之间、技术资源与智力资源之间均表现为相互依存、互补的关系。因此，社区矫正资源体系的分类，在理论上远非完美，仅限于在社区矫正实务层面使用方便，更严谨的分类尚有待研究。

社区矫正资源是一个复杂的多元体系，资源的有效利用往往是各种因素、各种力量相互影响、综合作用的结果，其核心在于社会资源的挖掘。物质资源在某一时点上是有限的、固定的，如政府拨发的年度经费、现有的设施等；而社会资源则是潜在的、难以量化的，必须不断努力挖掘。在社会资源中人力资源占有核心地位，只有组织、培训出一定数量的、高素质的社区矫正工作者、志愿者，才能保证社区矫正工作的顺利进行。

---

[1] 蔡禾：《社区概论》，高等教育出版社 2005 年版。
[2] 吴宗宪：《利用社会资源开展社区矫正的模式探讨》，《人民司法》2007 年第 1 期。

每一个社区都拥有特有的、层次不等的智力资源,充分动员、发挥社区内专家、学者、各类专业人士的聪明才智为社区矫正献计献策,才能推动社区矫正工作向更高层次发展。文化资源一般可分为外在和内在资源,在此特指通行于社区范围内的价值观、道德意识、行为取向等。在社区矫正过程中,挖掘和有效利用社区文化资源,对于社区服刑人员顺利回归社会、人格再社会化具有重要作用。同样,利用关系资源帮助社区服刑人员恢复和重建社会(个人)支持网络,使之融入社会网络之中是社区矫正的主要目标之一,对此本章单设章节讨论(第三节),不再赘述。

在社区矫正实践中特别应当注意的是,任何社区都处于不断发展变化之中,社区状况瞬息万变,社区资源同样处于不断增值或衰减的动态过程中。社区矫正工作者只有把握社区矫正资源的变化规律,不失时机地开发社会资源,才能有效地促进社区矫正工作的发展。如社区矫正工作者可以利用社区服刑人员不同的关系资源,根据网络增值的特点,帮助其修复社会支持网络,解决再就业、技能培训、医疗和社会保障等方面的问题。总之,社区矫正资源的挖掘和利用是一项复杂的系统工程,同时也是对社区矫正工作者实务能力的最大考验。

二、社区矫正的组织基础

在社区矫正实务中,社区内、外部的各类组织系统发挥着不同的功能,分别在组织领导、刑罚执行、动员实施、监督管理等诸多环节中起着重要作用。社区矫正的组织资源,是指在社区矫正工作中发挥着不同功能和作用的各类政府组织、社会团体、民间机构等组织系统的总称。在社区矫正的资源体系中,组织资源占有核心的地位,它与社区中的其他资源系统相互依存、相互制约,承担着不同的功能,共同构成社区矫正的社会基础。

社区矫正的组织系统是一个复杂、多元的网络体系,其组织类型、管理运作、结构与功能等既具有与一般社区组织相似的特征,也有自身鲜明的特点。首先,社区矫正组织的内涵与一般社区组织不同。一般认为,"社区组织是社区居民为着动员全社区的人力、物力和财力,预防或解决社区内存在的各种问题,开展社区服务工作,提高社区居民的生活质量而建立起来的组织系统"[①],强调社区居民组织的自发性及公共性问题的解决。与此不同的是,社区矫正工作涉及部门多、范围广、政策性强,需要专门的国家机关与相关的社会团体、民间组织、志愿者组织密切协作。根据2003年7月"两高"、"两部"发布的《关于开展社区矫正试点工作的通知》中有关社区矫正的定义,我们认为,社区矫正组织是由专门的国家机关主导,相关社会团体、民间组织及社会志愿者协助实施的,针对社区

---

① 黎熙元主编:《现代社区概论》,中山大学出版社2003年版。

服刑人员执行非监禁刑罚,矫正其犯罪心理和行为恶习,促进其顺利回归社会的专业机构。此定义强调政府主导下的社团运作与社会力量参与,带有行政主导和专业性色彩。在组织原则上突出了国家机关的核心地位,在组织运营上强调社会力量参与,在任务指向上针对的是个人性的实质性问题,即针对社区服刑人员执行非监禁刑罚,提供矫治服务,促使其融入社会。

其次,社区矫正组织在管理模式上与一般社区组织有所不同。一般社区组织的管理模式是指"管理部门通过一定的管理手段,协调社区内各种组织的活动,使之在规定的范围内有秩序地进行,有效地发挥功能,以保证社区的稳定、发展和正常运转"①。而社区矫正是"对社区服刑人员依法实施惩罚、提供矫治与服务项目,以促进其顺利回归社会的刑罚执行或刑事执法活动"②,在组织管理与运作模式上具有很强的政策性与专业性。以各级社区矫正工作领导小组为核心的社区矫正机关发挥着决策、沟通、控制与协调的作用,具有行政管理的特点。社团、民间机构的管理模式则具有明显的双重结构,既接受社区矫正工作领导小组的指导与监管,同时也具有各自的管理运营特点。如社区居(村)委会与社区志愿者组织的管理模式就存在明显差别。在社区矫正的组织体系内,基于不同的功能需要和分工,组织之间、部分与整体之间密切联系,互相协调,体现着社区矫正组织在管理上统一性与多元性、专业性与群众性相结合的特点。

再次,社区矫正组织的结构与功能也具有鲜明的特点。一般社区组织的结构分为垂直型与水平型结构两种。垂直型结构是指一种自上而下、隶属关系明确、垂直式的组织结构;水平式结构指各组织之间互不隶属,通过沟通媒介直接或间接地联结而成的组织结构。垂直型和水平型组织结构具有各自的优势与缺点,为满足不同类型组织的需求发挥着各自的功能。那么,社区矫正组织的结构属于何种类型呢?归纳我国社区矫正试点工作开展以来各地总结出的经验,我们认为,建立在社区层面上的社区矫正组织结构是垂直型与水平型结构相结合而形成的网络体系(见图7-1)。

从图7-1可以看出,建立在社区层面的社区矫正组织网络体系中存在着垂直和水平两种结构。具体来说,社区矫正工作领导小组处于网络体系的最高层次,由同一行政级别的政府相关部门主管领导组成,负责辖区内社区矫正工作的决策、沟通、控制与组织协调工作,完成上一级社区矫正组织交办的工作。它与承担社区矫正任务的各个政府部门为垂直关系,共同构成了社区矫正过程中的政府主导系统。在上述网络体系中,社会团体与民间机构是社区矫正工作中重要的社会力量,前者构成了社区矫正过程中的协助实施系统,后者则构成了社团

---

① 黎熙元主编:《现代社区概论》,中山大学出版社2003年版。
② 刘强主编:《社区矫正制度研究》,法律出版社2007年版。

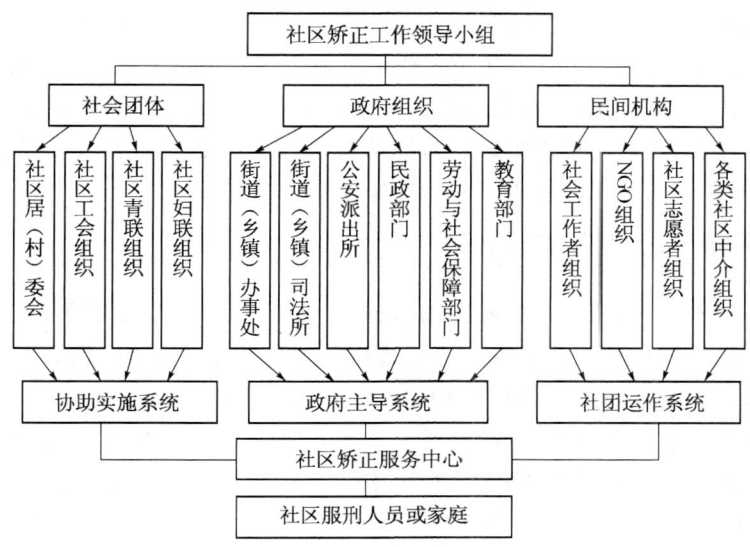

图 7-1 社区矫正组织的网络体系

运作系统。从网络整体的角度看,政府组织、社会团体、民间团体之间互不隶属,呈水平型网络结构,在社区矫正工作领导小组的倡导推动下,密切配合,完成各项任务。从网络体系中垂直和水平结构相互交叉的角度看,在政府组织主导下,各类社会团体和民间机构共同组成社区矫正服务中心,成为挖掘、利用社会力量参与社区矫正工作的综合性平台,并直接向社区服刑人员或家庭提供矫治与服务项目。

上述讨论表明,社区矫正的组织体系是由垂直和水平型组织交叉复迭而成的网络系统,是随着社区矫正工作的拓展应运而生的新型社区组织形式。在社区矫正的组织网络中,不同的政府组织、社会团体、民间机构之间相互协调、相互制约,承担着社区矫正工作不同阶段的不同功能。正确理解和把握社区矫正组织网络的特殊性和规律性,有利于社区矫正官员准确决策,控制和组织、协调社区矫正过程,也有利于社会矫正工作者开展横向与纵向联系,挖掘、利用各种社会资源,促进社区矫正工作的发展。例如,上海市在社区矫正工作中"成立了以市委、政法委牵头协调,公、检、法、司等相关部门参加的社区矫正工作领导小组,设立了禁毒委员会办公室、社区矫正办公室、青少年事务办公室,作为政府主导推动机构负责统筹规划三项工作。在政府的主导与推动下,分别从事禁毒、社区矫正、青少年事务三项工作的民办非营利社团——上海市自强服务社、上海市新航服务总社、上海市阳光社区青少年事务中心成立并良好运作,标志着'社团自主运行'的顺利开展。这三个社团承担政府指定的服务项目,主要职能为人事招聘、培训与考核以及制定统一的工作要求等日常管理。在区级层面,对应三个社团各区相应有三个社工站,各个街道都设有社工点"。上述组织严密、管理科学的网络系统,为上海市社区矫正工作的顺利开展提供了坚实的组织基础。

最后,需要说明的是,以上讨论仅限于静态描述,社区矫正组织系统的组织化程度与过程,即社区矫正组织内部的动员、协调、沟通等动态过程同样不可忽略,它们同样构成了社区矫正研究的重要课题。

三、社区矫正的社会技术基础

社会技术(social technique)的概念最早见于社会学家曼海姆的论著,原意指以人类行为与社会关系形成为目标的社会实践、作用的总称,倡导通过优异的社会技术建立有计划的社会以维护自由[①]。第二次世界大战后,欧、美、日等国将社区视为一种社会技术,广泛应用于城市规划领域及公共卫生、社会福利、区域开发等领域。经过长期实践,社会技术已经形成一套完整的理论与方法体系。"社会技术产生、发展于一系列的社会实践,与其明确定义为一种手段或方法,不如将其视为一系列手段、方法的聚合体"[②]。

将社区作为规划单位的理论与实践,最早见于美国20世纪20年代以帕克、库利的理论为背景的街道互助福利事业运动、社区中心运动及英国的田园都市运动[③]。在当代城市规划与城市管理中,一般将体现传统田园都市传承的理论与方法称为城市规划领域的社会技术。

美国学术界一般将公共卫生及社会福利领域的社会技术称之为社区组织(community organization),其出发点是将社区中的人际信赖关系及社区传承视为社区社会资源,挖掘、动员、组织这些资源促进公共卫生事业及福利事业的发展。这种基于挖掘、动员社会资源,改善社会公共卫生及社会福利条件的组织化过程被称之为公共卫生、社会福利领域的社会技术。将社会组织的理论与实践应用于地区发展,缩小发达与落后地区的差距,改善落后地区的社会环境,促进区域经济社会发展,便形成了被称之为社会发展(community development)的社会技术理论。

联合国于1956年将社区发展定义为,经由居民努力,联合政府当局,一起来改善社区的经济、社会和文化条件,把社区整合到国家生活当中,使他们对国家的进步做出最大的贡献。从联合国的定义可以看出,社区发展指社区经济、社会、文化条件的改善,并强调社区居民与政府合作的方法和手段。由此可见,因

---

① 滨岛朗、竹内郁朗编:《社会学小辞典》,有斐阁1982年版。
② 仓泽进:《社区论》,日本放送大学教育振兴会1999年版。
③ C. A. Perry. "The Neighborhood Unit", In Regional Survey of New York and Its Environs, Vol. 7, Neighborhood and Community Planning, Monograph One,1975.

用词不同,作为社区工作三大方法之一的社区发展模式,在宏观社会发展理论的框架下,与城市规划理论中的社会技术、公共卫生、福利领域的社区组织一样都可以称为社会技术。三者的共同特点是注重方法与过程,挖掘、利用社会资源,解决社区社会问题,改善社区经济、社会、文化条件。

在社区矫正过程中,社会技术的应用具有十分重要的意义,它体现了社会工作的基本价值与理念,是社会工作实务中一系列工作模式、方法的结合,同时也代表了社区矫正工作发展的方向。从社会工作者介入社区矫正的方法和手段看,社会技术的应用即为社会工作固有的理论与方法的综合运用。这些方法主要包括社区工作中的地区发展模式(locality development)、社会策划模式、公共卫生和社会福利领域的社区组织模式(community organization)及其他有关社区建设的理论与方法。上述模式已有较为成熟的理论框架与实践积累,以下是对不同模式在社区矫正实务中的目标、策略、技术特点等进行的比较分析(参见表7-2)。

表7-2 社会工作领域中社会技术的类型比较

比较项目	地区发展模式	社会策划模式	社区组织模式
工作目标	社区能力成长;社会力量整合;强调过程目标	科学策划,解决社区问题;强调任务目标	组织、挖掘社会资源、改善社区环境
工作策略	社区居民的广泛参与	科学的调查研究	动员、组织社会资源
方法、技术特点	团体间沟通;舆论的参与,达成共识	专家科学规划;达成一致与共识	挖掘、利用传统社区资源
改变的媒介	通过运作小型任务导向的团体实现改变	通过正式组织及对资料的操纵实现改变	正式及非正式组织
与权力结构的关系	权力机关的成员,是合作者	权力机关为雇主与赞助者	权力机关为合作者、决策者
社会工作者角色	促进者、协调者、导师	收集分析资料、研究者;计划的执行者	使能者、倡导者、执行者

资料来源:根据《社区工作:理论与实践》①、《社区工作》②、《社区论》③编制。本书略作改动。

① 甘炳光、梁祖彬:《社区工作——理论与实践》,香港中文大学出版社1994年版。
② 徐永祥、孙莹:《社区工作》,高等教育出版社2004年版。
③ 仓泽进:《社区论》,日本放送大学教育振兴会1999年版。

从表7-2可以看出,社会工作领域中社会技术的类型各具特点,在社区矫正实务中应根据不同类型的社区状况、发展阶段灵活运用。地区发展模式强调整合社区社会资源,动员社区居民广泛参与,具有显著的"参与性"特征,这一特征体现了社区矫正工作的本质特点,也同社区工作强调过程目标的方向相吻合。首先,地区发展模式具有成熟的理论和经验积累,将其作为一种社会技术运用到社区矫正过程中,可以有效地挖掘各种社会资源,提高矫治效率。其次,地区发展模式强调社区居民的广泛参与,通过自助或互助的行动改善社区关系,促进社区能力的成长。在社区矫正过程中,经社区居民、团体间的沟通取得一致与共识,形成公众舆论,这一过程本身必然会提高社区居民的凝聚力与归属感,增强共同解决社区问题的能力,达成社区工作的过程目标。

社区策划模式又称为社区计划模式。该模式侧重于依靠专家的力量,通过科学的调查研究解决社区的实质性问题。社会策划作为一种社会技术最早应用于城市规划领域,试图通过科学规划解决城市社会问题。目前,社会策划模式已广泛应用于社区重建规划、解决社会问题的政策策划、社区服务的项目管理、社区居民的组织管理等方面。我国自开展社区矫正试点工作以来,较早运用社会策划模式介入社区矫正工作的案例是首都师范大学社会工作系与北京市司法局联合研制的《北京市社区服刑人员综合状况评估指标体系》[①]。该指标体系从法学、心理学、社会学的研究视角,综合评估社区服刑人员的人身危险性(再犯可能性)和回归社会趋向(再社会化程度),为实施一人一案的分类管理和分阶段教育提供了科学依据。除北京外,上海、武汉等开展社区矫正试点工作较早的省市也都依靠专家力量,制定了各自的社区矫正策划方案,取得了预期的矫治效果。

从社会工作发展的历史看,社区组织概念的应用早于社区发展与社会策划。一般认为,社区组织是一种社区工作的方法与过程,它利用计划与组织工作协助社区居民认清社区整体的需要与目标,通过社区方案与社区机构来整合、协助和发展社区个体、群体与组织,并运用社区内外资源来满足社区的需要与达成社区目标,以适应社会及生活环境的变迁。

从上述定义可以看出,社会工作领域的社区组织有别于实体性概念的社区组织,侧重于方法与过程。作为社会技术之一的社区组织方法最早被应用于公共卫生与社会福利领域。其理论前提是,尽管社区消失论者认为城市社会不可能存在富有人情味的人际关系,人们不可能有社区共同体感和社区团结感,但社

---

① 《北京市社区服刑人员综合状况评估指标体系》由北京市司法局与首都师范大学联合研制开发,第1版于2004年在北京市9个区县进行了预测验,2005年完成了第2版的研制,第3版目前正在研制开发中。

区中仍然残留着传统社区的传承,可以将其视为社会资源加以利用,以改善社区环境①。社区组织的理论给我们的启示是,在社区矫正过程中不应仅仅依靠社区矫正机构和少数专家,而应寄希望于社会力量的广泛参与。尽管在社会转型背景下我国社区发展面临多元化选择与挑战,但我们相信,任何一个社区都存在主流意识形态和文化,挖掘、运用主流意识形态和文化,介入社区矫正过程,这便是社区组织的内涵与适用意义。

以上简要归纳了作为社会技术的地区发展、社会策划、社区组织三种模式的含义及其在社区矫正工作中的适用意义。需要说明的是,上述三种模式侧重于挖掘、组织社会资源的方法与过程,是整合、利用社会资源的狭义的社会技术,它与社会工作中诸方法体系并不排斥。因为社会技术是"一系列手段、方法的聚合体",在社区矫正实务中综合运用包括社会个案工作、社会群体工作等理论与方法,是社区矫正工作者必然的选择。

四、社区矫正的社区参与基础

社区参与是指社区居民自觉自愿地参加社区各种活动或事务的过程②。社区是居民生活和交往的场所,也是直接或间接参加社会事务,开展各项社区活动的区域场所。社区居民通过社区参与体现对社区责任的分担和成果的共享,为谋取社区共同利益而施展和贡献自己的才能。社区矫正是一种利用社区资源教育改造罪犯的方法,其本质特征之一就是在社区中对社区服刑人员开展矫治和改造工作,充分利用社区内的各种资源,共同进行管理,促进社区服刑人员的改造。因此,社区居民积极参与社区矫正工作,是社区矫正工作本质特征的反映,也是增强社区的社会民主功能,促进社区发展的需要。

从社区参与的功能看,社区居民积极参与社区矫正工作本身就是社区民主建设、民主管理的组成部分。社区矫正为社区居民提供了参与社会事务的综合性平台和机会,而社区居民通过参与,培养、增强了自身的社区意识,发挥出个人潜能,实现了自身的价值。在社区矫正试点工作中涌现出的"阳光社区矫正中心"就是一种新型的社区组织,为社区志愿者提供了一个参与社区事务的机会和平台,也是对传统社区组织和服务功能的发展和创新。可以说,社区矫正工作同其他社区事务一样,正在成为当地居民发挥潜力,促进社区建设和社会繁荣的重要途径。

在社区矫正过程中,社区参与的直接受益者是社区服刑人员。首先,只有社区居民最了解社区服刑人员的经历和需要,能够为社区服刑人员提供多元化、专

---

① 仓泽进:《社区论》,日本放送大学教育振兴会1999年版。
② 蔡禾:《社区概论》,高等教育出版社2005年版。

业化和有针对性的帮助。社区服刑人员作为弱势群体在回归社会、再社会化过程中面临诸多困难,具有特殊需要,这些需求仅靠社区矫正机构和矫正官员难以得到满足,必须通过社区居民的参与才能解决。如社区服刑人员求职谋生的需要,可以通过社区志愿者中的专业人士进行职业技能培训和私人关系介绍;当社区服刑人员情绪波动,产生心理危机时,可以求助于社区中的专业心理咨询机构和专家;而家庭、邻里与社区网络关系,能够提供亲情、尊重和情感上的依托,促进社区服刑人员的人格转化。

其次,社区是人们实现社会化过程,习得社会文化、社会规范及伦理道德的场所。每一个社区都存在着固有的价值观和主流文化,它制约和规范着社区居民的社会态度和行为,从而维系着社区的和谐与稳定。社区服刑人员置身于一个社会关系和谐稳定、民风古朴、友善的社区中接受矫治,必然有利于他们养成社会适应能力,顺利回归社会。这种通过社区的社会化功能改造罪犯的过程,可以说超越了暂时性的物质、金钱帮助,体现了矫治社会工作的初衷和价值。在此过程中,全体社区居民都是直接或间接的参与者,运用社会这一"无形的手"对社区服刑人员起到潜移默化的矫治功能和效果。

社区参与强调居民自觉自愿地参与社区事务,同时也不可忽视其组织化程度。社区矫正是在社区环境中管理、矫治罪犯的非监禁刑罚执行活动,专业性强,需要严格的组织上的保障。社区矫正试点工作开展以来,各地根据自身的条件,创造出许多各具特色的社会力量组织管理、社区参与的模式与经验。北京市基于社区矫正工作实践,摸索出一条"社区矫正官员为主导,社区矫正服务中心为中介,多渠道筹集矫正资金,全方位开展矫正工作,重视城乡区域差别"的模式。在此模式中,社区居民可以三种身份参与社区矫正工作:(1)专职社会工作者(全日制社区矫正专业人员);(2)合同制矫正工作者(兼职专业人员);(3)社区矫正志愿者(自愿无偿地提供帮助和服务的社区居民)①。这三种身份角色的划分,有利于社区居民自主灵活地参与社区矫正工作。

上海市则建立了依托社会团体,以新航社区服务总站为综合平台的社区矫正模式。新航社区服务总站是在上海市社区矫正工作办公室领导下的民办非企业(非盈利)性质的社会团体。总站聘用具有一定法律和社会工作专业知识的社会工作者,参加和协助上海市司法行政机关对社区服刑人员和刑释解教人员的教育转化、生活指导性辅助工作。总站拥有专业社会工作者400余人,在全市19个区、县设立工作站,工作网络遍布市辖所有街道(乡镇),探索出社会力量参与社区矫正工作的成功经验。随着社区矫正工作的深入开展,各地区将会相互借鉴,吸纳包括发达国家在内的先进经验,创造出具有中国特色的社区参与

---

① 吴宗宪:《利用社会资源开展社区矫正的模式探讨》,《人民司法》2007年第1期。

模式。

第三节 社区矫正的社会支持网络

社区矫正与监禁矫正的重要区别之一,就是将社区服刑人员置于社区环境中,能够获得多元社会网络的支持,解决社区服刑人员在劳动就业、社会保障、职业技能、心理咨询等诸多方面的困难,获得有效的帮助。在开展社区矫正过程中,社区矫正官员承担着执法职能,社会工作者及社区矫正辅助人员为矫正对象提供矫治服务。但是,要想达到矫治社区服刑人员的犯罪心理结构,改变社会态度、行为方式,顺利回归社会的目的,仅靠社区矫正官员和社会工作者的努力远远不够,还需要发挥围绕着矫正对象的社会网络的作用。以下将探讨在社区矫正实务中社会支持网络的价值和作用。

一、社会网络理论

在当代欧美社会学研究领域中,社会网络理论是具有代表性的理论流派之一。社会网络的概念最初见于早期社会学家齐美尔以及英国结构—功能主义大师拉德克利夫·布朗的相关论著中。第二次世界大战后,美国社会学界对于运用社会网络技术研究社会结构产生兴趣,经过持续的探索,20世纪70年代社会网络研究取得重大突破,形成了规范的研究范式和分析技术。目前,网络分析技术广泛应用于社会学、社会工作、精神卫生学等研究领域,在研究职业流动、社会网络与社会资源、国际贸易等课题上取得了重要成果。

所谓社会网络是指一群有相互关联的互动者所构成的网络关系[①]。也有学者指出,社会网络是社会行动者(social actor)及社会行动者之间关系的聚合体,它是由多个点(社会行动者)和各点之间的连线(行动者之间的关系)组合而成的。用点和线来描述网络,是社会网络的形式化界定[②]。从上述定义可以看出,社会网络分析中所说的"点"是各个社会行动者,"线"是社会行动者之间的各种社会关系,如个体之间的评价关系、隶属关系、行为互动关系等。社会网络研究者力图描述上述关系的结构,建立这些关系的模型,研究这种结构对群体功能或群体内部个体的影响,其涉及的研究领域包括认知科学、文化学、心理学、生态学及社会支持网络。

欧美社会学者运用社会网络技术分析社会问题已经积累了一定的研究成果,这些研究成果表明,社会网络理论同样适用于社区矫正过程。这是因为,首

[①] 蔡文辉、李绍嵘:《简明英汉社会学辞典》,中国人民大学出版社 2002 年版。
[②] 刘军:《社会网络分析导论》,社会科学文献出版社 2004 年版。

先,社区本身作为一种社会交往的空间,构成了不同的社会网络结构,社区成员依据各自的社会属性在社会网络中扮演着不同的角色。将社区服刑人员安置在社区接受矫治,实质上是将矫正对象嵌入所在社区的社会网络。这就要求社区矫正工作者了解该社区的社会网络特质与网络环境,帮助矫治对象恢复以往的社会支持网络关系,包括家庭、亲戚、邻里、同事、同学等私人网络关系,帮助矫正对象融入社会。其次,在社区矫正过程中,社会资源、社会力量的挖掘与动员,实质上是以社会网络为媒介进行的,要求社区矫正工作者分析和把握围绕着矫正对象的网络关系,挖掘、动员一切可以依靠的力量,共同完成矫治工作的目标与任务。最后,社区矫正机构与社区矫正工作者自身离不开社会网络的支持与帮助,这包括社区矫正工作者与当地政府、公安、司法机构、社区行政与居民自治组织、社会志愿者,社区服刑人员的亲属、邻里、同事、友人等组成的社会网络。社区矫正工作者应掌握网络分析技术,关注矫正对象与社区成员的"多元关系",利用社会网络的视角研究制定针对社区服刑人员的矫治策略。

二、社会支持网络

社会支持(social support)是社会网络分析理论中重要的概念之一。20世纪70年代,部分欧美心理学家、社会工作者、精神病学家从保持个体身体健康状况的视角出发,开始研究社会支持网与个体健康的关系。大量研究表明,社会支持不仅能缓解压力,而且能够起到直接或整体的维护作用,帮助个体融入社会网络之中,进而强化个人的心理与生理健康。个体处于富有支持性及关怀性的社会网络之中,自然会感到安全及可以控制周围的环境,进而增强个人对危机的预防性,防范问题及压力的产生①。

日本社会学家则从城市化过程中流动人口在移居地重建个人支持网络的视角,分析了城市流动人口个人支持网络的结构、空间分布及功能。研究表明,能够适应并融入移居城市社会的流动人口,关键在于克服了各种社会交往的不利因素,在移居地重建并保持了个人支持网络。而未能重建个人支持网络的城市移居者,则逐渐为地域社会所排斥、疏离,成为社会生活的边缘人和失败者②。

社会支持网络理论对社区矫正实务具有重要启示。社区作为社区居民社会交往与互动的社会空间,其承载的主要功能之一就是网络化的社会支持。社区居民生活在由亲属、同事、近邻、朋友组成的社会支持网络中,完成个人的社会化过程以及满足个人的精神、物质需求。由于个人在社区结构中所处的位置不同

---

① 蔡禾、张应祥:《城市社会学:理论与视野》,中山大学出版社2003年版。
② 松本康:《城市定居和全球化网络》,(《城市的社会世界》),UTP制作中心1998年版。

(阶层、职业、收入、学历、性别、年龄、婚姻状况、家庭地位),每个人能获得的社会支持总量及机会必然受到结构性制约。如经济地位越高的个体,其所拥有的社会支持总量越多,已婚、有子女的家庭与邻里交往的频率高于单身或无子女的家庭等。社区服刑人员作为特殊群体在社会支持网络中明显处于弱势和资源贫乏的地位。首先,在刑罚执行过程中,社会通过贬降过程使矫治对象原有的自我观念被破坏,其尊严和社会地位被剥夺,贬降同时改变了其社会交往方式和社会关系[1]。其次,标签理论认为,罪犯之所以成为罪犯,是因为社会成功地给他贴上了犯罪的标签,标签使罪犯与社区居民之间形成一道鸿沟,使罪犯在社会支持网络中被排斥、边缘化和疏离化。

在社区矫正实务中,社区矫正工作者运用专业矫治技术和手段帮助社区服刑人员恢复和重建社会支持网络,融入社会网络之中,是其重要的工作目标之一。社会支持网络的恢复与重建,不仅具有现实的社会资源基础,同时具有成熟的理论与方法。从社会资源的角度看,社区服刑人员与普通居民一样拥有基于血缘、地缘、业缘而结成的社会关系网络,特别是基于血缘关系的亲子、兄弟姐妹、亲戚关系等,并未因刑罚执行活动而完全割断。除极少数案例外,绝大多数社会服刑人员的家属、亲戚对社区服刑人员抱有接纳、理解和协助的态度,而社区服刑人员在遇到困难时得到的帮助大多来自家庭、亲戚。据北京市司法局与首都师范大学联合进行的抽样调查数据显示,有89.1%的社区服刑人员家属表示出对社区服刑人员的接纳态度;78.4%的社区居民对社区服刑人员表示基本容纳的态度[2]。由此可见,恢复与重建社区服刑人员的社会支持网络具有一定的社会基础,并且家庭、亲戚、朋友、社区居民在其中占有举足轻重的地位。

从社会支持网络的视角把握社区矫正工作者的介入方式,调整其与矫治对象的互动关系十分有效。比如,当矫治对象缺乏情感性网络支持,陷入精神及情感危机时,社区矫正工作者可以诱发、引导矫治对象的情感性行为,协助其克服情感危机。情感性行为寻找的不是功利性资源而是情感性资源,即能给人带来安全感、满足感、幸福感、温暖感的"资源",与普通居民相比,矫治对象更需要这些感受,包括来自父母、兄弟姐妹、朋友、邻居的情感支持。社区矫正工作者根据矫治对象的特点,可以扮演多种角色帮助矫治对象恢复、重建社会支持网络,完成矫治对象的再社会化过程,顺利回归社会。如果说社区服刑人员这一特殊群体的本质特征之一表现为社会支持网络缺失的话,那么,社区矫正工作者帮助其重建社会支持网络,协调、疏通网络渠道则是社区矫正工作的实质性工作内容之

---

[1] 李迎生:《社会工作概论》,中国人民大学出版社2004年版。
[2] 数据来源:《北京市社区服刑人员综合状态指标体系》2005年评估量表,首都师范大学社区矫正与社区发展研究中心资料。

一,也是矫治社会工作的价值所在。

以上讨论表明,尽管对社区服刑人员社会支持网络的结构、功能、制约因素等方面的研究尚不充分,但可以肯定,社会支持网络对社区服刑人员寻找改变现状的方法,调动自身的潜能将发挥积极的作用。社区矫正工作者掌握和运用社会支持网络的理论与方法,挖掘矫治对象的社会支持网络资源,促进其回归、融入已有的社会网络,不仅能够提高改造和矫治效果,还能够有效化解社区服刑人员的心理、生理危机,预防各种问题和压力的产生。

三、社会网络与社会资本

社会资本理论是社会网络研究的延伸与扩展。在矫治社会工作实务中,社区矫正工作者充分挖掘社区服刑人员自身的社会资本,凭借正式、非正式的社会支持网络系统,帮助矫治对象改变自身处境,对于促进矫治对象适应正常的社会生活具有重要意义。

社会资本的概念最早见于法国社会学家皮尔斯·布迪厄的论著,用于解释人际支持网络对社会和经济发展的重要作用。布迪厄将社会资本看作是个人在社会结构中的成员资格以及社会网络关系,这种成员资格和网络关系有助于个人各种目标的达成,并像货币资本、人力资本一样可以获得回报[1]。经济学家罗伯特·帕特南(Robert Putnam)进一步提出社会资本是指个人间的关系资源——社会网络及其产生的互惠、信任准则,并指出社会资本的重要性:(1)社会资本使公民更容易相互合作,解决共同的问题;(2)有利于公民间的"反复互动",减少社会交往中的成本;(3)培养和保持有益于他人和社会的性格特点[2]。

社会资本同样能够通过多种形式对社区服刑人员的教育、改造、重建其社会适应力发挥积极的作用。目前社区矫正的适用范围包括被判处管制、缓刑、假释、暂予监外执行、剥夺政治权利共五种罪犯。在这五种人中除去未成年罪犯外,大多数人在性格、个性、人格、习惯及人际交往上存在各种各样的问题,难以融入社会。此外,这五种人大多数在技术、知识、体力及从事生产经营活动的技能上处于中、低能力层次,在劳动力市场上缺乏竞争力,难以实现就业有门路、生活有着落的目标。社区矫正工作者提供的矫正服务内容之一就是挖掘矫治对象的社会资源,修复、架构矫正对象的社会支持网络。这里的社会资源,是指能够为矫正对象提供服务的社会组织、设施、技术和资金等资源,也包括正式、非正式支持网络资源。从社区服刑人员自身的视角看,这些社会资源特别是网络资源也是其自身社会资本的重要组成部分。社区矫正工作者帮

---

[1] 蔡禾、张应祥:《城市社会学:理论与视野》,中山大学出版社2003年版。
[2] 徐永祥、孙莹:《社区工作》,高等教育出版社2004年版。

助矫治对象认识、运用自身的社会资本,将有助于其各种目标的达成,显著提高矫治效果。

社区服刑人员的正式支持网络指由政府相关部门、正规企事业单位组成的支持网络系统。在社区矫正过程中,社区矫正工作领导机构、街道办事处、派出所、司法局、居(村)民委员会、民政、劳动与社会保障、教育等部门组成了社区矫正的正式支持网络系统。从网络系统的功能看,正式支持网络承担着社区矫正的刑罚执行、教育、沟通、治疗和控制功能,同时也承载着对社区服刑人员的社会支持功能。有效运用正式支持网络系统,可以帮助矫正对象解决劳动就业、生活保障、法律、心理等方面遇到的难题。在社区矫正试点工作中,大部分矫治对象正是依靠正式支持网络系统解决了就业、低保、医疗等燃眉之急。例如,北京市大兴区针对社区服刑人员就业难的问题,区司法局同劳动与社会保障局联手解决社区服刑人员的就业与低保等问题,充分发挥正式支持网络的功能,取得了良好的矫正效果。

社区服刑人员的非正式支持网络是相对于正式支持网络而言的,指由矫正对象的亲属、邻居、同事、同学等组成的非正式社会网络所提供的情感支持、社会交往、经济援助、实质性协助、指导、建议等行为的总和。非正式支持网络是一种非正规的社会支持,通常被视为解决个人问题的"第一线方法"①,因此,在社区矫正实务中,包括北京模式下的"阳光社区矫正中心"、上海模式下的"新航社区服务总站"等专业机构在内的支持网络具有不可取代的地位。

首先,在社区矫正实务中,社区矫正工作者运用专业知识帮助矫正对象发现、挖掘社会资本,包括恢复和建立同家庭成员、亲戚、邻居、朋友、同事以及社区非营利机构间的信任与支持关系,促使矫正对象个人目标的达成,如求职、经济协助、社会交往及情感支持等。在社区矫正过程中引入社会资本的概念和理论,有意识地诱发社会资本的生成,提高矫正对象与社会成员互动的数量和质量,将有利于提高矫正效果。

其次,从社区服刑人员个人角度看,在社区矫正过程中面临的最大难题是非正式社会支持网络的断绝和缺失。非正式社会支持网络的断绝或缺失不仅是矫正对象回归社会的最大障碍,甚至也是诱发再犯的主要原因。由于在刑罚执行过程中,矫正对象原有的社会交往方式和社会关系发生重大改变,所造成的个人正常社会化阻断会加剧其回归社会的困难,此外,标签效果导致的社会歧视与耻辱感,往往会削弱其社会交往的动机和信心。社会资本与社会网络理论有助于社区服刑人员挖掘自身潜能,在社区矫正工作者的协助与指导下建立积极的社会交往关系与社会支持网络,扩大社会交往范围,实现融入社会的目标。

---

① 夏学銮:《社区照顾的理论、政策与实践》,北京大学出版社1996年版。

第四节 社区矫正的社会文化心理基础

一、社区矫正的社区文化基础

社区文化是指通行于一个社区范围之内的特定文化现象,它是社区成员在长期的生产和生活过程中创造出来的一切物质文化和精神文化的总和[①]。社区文化同社区的地域、人口、凝聚力和归属感以及公共设施共同构成了社区的基本要素,各要素间相互依存,缺一不可。与其他要素相比,社区文化具有自身的功能与结构,认识和把握社区文化的功能与特点,灵活运用社区文化的普遍价值和特殊规律对社区服刑人员进行矫治,是社区矫正工作的需要,同时也构成了社区矫正工作的社会文化基础。

社区文化的概念具有多义性和复杂性的特点,特别是对于社区文化的功能,不同的学科视角具有不同的定义。我们认为,社区文化对于社区矫正过程及社区服刑人员顺利回归社会具有特殊的作用与功能。具体来说,社区文化具有再社会化功能、犯罪预防功能、沟通功能、规范功能,这些功能为社区矫正工作者的介入提供了新的视角。

1. 再社会化功能

人的社会化指从自然人成长为社会人的过程。在社会化过程中,社区文化的教育功能发挥着重大影响,使自然人逐渐掌握社会知识、技能、规范,自觉遵守与维护社会秩序,形成固定的价值观与行为方式。再社会化是指在社区矫正过程中,通过多种形式矫治社区服刑人员的不良心理和行为,使其弃恶扬善,顺利回归社会。在社会学理论中,一般将社会化定义为社区的主要功能之一。考虑到社区矫正过程与社区服刑人员的特殊性与复杂性,这里将再社会化功能归结为社区文化的功能之一。这是因为,再社会化功能与社区的社会化功能性质不同。与社会化概念相比,再社会化概念属犯罪学范畴,特指通过矫正社会工作矫治罪犯的犯罪心理与行为恶习,使其重新适应社会,由罪犯转变为守法公民。因此,社区中的主流文化、价值观、社会规范等对罪犯的矫治具有特殊意义。其中,社会主流价值观占有核心地位,社区服刑人员只有开始认同、接纳社会主流价值观,改变固有的错误观念,才能逐步达成顺利回归社会的目标。

2. 犯罪预防功能

犯罪学研究表明,传统的刑罚执行过程往往容易导致"标定效应"。司法机关在执法活动中给罪犯贴上"犯罪人"的标签,使之产生消极认同,在心理和行

---

① 罗萍、向德平:《社区导论》,武汉大学出版社1995年版。

为上产生"破罐子破摔"现象,从而加大了社区服刑人员的人身危险性和再犯可能性。而社区文化通过削弱标签效应和文化创新,可以有效地控制和预防犯罪,把再犯可能性抑制至最低。首先,标签理论认为偏差行为是经由人际互动而形成的,一个人是否犯有偏差行为并不重要,重要的是别人(社会)是否贴上标签,以偏差者待之。在一个社会秩序稳定和治安良好、文化系统健全、人际关系和谐的社区,假设社区居民对社区服刑人员表现出接纳、容忍、尊重的态度,可以肯定会对其产生积极影响,起到控制和预防犯罪的功能。其次,从文化学视角看,社区文化具有创造性,这种创造性可以有效地运用于控制、预防犯罪。社区居民从社会生活中认识到犯罪的危害性,控制和预防犯罪可以说是全体社区居民的共同目标。为实现这一目标,必须不断创造出控制和预防犯罪的新的社会规范和法律规范,不断丰富法治文化的内容,研究和创造出预防犯罪的新方法、新措施[1],从而使社区文化有效地发挥出预防犯罪的功能。

3. 沟通功能

社区文化能够促进社区服刑人员与社区居民、社区矫正工作者之间的有效沟通和情感交流,促进其顺利回归社会。从社区文化的外在形式看,社区文化的群体活动方式易于把社区成员吸引到一起,密切社区服刑人员与社区组织之间、社区居民之间的联系。社区的内在文化则是指社区居民基于相同的文化特质、相近的风俗习惯而形成的社区亲和性与归属感,它是联结社区居民关系的纽带。社区服刑人员只有被承认为社区的一员,分享其文化成果,才能在与社区居民的接触中接受影响,加快转化。此外,社区文化还能促进社区服刑人员与社区矫正辅助人员之间的沟通。由于相似的社会经济地位、地缘、业缘、生活经历等因素有助于社区矫正辅助人员与矫正对象之间的有效沟通,从而能够提高社区矫正工作的效率。

4. 规范功能

社区文化是社区居民的价值观、行为方式、道德标准的集中体现,社区文化一经社区居民的认同和传承,必然会影响并规范社区成员的行为。社区文化的这种规范功能对社区成员具有一定的社会约束作用,能使居民产生一种自律行为。这种规范功能所涵盖的范围有些是法律约束所难以达到和不可替代的[2]。社区文化的规范功能同样适用于社区服刑人员。这是因为,社区矫正是非监禁刑罚执行活动,矫治手段以管理、教育、公益劳动和心理治疗为主,而社区文化的规范功能作为上述矫治手段的补充,能够涵盖现有法律规章难以达到的领域,起到规范社区服刑人员行为、抑制和控制再犯的作用。其次,通过社区文化的规范

---

[1] 李锡海:《文化与犯罪研究》,中国人民公安大学出版社2005年版。
[2] 罗萍、向德平:《社区导论》,武汉大学出版社1995年版。

功能,使社区服刑人员接受、认同社区居民的主流价值观、行为方式和道德准则,自律和自我约束行为,遵从社会规范和道德规范,从根本上避免再犯。

在社区矫正实务过程中有效发挥社区的文化功能,能够达到良好的矫治效果。例如,北京市西城区司法局在社区矫正工作中突出社区文化的功能,把矫正文化融入地区文化和社区文化。一是以"融"字为理念,通过宣传手段让社区矫正融入社会;二是以"和"字为目的,用宣传手段烘托社区矫正,促进和谐的氛围;三是以"人"字为传播形式,用宣传手段突出社区矫正,促进人本、人文、人和的特性。在具体工作中坚持运用传播学的理论科学:一是让受众做到"三知",即知社区矫正工作、知社区矫正对象、知社区矫正活动;二是做到宣传让领导知、群众知、社会知。截止到2006年10月底,全区累计接收社区服刑人员409人,在册监管222人,在北京市4个中心城区中列首位,至今仍保持着无重新犯罪、无脱管失控的"双零指标"。

综上所述,社区文化功能在社区矫正实务中具有重要价值和意义,正确认识和把握社区文化的功能和规律,能够有效地规范社区服刑人员的行为,提高矫治效果,更好地控制和预防再犯。由于文化概念的多义性,涉及文化学、犯罪学、社会学等众多学科和研究视角,系统把握文化的概念及应用范畴仍将是有待深入研究的课题。

二、社区社会影响

社会影响是社会心理学的主要研究领域之一。许多社会心理学家从社会对于个人的影响,以及个人对于社会的影响两个维度出发,对于不同的社会文化环境中的人际关系影响进行了大量研究。如社会心理学家关于从众和服从的研究,社会促进和社会干扰、暗示、模仿和感染,传播和舆论的研究。这些研究对于把握社会和个人的相互影响,揭示社会影响的本质特征非常重要,特别是解释社会文化环境对个人的影响及态度改变,具有重要意义。

尽管从社会心理学视角研究犯罪矫治的成果积累尚少,社会心理学在社区矫正实务中的应用研究尚不充分,但可以肯定,社会心理学的学科性质、理论与方法对于社区矫正工作具有重要的借鉴价值。这是因为,从宏观视角看,社会心理学理论是矫治社会工作的基础理论之一,如精神分析理论、认知理论、行为主义理论、符号互动理论等,值得进一步深入挖掘与研究。从微观视角看,社会心理学的研究对象,如社会化与人格、态度与态度改变、人际沟通、社会行为等也是矫治社会工作重点关注的研究领域。从中观的视角看,社区社会影响与矫治社会工作有直接的关系,特别是在社区文化环境中,社会是如何对社区矫正服刑人员施加影响,并改变其态度的,值得研究。我们认为,从社会心理学的社会影响理论出发,可以从以下理论视角揭示社区社会影响对社区服刑人员的作用。

1. 从众与服从

从众与服从都是指在社会影响情景下个人所做出的心理和行为反应。从众（conformity）是指个体受到群体的引导或压力,放弃自己的意见或主张,在认知或行为上表现出与多数人一致的现象①。社会心理学认为,个体在群体中常常会不知不觉地受到群体的压力,而在知觉、判断、信仰以及行为上表现出与群体中多数人一致的行为倾向,这就是从众现象,或称从众行为。从众是个体适应社会的方式之一,其产生的原因复杂多样,主要受到群体的规模、凝聚力、个体在群体中所处的地位以及个体的性格、性别特征等因素的影响。服从（obedience）是指个体按照社会的要求、群体规范或他人意志而产生的行为②。与从众行为相比,服从行为是在外界压力下被迫发生的,由于压力的不同而产生两种不同的服从,一类是在一定的有组织的群体规范影响下的服从;另一类是遵从权威人物的命令而产生的服从。

从众与服从都是人类社会普遍存在的社会心理现象,也是人与人之间相互影响的基本方式。社区作为一种社会交往空间,由不同的利益群体、组织、社会文化组成,人们遵循共同的社会规范、文化习惯、典章制度,相互影响,维护着社会的良性运转,其中从众与服从心理起着重要的社会促进或干扰作用。将社区服刑人员安置在社区情境中接受矫治,就是要利用个体所特有的从众和服从心理,通过社区中的群体压力和权威压力促使其心理、态度和行为发生转变,顺利回归社会。社区矫正工作者掌握并熟悉矫治对象的从众和服从的心理特征,对症施治具有重要意义。如挖掘和动员社区的社会资源,形成和谐稳定、知荣知耻的社会环境,势必会对矫治对象造成群体压力,在从众心理作用下改变态度和行为恶习。再如充分发挥矫正机构和社区矫正工作者的权威、专业地位,迫使矫治对象服从于社区矫正制度、有关规定和法律法规,强化社区矫正的刑法执行功能。

针对社区服刑人员从众与服从的心理特征对症施治,特别是对未成年社区服刑人员实施矫治,能够取得良好效果。例如,北京市海淀区司法局联合海淀区法院、中国人民大学联合签署协议,开展未成年社区服刑人员矫正工作,并于2004年成立了"海淀区拥抱未来青少年志愿活动中心"。根据协议规定,中国人民大学周边的北下关街道等7个街道办事处的未成年社区服刑人员,将在社区矫正机构的统一安排下,以青年志愿者的身份,参加由中国人民大学青年志愿者协会组织的环保、交通法制宣传、扶助孤残、军民共建等十余项公益活动及矫正

---

① 屠文淑:《社会心理学理论与应用》,人民出版社2002年版。
② 屠文淑:《社会心理学理论与应用》,人民出版社2002年版。

项目。同时,三方在具体实施上制定了详细的矫正计划和评价标准,政府的社区矫正工作者也同时参与管理活动。这种社区矫正模式便是根据未成年犯从众与服从的心理特征,发挥大学的专业地位和权威性,实现未成年犯的人格重塑和再社会化。该模式在全国属首例,对未成年社区服刑人员的矫治工作起到了良好的示范作用。

需要注意的是,从众与服从心理深受个体特征和社会情境的影响,善于辨识矫治对象的个性特征、心理状态是运用从众与服从心理施治的关键。此外,还应把握从众与服从心理的界限与差别,从而保证社区矫正工作依法、公正地进行。

2. 传播

社会心理学认为,个体的行为受心理的支配,而个体心理不可避免地受到传播与舆论的影响。因此,作为社会影响重要方式之一的传播,自然成为社会心理学的重要研究领域。从社区社会影响的视角看,传播与其他社会影响方式一样与矫治社会工作有密切联系,共同构成了矫治社会工作的社会心理理论基础。

传播(communication)是通过语言、姿态、表情等各种符号传递或交换知识、意见、感情、愿望等信息的社会行为,它包含了两方面的含义:一方面是信息的分享,另一方面是信息的传播[①]。传播学大师施拉姆(W. Schramm)认为,"传播学是研究人与人、人与他的团体、组织和社会的关系,研究人怎样受影响,怎样互相影响"。上述定义描述了传播的本质特征。首先,传播是在社会互动与社会关系中进行的。人们的社会关系、社会角色、社会地位以及人格特征直接影响、作用于传播行为。其次,传播是信息的传递和共享,而信息的传递与共享是建立在双向互动以及对于信息符号的共同理解之上的。最后,传播是在复杂、多变的动态过程中进行的,受到社会文化、社会环境、个体动机的影响。从上述特点中可以看出,传播可以通过多种形式对社区矫正工作发挥积极的作用。

从广义的传播对象视角看,社区矫正机构运用各种传播媒介将社区矫正的目的、任务与意义传达给社区居民,通过传播的地位赋予功能确立社区矫正机构的权威性,这是执行社区矫正工作和促使矫治对象履行社区矫正义务的重要条件,也是动员社区资源参与社区矫正工作的基础。同时,通过传播手段将社区矫正这一公众关注的焦点问题传达给社区居民,有利于激发和增强社区居民的社会责任感和道德意识,形成良好的社会氛围,有利于社区矫正工作的开展。从对特定的传播对象的影响效果看,恰当地运用传播手段可以对矫治对象形成"显

[①] 沙莲香:《社会心理学》,中国人民大学出版社2002年版。

性效果"、"增强效果"、"改变效果"三种不同的传播效果①。

"显性效果"是指矫治对象自我尚未意识到的、潜在的态度和行为倾向,经传播媒介的激发而明确形成。例如,每个矫治对象本身既具有诱发犯罪,使再犯成为现实的因素,也有控制再犯,使再犯成为不可能的因素。社区矫正工作者可恰当运用传播手段,激发矫治对象控制再犯的潜意识,从而达到预防再犯的目的。传播的"增强效果"是指传播对象自身已有的、具有一定指向的态度,经传播媒介的激发而得到增强。如矫治对象普遍具有的社会性情感、守法心理、悔罪心理等,在传播媒介的恰当诱导下可以得到增强。最后,传播的"改变效果"指矫治对象已有的态度、行为倾向在传播的激发下发生改变。不同类型的矫治对象在回到社区后表现出不同的心理反应,其中一部分人尚未彻底清除犯罪心理结构,矫正机构可以运用传播手段,激发其改变犯罪心理结构,达到预防再犯的目的。

在社区矫正试点工作中,很多矫正机构根据传播的特点,创造出许多行之有效的矫治手段与方法。北京市朝阳区司法局通过传统教育实验基地,定期组织社区矫正对象到县监狱接受集中教育,实地了解狱内服刑人员的改造生活及监狱管理制度,倾听狱内服刑人员的改造心声,体验监狱的劳动、学习和生活情况,帮助其知法、懂法、守法。此外,还组织社区矫正对象参观革命烈士陵园和纪念馆,进行革命传统教育和爱国主义教育;组织参观灌南县近年政治、经济和城镇建设的新变化,鼓励矫治对象积极投身到"建设灌南、美化家乡"的环境整治大潮中,取得了良好的矫治效果。

除上述三种类型的传播效果外,也有学者按传播的时间顺序将传播效果划分为"直接反应"、"短期效果"、"长期效果";还有学者将传播效果与功能划分为"新意见、新态度的形成"、"增强"、"已有意见、态度强度的减弱"、"改变"、"无效果"五种类型②。我们认为,上述传播学的内在规律与理论同样适用于社区服刑人员,恰当借鉴和运用这些规律与理论,将有利于推动社区矫正工作的顺利进行。

3. 舆论

社会心理学视角下的舆论(public opinion)是指社会上大多数人对普遍关切的社会事件、问题、现象、人物等形成的共同观念和公开表达的一致见解③。舆论一旦形成,便具有一定的社会影响力,成为影响人们心理和行为的约束力量。

---

① 竹内郁朗:《社会学基础知识》,有斐阁1990年版。
② C. E. Osgood and T. A. Sebeok eds. Psycholinguistics: A Survey of Theory and Research Problems. Journal of Abnormal and Social Psychology(Supplement),1954.
③ 屠文淑:《社会心理学理论与应用》,人民出版社2002年版。

从舆论的成因看,舆论之所以形成、传播并被公众接受,是因为舆论蕴涵着复杂的社会因素和心理因素。首先,舆论的形成源于社会上重大的、为人们所广泛关注的社会事件,经由自发的或有意形成的过程逐渐发展为舆论。其次,引发舆论的社会事件一般与人们的直接或间接利益相关,必然涉及人们的价值判断、标准与意见。此外,舆论的形成还受到个体心理状态的影响,在具有一定心理准备和心理感受的状态下,较易形成个人意见并发展为社会舆论。

社区矫正是非监禁刑罚执行活动,除广泛挖掘、动员社会力量参与外,充分发挥社区社会舆论的影响作用,对社区服刑人员的矫治具有重要意义。从舆论形成的客观规律看,将罪犯安置在社区进行矫治势必引起社区居民的广泛关注。社区矫正工作涉及罪犯与受害人家属、邻里及社区居民的利益,社区矫正工作者正确引导、归纳社区居民对社区矫正、社区社会治安的意见,赢得社区居民的接纳、理解与支持,能够逐渐形成舆论优势。从个体心理因素看,关注社区治安环境与社会和谐是社区居民普遍的心理要求,对于社区犯罪、越轨行为有一定的心理感受和心理准备,通过社区矫正工作者的影响与引导,很容易转变为个人意见,有助于社会舆论的形成。正确的社会舆论的形成与传播对社区服刑人员的矫治与回归社会同样具有至关重要的作用。主要表现在以下几个方面。

第一,舆论有助于对社区服刑人员形成心理压力,迫使其放弃或减弱错误的价值观和消极的社会态度,改变其行为方式,同时还有助于服刑人员接受、遵从社会主流的价值观和道德规范,从而达到矫治犯罪心理、顺利回归社会的目的。

第二,舆论对组织、群体的价值取向有较大影响,特别是对个体的态度改变具有决定性作用。舆论自身的评价功能,对社区服刑人员具有一定的约束与监督作用,能够有效地控制、监督社区服刑人员改变犯罪人格和不良习惯,约束其言论与行为,从而达到犯罪矫治和犯罪预防的目标。

第三,舆论对社区矫正工作起着导向和指导的作用。通过舆论的传播,社区居民普遍了解到社区矫正工作的重要意义,改变其态度和行为,进而赞同、支持社区矫正工作的展开。社会力量的挖掘与动员同社会舆论的形成与传播密不可分,舆论还影响到社会力量参与社区矫正工作的深度和广度。

第四,舆论同样对社区居民、社区组织发挥着重要影响。社区矫正工作者通过社区媒体、宣传品等有意识地引导、形成舆论,有助于提升社区凝聚力与认同感,促进社区建设,形成健康和谐的社区文化有领导、有组织、有计划、有意识地形成的社会舆论,其影响的范围广、速度快,对社区矫正工作的开展具有重要意义。例如,北京市司法局充分运用舆论的导向与指导作用开展社区矫正工作,提高了社区矫正工作的社会认知度,取得了显著效果。据2007年"零点调查"表明,"85%的北京市民认为社区矫正工作取得了明显成效,80%以上的市民能接受在其所在社区实施矫正工作,68.8%的市民能接受将社区矫正作为刑罚执行制度确立下来,越来越多的市民表示愿意参加社区矫正工作,理解、支持社区矫正工作的社会氛围逐步形成。"

综上所述,社会舆论在社区矫正工作过程中是必不可少的手段和方法,社区矫正工作者把握、运用舆论形成的内在规律与作用,有组织、有计划、有目的地动员舆论资源,必将有助于社会力量的动员与社区居民的广泛参与。同时,舆论作为矫治社会工作的重要补充与延伸,是社区矫正工作长期、稳定、健康发展的基本保证和社会心理基础,只有正确把握社区矫正的舆论导向,才能更快、更好地推动社区矫正工作的深入发展。

第八章 社区矫正的组织架构

犯罪问题的治理是一个公共问题。表面上看，犯罪问题的治理应是国家的责任，但从根本上看，犯罪问题的治理不仅涉及国家，而且涉及市场和社会。这就需要国家、市场、社会共同努力解决这一问题。

第一节 国家、市场、社会的关系

我国自改革开放以来，特别是20世纪90年代以后，随着计划经济体制向市场经济体制转轨、传统社会向现代社会转型的迅速推进，我国的社会结构发生了重大变化。在这场史无前例的社会转型过程之中，国家、市场、社会三者之间的整体关系经历了全面变化，以市场经济为基础的法治国家和公民社会的二元社会结构开始形成。二元社会结构是现代社会最为显著的特征，它是公共权力和社会资源在国家和社会之间重新分配和合理配置的结果，因此，适应社会体制的重建和社会机制的转换，适时地确认和调整政府机构和社会组织在社区矫正中的角色和作用是非常必要的。

一、矫正社会工作责任主体

现代社会按照社会活动的范围可以分为三个既相互联系又彼此独立的领域，即政治领域、经济领域和公共领域。国家属于政治领域，它是政治系统所在的领域，政治领域的活动主体是政府部门；市场是为经济领域，它是谋求私人利益的领域，经济领域的活动主体是营利组织；社会则为公共领域，它乃是公民社会自治的空间，公共领域的活动主体是非政府和非营利组织。按照传统称谓，政治领域的国家称为政治国家，政治国家的相对概念是市民社会。一般认为，在前资本主义社会中，政治国家与市民社会在现实中是重合的，表现为一元的社会结构；国家从市民社会中夺走了全部权力，整个社会高度政治化，政治权力的影响无所不及,政治国家与市民社会之间不存在明确的边界,市民社会被淹没于政治国家之中,其每一个领域,都带有浓厚的政治性质。市民社会与政治国家在现实中的分野是在资本主义时代完成的,这种分离是资本主义市场经济的产物,因为市场经济要求从事经济活动的人是自由平等的社会主体,反对国家对经济的干预。而且政治国家是建立在市民社会基础之上的,并且为市民社会服务,个人利益与个人自由只有在市民社会中得以满足,并形成对政治国家的限制。市民社会对政治国家的限制以及市民社会的权益的实现是凭借法治完成的。"法治的实践,无论是作为一种治国方略,还是一种意识形态,都意味着社会管理结构的改革与制度模式的变迁。只有借助变革,法治才能从一种社会理念上升到统治领域,成为国家制度的基本原则,并将政治活动纳入法律的轨道。法治原则与国家制度的这种结合,宣告了近现代'法治国家'的诞生。"①"这种国家是依靠正义之法来治理国家和管理社会,从而使权力和权利得到合理配置的一种理想状态,是法治理念的实现。"②因此,现代意义的国家已不是传统的政治国家而是法治国家,与此相对应的市民社会也应改称为公民社会。法治国家的实质是主权在民和民主政治的制度化和法律化,它的核心精神是政府部门及其工作人员要严格依法办事,也就是说,政府行使其行政权力以及从事一切活动都要接受法律的约束,并且要对在其职权范围内管理的公共事物负责任,从这个意义上说,法治国家的政府是有限政府和责任政府。据此,政府作为矫正社会工作的责任主体,其在矫正社会工作中的角色和作用主要有如下表现。

首先,政府负有组织领导之责。社区矫正是专门的国家机关在相关社会团体和民间组织以及社会志愿者的协助之下,利用社区资源和社会力量教育改造罪犯的一种非监禁刑罚执行活动,是一项再社会化原则之下的现代刑事政策。我国台湾学者林山田指出,再社会化原则作为现代刑事政策的基本原则之一,意指刑罚权的界限与行使,应以犯人再社会化的需要为根据,刑罚的宣告与执行应能作为犯人再社会化手段。③ 因此,社区矫正作为一种刑罚执行方式和一项基本刑事政策,它的实施必须由政府领导和组织。目前,我国社区矫正试点省、市的领导组织机构,虽然名称不同,但都是以市、区(县)、街道(乡镇)为区划成立的三级领导小组。领导小组由公、检、法、司、民政、劳动和社会保障、监狱等部门组成,领导小组下设办公室,具体负责各项日常工作,形成了党委、政府统一领导,司法局组织实施,相关部门协作配合,司法所具体执行的工作体制。上述社区矫正的组织领导机构,只是试点阶段的过渡形式,随着社区矫正相关法律的完

---

① 张文显主编:《法理学》,高等教育出版社 2003 年版,第 334~335 页。
② 张文显主编:《法理学》,高等教育出版社 2003 年版,第 334~335 页。
③ 参见林山田著:《犯罪问题与刑事司法》,台湾商务印书馆股份有限公司 1976 年版,第 133 页。

善和制定，就需要建立专门的社区矫正组织领导机构，以便依法有效地履行政府的组织和领导之责。

其次，政府负有管理协调之责。社区矫正是刑罚执行与社会工作的统一，它包括刑罚执行与社会工作两个方面的内容。在刑罚执行中引入社会工作是社区矫正的实质特征。日本学者曾经指出："自由刑的执行不只是关押服刑人，还应当尽可能地通过这个过程使服刑人最终能够回归社会。随着这种思想的出现，'刑罚执行'(strafvollstreckung)逐渐被'行刑'(strafvollzug)所替代。现在普遍使用的'行刑'这个词背后，存在着这样的刑罚思想的变迁。"[1]行刑社会化的罪犯处遇，就是以罪犯重返社会为目的，对应于每个罪犯人格和需要的处置。罪犯的处置可以分为社会内处遇与设施内处遇，"社会内处遇是与设施内处遇相对应的概念，是一边让罪犯在社会上过着自律的生活，一边帮助其改造自新的制度"。[2] 社会内处遇就是现代刑事政策倡导的依靠社会矫正罪犯的制度。但政府对于社区矫正仍有主导作用，矫正社会工作需要政府的管理与协调，管理不是政府直接干预矫正社会工作，而是依法引导和监督矫正社会工作组织的活动。协调是政府协调有关部门配合矫正社会工作，共同完成社区矫正的任务。

最后，政府负有提供资源之责。社区矫正相对监禁矫正而言，它是在政府的资助和扶持之下，教育改造犯罪人并有效保护被害人的一项社会公共服务。这项社会公共服务，具有社会性和公益性的特征，是典型的公共物品。刑罚作为一种重要的犯罪控制手段，需要考虑刑罚执行的成本与效益。事实证明，监禁矫正的成本极其昂贵，而社区矫正则是节俭司法资源、充分利用社会资源的行刑方式，社区矫正不仅能够调整犯罪人与被害人之间的关系，使他们共同重返社会，而且能够有效地预防犯罪，保证国家的长治久安。因此，政府应当善于调节刑罚执行与社会工作之间的关系，为矫正社会工作提供相关资源，政府提供的资源包括政策、法律、资金、设施和服务。其中，由于矫治对象的特殊性和提供矫治服务的专业性，使得政府在提供组织服务方面行政成本过大，矫治只能采取结果性的手段，这必然导致矫正过程成本高，矫正后回归社会的效果差。而通过社区组织提供服务，不仅能够做到人力、组织、设施成本低，而且能够收到最好的矫正效果，从而提高公共服务的质量与效果。政府向矫正社会工作组织提供矫正资源，实际上是政府出资购买矫正社会工作组织的矫正服务，它的运作符合市场经济条件下由刑事政策向社会政策转变的一般规律，有其合理性和必要性。在这种情况下，政府负有提供资源之责，成为提供矫正社会工作资源的主体。

---

[1] [日]森本益之等著：《刑事政策学》，戴波等译，中国人民公安大学出版社2004年版，第133页。
[2] [日]森本益之等著：《刑事政策学》，戴波等译，中国人民公安大学出版社2004年版，第171页。

二、矫正社会工作执行主体

现代刑事政策之下的依靠社会工作的矫正制度,就是我们所说的社区矫正。社区矫正是行刑社会化的一大进步,这种制度的实现有赖于公民社会的形成,而公民社会则是市场经济的产物。在高度集中的计划经济体制之下,社会资源完全由政府垄断,政府的权力触及社会的各个领域,政府的权能无所不在,无所不能,刑罚的执行更是社会不能逾越的雷池——国家的专属权力。市场经济体制的确立,改变了社会资源的所有关系,打破了原有的社会权力格局,政府的权力逐渐收缩并将原来由它独立承担的责任转移给社会,社会权力的分解则促使公民社会逐渐独立出来成为自治的领域。公民社会的自治为社区矫正创造了一个良好的社会环境,使矫正社会工作成为行刑的一部分。社区矫正是刑罚执行主体和社会工作执行主体的二元主体结构,二者之间存在着权力依赖关系和合作伙伴关系。二者在教育矫正犯罪人方面虽然有着共同的使命,但它们的地位和作用仍有不同。矫正社会工作机构及其工作人员的角色和作用主要表现在以下几个方面。

1. 矫正社会工作的组织者

社区是以共同利益为纽带,以认同感和归属感为核心的自治共同体。社区的自治功能是在政府的主导和推动下,通过社团组织的自主运作来完成的。矫正社会工作机构就是这种社团组织,它是依靠基层居民委员会、村民委员会在社区成立的矫正社会工作服务中心之类的机构,在当地司法行政机关的指导和协调下以及公安机关的配合与协助下,负责对社区服刑人员的教育改造和提供服务。目前,社区矫正的试点省、市一般都成立了矫正社会工作机构,矫正社会工作机构的名称虽然不同,但都是专业矫正社会工作的社团组织,由它组织社会力量参与社区矫正,组织矫正社会工作志愿者共同进行矫正社会工作,负责对社会工作者进行招聘、管理、教育、培训和考核。矫正社会工作机构一般通过政府购买服务的方式保证其运行,并为社区服刑人员提供综合社会服务,所以,矫正社会工作机构是公益性组织。没有矫正社会工作机构的存在,社区矫正也就失去了它本来的意义。

2. 矫正社会工作的实施者

犯罪既是一种社会现象,又是一种个体现象。任何犯罪行为的发生,都是在行为人的有关心理活动和心理因素的影响下进行的,犯罪心理既是生成犯罪行为的基础和前提,又是行为人承担刑事责任的主观根据。"犯罪心理的生成过程可以分为四个阶段,同时也是犯罪心理四个不同层次的表现:个体在社会化过程中,由于生物学因素(包括遗传因素和生理因素)与社会不良因素的相互作用,使个体没有将社会规范内化为个体意识,以至于个体在满足需要的过程中经常与社会发生冲突,导致人格出现社会性缺陷,人格缺陷即是生成犯罪心理的基础(第一层次,人格缺陷的生成);已经形成了的人格缺陷在合适的社会环境条件的刺激作用下,就可能促使行为人选择社会不认可的方式满足自己的需要,从而形成犯罪的动机、犯罪目的和犯罪决意等犯罪意识(第二层次,犯罪意识的生成);犯罪意识与犯罪意志的相互作用,转化为特定的心理状态支配行为人实施犯罪行为,即为罪过心理(第三层次,罪过心理生成);罪过心理在现实中的(外化)过程即是犯罪行为的实施(包括预备和实行)过程;在此过程中,由于各种主客观条件的变化及其影响,罪过心理还可能发生性质不同的转化(第四层次,犯罪心理的转化)。犯罪心理的转化为我们预防犯罪和教育改造罪犯,矫正其人格缺陷提供了理论依据。"[1]从上述犯罪心理生成的过程可以看到,犯罪心理只是犯罪人在实施犯罪过程中的心理态度,"责任判断的对象虽然是行为,但我们目光所投向的是产生行为决意渊源的法律上的错误的心理。此等心理的形式,是由作为行为决意基础的行为准则所导致的。因此,在行为决意形成时,不应当将此等心理理解为一种持续的态度,而应当将之理解为现实的意志"[2]。所以,不能将犯罪人的犯罪心理视为伴随其一生的思想。犯罪心理的产生归根结底是人格缺陷所致。正如日本学者团藤重光教授所说:"犯罪行为既是行为者人格的现实化,也是主体之现实化。因此,我们必须将第一次行为本身,视为刑事责任的基础。但是,还应当考虑潜藏在其犯罪行为背后的人格体系,不能够将其割裂开来认识。而且,在其背后潜藏的人格也受到素质、环境因素制约在主体身上形成的,所以,必须认识其行为背后的人格形成责任。作为刑法中的刑事责任,在考虑行为责任的同时,也应当考虑人格形成责任,由于行为责任本身也是人格责任,故我将行为责任与人格形成责任结合起来称之为人格责任。"[3]由此,我们可以得出一个结论,就是犯罪的本质应该是社会危害性和人格缺陷性的统一,而不是传统所说的社会危害性和人身危险性的统一。人身危险性相对行为人的危险性格而言,一般理解为行为人的再犯可能性,行为人的人身危险性有两个意义:一是相对惯犯、累犯等具体犯罪形态而言,其人身危险性是量刑的一个情节,但不是一切犯罪的刑事责任的基础;二是相对社区矫正的回归社会性而言,其人身危险性不仅是考察社区矫正服刑人员整体状况的一个基本因素,而且是社区矫正所要消除的因素。社区矫正的过程就是社区矫正适用对象再社会化过程,是其人格缺陷修复和改造的过程。矫正社会工作者就是遵循社会管理规律,

---

[1] 梅传强著:《犯罪心理生成机制研究》,中国检察出版社2004年版,第1~2页。
[2] [德]汉斯·海因里斯·耶赛克、托马斯·魏根著:《德国刑法教科书》,徐久生译,中国法制出版社2001年版,第506页。
[3] 鲁兰著:《牧野英一刑事法思想研究》,中国方正出版社1999年版,第102页。

运用社会工作方法,帮助社区服刑人员完成这个过程的实施者。他们运用心理学、生理学、教育学、社会学以及有关矫正社会工作的知识和技能,通过提供心理矫正、帮助教育、技能培训、临时救助等各类服务,培养社区服刑人员能够为社会接纳的思想、行为和价值观念,以便使他们能够完成人格的重塑,顺利回归社会。

3. 矫正社会工作的推动者

社区矫正与监禁矫正相比较,它的显著特征是社会预防与社会参与。所谓社会预防是指"从犯罪的起源着手,通过社会间接的建立在心理学和社会学规律基础之上的手段,以求减少产生犯罪的生物学、自然的和社会的因素"①。公众参与预防犯罪的理论,是国外较为流行的一种理论,持有这种理论的学者认为,犯罪已渗透到社会生活的许多领域,侵害着社会公共利益和个人利益。因此,消除犯罪现象不仅是刑事司法系统的任务,而且应当是整个社会关心的事情。刑事司法系统能否成功地对付违法犯罪,在很大程度上依赖于公众的参与活动②。社会预防理论和公众参与理论衍生了社区矫正,使社区矫正成为一种社会责任。因此,矫正社会工作的任务之一,就是要进行舆论宣传和理论研究,以推动社区矫正不断向纵深发展,一方面,通过舆论宣传促成社会公众积极参与社区矫正的局面;另一方面,通过矫正社会工作的理论研究,使社区矫正制度日臻完善。

三、矫正社会工作的合作者

一般认为,公民社会是国家和家庭之间的一个中介性的社团组织,这些社团组织在同国家的关系上有自主权并由社会成员自愿结合而形成,它们从事社会公益活动,以保护或增进它们在公共利益上的价值或功能。志愿者则是团结在这些社团组织的周围,以促进或协助社团组织从事公益事业为目的,无偿提供一定服务的公民。志愿者组织的管理和运作,在很大程度上依靠志愿者在时间、精力或者财力上的投入。社区矫正的产生就是源于志愿者的社会实践,美国马萨诸塞州波士顿市的制鞋匠约翰·奥古斯特斯(John Augustus,1785—1859)被认为是世界范围内的社区矫正的创始者。奥古斯特斯认为:"法律的目的是改造罪犯和预防犯罪,而不是出于复仇动因的恶意惩罚。"③奥古斯特斯对社区矫正制度的确立有着重要的贡献,他首先使用了缓刑这一概念并将其作为非监禁刑罚的替代措施,他首次提出了对犯罪人进行判刑前调查的思想,探索了有关对缓

---

① [意]恩里科·菲利著:《犯罪社会学》,郭建安译,中国人民公安大学出版社2004年版,第214页。
② 参见康树华主编:《比较犯罪学》,北京大学出版社1994年版,第555页。
③ 刘强编著:《美国社区矫正的理论与实务》,中国人民公安大学出版社2000版,第46页。

刑犯进行监督和管理的矫正制度的雏形。奥古斯特斯采用保释的方法,将法院欲予判决监禁刑罚的初犯或者罪行较轻的犯人接管下来,帮助他们获得工作、接受教育或安置他们的生活,根据犯罪人的不同情况,纠正他们的不良心理,改变他们的行为恶习,同时向法院客观地报告犯罪人的情况。自1841年奥古斯特斯开始尝试缓刑起至1859年奥古斯特斯逝世,他一共监管了1 956名缓刑犯,在这些缓刑犯中,只有一名缓刑犯重新犯罪,其他人都成为了守法的公民。由于奥古斯特斯的缓刑实践的成功及影响,1870年,马萨诸塞州波士顿市率先制定了《缓刑法》,对未成年犯人实行缓刑。1878年,马萨诸塞州的立法机关颁布了《保护观察法》,将缓刑推及到成年犯人,进一步完善了缓刑制度的内容,并确立了缓刑工作人员的专职地位。以后,缓刑制度逐步发展到美国各州,其中许多州首先制定的是未成年人的缓刑法,然后制定的是成年人的缓刑法,1925年,美国国会最终通过了联邦缓刑法律,授权联邦法院适用缓刑,至20世纪中期,缓刑制度在美国各州普遍采用。缓刑是美国社区矫正的主要形式之一,缓刑制度的确立使社区矫正的形式得以扩大和延伸,与之相适应,志愿者从事服务的类型和数量也在蓬勃发展,例如,在康涅狄格州社区矫正中心,一些女性志愿者每天缝制被褥床罩等,分发给女犯的孩子和家庭。这个项目被称做ABC(At-Risk Babies Crib),意思是为危险的孩子工作,这个项目开始于1992年,现在已发展到39个州。社区矫正志愿者是社区矫正工作队伍中的一支重要的组成部分,发动志愿者参与社区矫正已是世界各国实行社区矫正的通例。社区矫正志愿者主要包括专家学者、社会贤达、离退休干部、基层自治组织成员、高等院校的学生、社区服刑人员的亲属和所在单位的人员等。这些人员努力勤奋地工作并具有奉献精神,由于他们具有较强的社会责任和较丰富的专业知识,所以,他们在社区矫正中发挥着不可替代的重要作用,是矫正社会工作的合作者。社区矫正志愿者的角色和作用主要表现为两个方面。

1. 矫正社会工作的参与者

利用社区资源,动员社会力量参与社区矫正是社区矫正区别于监禁矫正的本质所在。费孝通先生认为,在市场经济中已经达到经济自主的居民,在基本生活方面,不需要依靠别人,计划经济体制下常用的权力形式也失去了用武之地。彼此平等的居民之间需要一种"同意权力"。它不具有强制性,但有约束力,约束力首先不是来自外部压力,而是来自因为自愿参与和自主选择而形成的内在动力。"同意权力"主要是从决策中产生的,因为只有主动的同意才是真正的同意,建立在这样的同意基础上的权力,才能得到广泛认可和服从。① 社区矫正正是社区居民认可的一种"同意权力"。因此,自愿参加社区矫正就成为践行这种

---

① 费孝通:《居民自治:中国城市社区建设的新目标》,《江海学刊》2002年第3期。

"同意权力"的具体表现,从这个意义上说,志愿者应该是社区矫正的原始动力和行动主体。志愿者为社区矫正提供的是无偿服务,这种自愿的奉献精神和行为,来自他们的社会责任,他们认为参与社区矫正是自己应尽的社会义务,是自己对社区建设的一种贡献。因此,志愿者参与矫正社会工作的广度和深度决定了矫正社会工作的发展程度,没有志愿者参与矫正社会工作,矫正社会工作就丧失了自身存在的社会基础。

2. 矫正社会工作的协助者

一般而言,矫正社会工作实行的都是个案矫正,由于个案矫正的特殊性和差异性,矫正社会工作需要大量的工作人员和矫正项目,但是,由于财力、物力和人力资源的限制,矫正社会工作所提供的服务与社区服刑人员所需要的服务之间存在很大差距,这已经成为困扰社区矫正顺利进行的一个重大问题。广泛发动志愿者参与社区矫正是世界各国普遍采用的应对方式。志愿者参加社区矫正补充了矫正社会工作的人员,增加了矫正社会工作的资源,从而提高了矫正社会工作的效果和质量。

首先,志愿者参与矫正社会工作,可以增强个案矫正效果。志愿者一般都具备一定的政策理论水平,具有较高的文化素质和丰富的专业知识。大量志愿者参与矫正社会工作,改善提高了矫正社会工作人员的知识结构和矫正水平,矫正社会工作机构可以充分利用和调配这些矫正资源,根据个案矫正的实际需要,投入更多的精力和时间,从法学、社会学、心理学、教育学等各个方面进行个别矫正,以收到预期的矫正效果。

其次,志愿者参与矫正社会工作,可以提高个案矫正质量。志愿者都有自己的特长和技能,他们参与矫正社会工作,可以提供专业矫正社会工作人员无法提供的矫正服务,他们能够根据社区服刑人员回归社会的需求,传授给他们更多的知识和技能,以使他们顺利回归社会,成为自食其力的守法公民。

第二节 社区矫正的组织结构

既然社区矫正涉及政府、市场、社会等多个方面,需要这些方面共同努力,社区矫正的组织机构也就必然地由政府、市场、社会三个方面构成,并形成有机结构。

一、政府角色衍生的组织机构

1. 外国社区矫正的机构

社区矫正的机构主要包括社区矫正的管理机构和社区矫正的执行机构,它们是政府部门依据国家法律的规定和要求,为了领导、管理、执行和监督社区矫正工作而设置的组织系统。由于世界各国实行社区矫正的历史渊源、基本理论、法律法规和政策精神不尽相同,所以,世界各国有关社区矫正的管理系统和组织机构也就有其各自的特点,但大体上可以分为两种不同类型的社区矫正机构。

(1) 英美法系国家的综合性矫正机构。犯罪是一种违反刑法的行为,刑法需要通过不同的社会控制机构来执行,每一机构的设置均需要满足一定社会功能的要求。这些机构包括公安部门、公诉部门、法院部门和矫正部门。这些不同部门及其活动包括它们的基本理念和目标构成了特定的刑事司法执法体系。刑事司法执法体系中的机构虽然分工有所不同,但它们都相互联系并相互配合,以实现共同的目的。基于上述理念,英美法系国家普遍认为社区矫正是刑事法制的一部分,所以,英美法系国家的社区矫正机构包含在综合性的矫正机构之中,换言之,英美法系国家的矫正机构既包括监禁矫正也包括社区矫正。下面以加拿大的矫正机构为例来说明这一问题。加拿大联邦成立于1867年,从1867年至1966年,加拿大司法部负责刑法和矫正法律的执行与实施,1966年,加拿大政府成立了内政部,并对原来属于司法部的职能进行了划分,司法部除继续负责起诉和刑事立法之外,其他职能归属内政部。内政部下设加拿大矫正局和国家假释委员会,各省设有省级矫正局,同时安大略省、不列颠哥伦比亚省和魁北克省设有假释委员会。根据1992年加拿大颁布的《矫正和有条件释放法》的规定,加拿大矫正机构的主要职责是通过以下方式致力于维护一个公正、和平和安全的社会:① 以安全、人道的监禁方式和对犯人的监督来执行法庭的判决;② 通过提供监狱和社区的矫正计划,帮助犯人进行矫正和回归社会后成为守法的公民。加拿大矫正系统的管理分为"联邦级"和"省(地区)级"。这种两级结构是根据"两年规则"来划分的,其中,联邦政府负责矫正刑期在两年或两年以上的犯人;各省或地区负责矫正刑期在两年以下的犯人。国家假释委员会是独立的行政部门,负责在不同形式的有条件释放下就释放犯人到社区的时间和条件作出决定。《矫正和有条件释放法》授权国家假释委员会对没有假释委员会的各省和地区的监狱的服刑犯人作出有条件释放的决定。

加拿大的社区矫正是以社区为基础的矫正项目,属于法院的一种监督性制裁,社区矫正的适用对象主要是缓刑、假释和有条件释放。1889年,加拿大通过立法建立了缓刑制度,各省则分别制定法律,为法院设立了缓刑及相关制裁措施。法官可以依法判决犯人缓刑,允许犯人在缓刑法令的条件下接受社区矫正,但期限不超过三年。假释是指根据法律标准,对符合条件的犯人在其刑满前将其释放。假释犯将在社区中继续服刑,直到假释期满为止。假释是有条件释放的一种形式,其他有条件释放的类型还包括暂时离监、白天假释、完全假释和法定释放。缓刑犯和假释犯以及有条件释放犯接受联邦矫正局或者省级矫正局的缓刑官或假释官的管理和监督,对于社区服刑人员的矫正需要监狱和社区矫正官员共同完成,以保证综合性的矫正方案的形成以及为犯人提供持续的矫正计划。因此,加拿大的矫正机构属于综合性的矫正机构,社区矫正机构——例如有条件释放犯人的社区矫正中心是该机构的组成部分,它们和监狱矫正机构共同构成刑事执法体系。

(2) 大陆法系国家的独立性矫正机构。针对设施内处遇的弊端,社会内处遇逐渐兴起,人们期待着尽可能地回避和缩小以自由刑为中心的设施内处遇,从而使社会内处遇扩大并多样化,再社会化原则下的刑事政策的核心就是从设施内处遇转向社会内处遇。按照"非刑事化"和"非刑罚化"思想,预防和控制犯罪,实现刑法保护社会和保障人权的任务,只能依靠公民社会的资源和力量,因此,大陆法系国家一般认为,相对监禁矫正的社区矫正应当在刑事法制中有它独立的地位,社区矫正机构是独立的社会内处遇的专门机构。我们以日本社区矫正机构为例说明这一问题。在日本,法务省分设矫正局和更生保护局,矫正局负责监禁矫正,更生保护局负责社区矫正。所谓更生保护,就是使实施了犯罪或者非刑的人,在平等的社会环境中作为健全的社会人,通过接受指导和帮助实现更生的制度。更生保护属于社会内处遇,更生保护的对象既包括违法者、犯罪者,也包括出狱者,它较之我国试点阶段的社区矫正更为宽泛,所以,可以称为广义的社区矫正。更生保护的适用对象具体包括以下五类人:① 保护观察少年,② 少年院的临时退院者,③ 假释者,④ 附保护观察的缓刑者,⑤ 妇女辅导院的临时退院者。根据1949年日本颁布的《犯罪者预防更生法》的规定,更生保护措施主要是通过具体的保护观察实现的。更生保护机构包括法务省更生保护局、中央更生保护审查会及下属的地方更生保护委员会、地方委员会事物局、保护观察所。中央更生保护审查会和设在全国八个矫正管区的地方更生保护委员会,全面主管社区的各类更生保护工作。地方更生保护委员会之下设立的保护观察所,具体负责本管区内的罪犯更生保护工作。隶属于地方更生保护委员会事物局和保护观察所的政府官员,是专职的保护观察人员,称为保护观察官。他们具有一定水平的心理学、生理学、教育学、社会学以及其他与更生保护有关的专门知识,从事并指导各种矫正社会工作。因此,日本的社区矫正机构是政府领导下的官民协作、以民为主的社区矫正组织体系的一部分,属于独立的矫正机构组织,这是日本社区矫正机构的一个鲜明的特点。

2. 中国社区矫正的机构

(1) 试点阶段的社区矫正机构。目前,我国社区矫正试点省、市的专门机构是司法行政机关,由它负责组织社区矫正的实施。按照现行的法律规定,负责对社区服刑人员的管理、考察和监督的是公安机关,公安机关是社区矫正的执法主体,而司法行政机关是社区矫正的工作主体,形成了在现有法律体制下执法主体和工作主体适度分离的社区矫正组织体系,这种组织体系需要执法主体、工作主体以及相关部门的职能分工和协作配合,它为社区矫正机构的模式选择提供了较大的试验空间。

我国司法行政机关在各省、市、自治区设置的机构是司法厅(局),司法厅(局)按照区域设置区(县)司法局,区(县)司法局下设司法所,司法所是司法行政机关的基层单位,具体负责社区的司法行政工作。目前,全国共有4万多个司法所,司法助理员计有9万多人,平均每个司法所有2~3人,在一些地方的司法所中只有1人。2004年2月24日,司法部副部长胡泽君在全国人民调解工作座谈会上曾经指出:从当前和今后基层司法行政工作的发展趋势看,司法所的主要职责是:① 指导人民调解工作;② 承担社区矫正的日常工作;③ 指导管理基层法律服务工作;④ 开展刑释解教人员的安置帮教工作;⑤ 组织开展法制宣传教育工作;⑥ 组织开展基层依法治理工作;⑦ 协助基层人民政府处理社会矛盾纠纷;⑧ 参与社会治安综合治理工作;⑨ 完成上级司法行政机关和乡镇人民政府(街道办事处)交办的其他有关工作。这么少的人力和这么多的职责,使得司法助理员很难有精力和时间专门从事社区矫正工作,所以,建立一支专业社区矫正工作队伍就成为试点省、市的当务之急,在这种情况下,北京市和上海市分别创造了两种不同的社区矫正专业工作队伍。北京市专业矫正队伍的筹建主要是利用本身的矫正资源,专业矫正人员由司法助理员和抽调的监狱、劳教警察组成,他们有各自的职责。抽调的监狱、劳教警察业务上受所在试点区(县)司法局领导,行政关系隶属于监狱管理局或劳教管理局。上海市专业矫正队伍的成立主要是利用社会的矫正资源,专业矫正人员由司法助理员和社会工作者组成。上海市社区矫正办公室与新航社区服务总站合作,由社区矫正办公室设定总体工作目标,由该中心依据法律法规及其章程的规定,组织社会工作者具体实施。上述两种专业工作队伍模式都在不同程度上反映了英美法系国家综合性矫正机构和大陆法系国家独立性矫正机构的特征,为我们设置和选择科学合理的社区矫正机构提供了宝贵的经验。

(2)未来的社区矫正机构。未来的社区矫正机构,是指社区矫正的试点工作业已基本完成,社区矫正的法律制度已经建立和完善的情况下的社区矫正机构。针对过渡时期二元主体并存的社区矫正机构模式,有学者提出了刑事司法职能下的社区矫正机构模式,认为建立我国社区矫正的专门机关,应当分为三个步骤:第一步,可以考虑在司法行政系统设置专门社区矫正执行机构;第二步,改革当前假释由人民法院裁定的体制,由司法部另设专门职能部门来承担假释的核准职责;第三步,完全过渡到一个社区矫正执行主体的阶段,即由司法部成立的专门负责社区矫正的机构以及负责假释审查委员会,全面负责社区矫正工作。[1] 上述意见基本可行,但需要补充和改进。我们认为,我国社区矫正机构应当兼采英美法系国家综合性矫正机构和大陆法系国家独立性矫正机构的长处,结合我国的国情和试点阶段的经验,建立具有我国特色的社区矫正机构。未来的社区矫正机构,应该具有以下特征。

第一,它是广义社区矫正制度下的政府机构。我国试点阶段的社区矫正对象仅限定为犯罪人,不包括违法者。但随着我国法律处分体系的完善,我国社区矫正的适用对象,不仅包括刑法规定的犯罪者,而且包括违法行为矫正法规定的违法者。违法行为矫正法规定的既不属于刑事处分,也不属于治安处分,而是一种行政处分,是行政强制措施。所以,广义社区矫正制度下的政府机构,完全可以由司法行政机关承担矫正任务,实现改造违法犯罪者的人格,使其重新回归社会的目的。

第二,它是现代社会制度下的矫正机构。现代社会是法治国家和公民社会协调发展的社会,社区矫正是法治国家的刑罚权力和公民社会的自治权力的有机结合,因此,社区矫正机构虽然是政府设置的机构,但要充分利用社区的资源,调动社会力量,使矫正社会工作的社团组织成为社区矫正机构的工作主体,形成执法主体和工作主体二元结构的运行机制。

第三,它是完善社区矫正制度下的统一机构。社区矫正试点阶段的任务之一,就是要建立和完善社区矫正的法律制度,完善的社区矫正制度,需要修订《刑法》、《刑事诉讼法》,制定《违法行为矫正法》、《社区矫正法》,并由此形成社区矫正的法律制度。上述法律的执行和实施,应当由司法部成立统一的社区矫正局和矫正审查委员会,全面负责社区矫正工作。只有这样,政府才能承担起它的组织领导、管理协调和提供资源的责任。

二、社会角色衍生的组织机构

社会角色衍生的组织机构,在社区矫正领域虽然有不同的称谓,但可以统称为社会服务组织。社会服务组织一般是指专业矫正社会工作及其志愿者的组织机构,它具有专业化、职业化和社会化的特征,是第三领域的公共服务物品。下面,我们对于社会组织的类型、功能、组织和人员作一分析。

1. 社会组织的类型

社会服务组织伴随着社区矫正制度应运而生,是公民社会参与社区矫正的重要方式,是社区矫正的必然产物。从中外社区矫正中存在的社会服务组织来看,虽然社会服务组织各种各样,但大体可以分为两种类型。

---

[1] 参见郭建安、郑泽霞主编:《社区矫正通论》,法律出版社2004年版,第340~341页。

(1) 直接服务机构。直接服务机构是指社会服务组织直接参与社区矫正活动,作为刑事司法系统的一个环节,从事专门的矫正社会工作。例如,加拿大著名的直接服务机构"加拿大约翰霍华德协会"(The John Howard Society Of Canada)。"加拿大约翰霍华德协会"由各省和地区的协会组成,其目的是对犯罪和刑事司法系统问题进行理解和作出反应。该协会与违法的人打交道,倡导司法程序改革,参与公众教育和通过社区计划和社区干预促进预防犯罪。它的成员组织在刑事司法领域提供从预防犯罪、假释监督、释放后帮助到居住服务的广泛服务。① 再例如,日本直接服务机构"保护司"。是日本法务大臣委托的社会服务组织,现行的保护司制度是根据1950年日本颁布的《保护司法》设置的。保护司在全国的904个保护司工作区域工作。他们作为对保护观察官的补充,接受地方更生委员会或保护观察所所长的指挥监督,充分利用地域情况和社会资源,对罪犯进行指导监督或者辅导援助的活动。

我国在社区矫正的试点阶段,针对司法助理员严重不足的情况,同样产生了直接服务机构,最为典型的是北京市的阳光社区矫正服务中心和上海市的新航社区服务总社。北京市阳光社区矫正中心是2003年成立的公益性社团组织,其宗旨是利用社会力量对矫正对象进行教育、矫正和帮助,使他们悔改自新,成为守法的公民。中心根据职能任务设置相应的内部机构,如教育矫正部、心理评估与咨询部、劳动技能与救助部、志愿者工作部等。中心实行主任负责制,主任面向社会招聘或暂由司法行政机关工作人员兼任。同时中心在各街道、乡镇建立工作站,工作站负责落实中心下达的工作任务,协助司法所开展矫正工作。上海市新航社区服务总站是2004年成立的民办非企业单位,是上海市预防犯罪体系建设的重要组成部分,主要职能是受政府委托为社区服刑人员、刑满释放和解除劳教人员提供帮教和服务。总站实行董事会领导下的总干事负责制,总站内部设置人事、财务、宣传等职能部门,负责具体的管理事务。总社在全市9个区(县)设立工作站,各个街道、乡镇建立工作点。区(县)工作站的站长通过考试选聘担任,其中70%来自政法干警。新航社区服务工作站协助司法所开展社区矫正工作。

(2) 辅助服务机构。辅助服务机构是指社会服务组织间接参与社区矫正活动,它虽然不是刑事司法系统的一个环节,但是其所从事的专门矫正社会工作深刻影响着社区矫正,从而成为预防犯罪体系的重要组成部分。例如,我国香港地区的善导会。香港善导会成立于1975年,宗旨是为违法人士提供社会福利服务,协助他们面对及解决生活上、情绪上、心理上、行为上以及人际关系上的困

---

① 中国监狱学会、加拿大刑法改革与刑事政策国际中心合著:《中加矫正制度比较研究》,法律出版社2001年版,第116页。

难,让他们能够自力更生,成为守法的公民。善导会每年服务的违法人士超过6千人,其中超过90%是刑满出狱的人士。善导会提供的康复服务,包括在押人士未出狱前的释前辅导、在社区内的个人及家庭辅导、法庭社工服务、宿舍服务、康乐服务、精神康复服务、不良行为(包括毒品、赌博、酗酒等)辅导、社区预防犯罪教育服务等。这些服务具有非强迫性和以社区为主的特征,它虽然不是刑事司法系统的一部分,但却有着帮教安置和特殊预防的功能。

我国社区矫正试点阶段,某些省、市也建立了类似的辅助服务机构。例如,上海市2003年成立的上海市自强社会服务总社和上海阳光社区青少年事务中心。按照上海市司法社会工作的"政府主导推动,社团自主运作,社会多方参与"的总体运作思路,上述两家社会服务机构都是专门从事社区专业社会工作的非政府公共部门,属于民办非企业单位。自强社会服务总社主要负责预防滥用药物的宣传、教育,社区滥用药物人员的矫治、情况调研及其他相关业务。社工深入社区,帮助滥用药物人员重树信心、自主就业、勇敢回归社会,在服务案主的基础上,使他们的家庭得到帮助和扶持。阳光社区青少年事务中心负责承担政府指定的社区"失学、失业、失管"的青少年教育管理和服务工作。两家社团均为民办非营利性机构,设有董事会、监事会,董事会由社会工作专业的专家学者、社区工作者和知名企业家等组成。社团组织用政府购买服务的费用来维持其日常工作和支付所聘社会工作者的薪酬。两家社团组织根据各自业务主管单位,即市禁毒办公室和社区青少年办公室所设定的总体工作目标和具体要求自主运作。社区组织在各区(县)分别建立工作站,对本区域内所属社会工作者进行业务指导、绩效考核和日常管理。工作站向社区派出社工小组,在社区开展工作,街镇为社工小组提供必要的资源和协助,并对其工作进行监督和评估。两家社会服务机构与上海市新航社区服务总社共同构成预防和减少犯罪的工作体系,形成了专业化、职业化和社会化的司法社工运行机制。

2. 社会服务组织的功能

社会服务组织,不论是直接服务机构还是辅助服务机构,不管它们提供何种矫正项目、使用何种工作方法,它们都是专门从事社区专业社会工作的社团组织机构,所以,它们都应当具备以下功能。

(1)矫正功能。遵循社会工作理念,运用社会工作方法,对社区服刑人员进行心理和行为的矫正,是社会服务组织的主要功能。社区矫正属于再社会化中的个别化处遇,它的目的是使社区服刑人员重返社会。社会上的任何一个人,都存在社会化的问题。但个人在社会生活中,也可能接受与社会相抵触的文化而导致反社会化,犯罪是反社会化中最为严重的行为,对于犯罪人来说,需要通过强制方法,使之社会化。因此,再社会化是社会化失败以后或反社会化中断以后进行的社会化过程①。就社区矫正而言,这是一个针对社区服刑人员反社会化的人格缺陷,在社区环境之中,运用社会工作方式,矫正其不良心理和行为习惯的过程。社会服务机构的矫正功能在于矫正个案的实施。矫正个案是社会服务机构对特定社区服刑人员拟定的工作计划,其内容体现了矫正社会工作的方式和方法的综合运用,其中心理矫正是个案矫正的主要内容。心理矫正不仅要定期对社区服刑人员进行心理测试、心理辅导,而且对有心理问题的社区服刑人员要及时进行危机干预和提供心理指导。矫正个案的制定建立在分类管理的科学基础之上。所谓分类管理,就是以社区服刑人员的人身危险性(再犯罪可能性)的大小为标准,结合其社会回归性(再社会化程度),将社区服刑人员分为不同类别而实行不同强度的管理。社区服刑人员的分类,是根据其综合情况和矫正表现进行的划分,所以,社会服务机构的矫正是一项动态的、持续的专业化和社会化的矫正。

(2)服务功能。社会服务机构的服务功能是相对于罪犯处遇而言的。罪犯处遇,又称为犯罪者处遇,从狭义上来说,是指为使罪犯早日复归社会,防止他们重新犯罪而采取的各种处理、对待措施的总和。从广义上来说,罪犯处遇也可以指罪犯的一般地位或者待遇。罪犯是犯罪的主体,又是改造的主体,因此,社区服刑人员既要接受社区管束和强制矫正,又需要自我觉醒和重树信心,这是再社会化过程之中个体转化的缺一不可的两个因素,这一转化过程的完成有赖良好的社会环境和重返社会之后应当具备的生活技能,这就是社区矫正的服务功能所在。提供这方面的服务虽然是政府的责任,但政府确实面临服务资源短缺的困境。在此情况下,社会服务机构也就顺理成章地担负了这一服务功能。社会服务机构的服务功能主要包括两个方面。一是提供困难救助。根据社区服刑人员的急切生活需要和实际困难,为他们提供相应的住宿、食物、救助款项、就业援助等保护措施。二是进行技能培训。积极与有关部门和单位合作,对社区服刑人员中有劳动能力、符合就业年龄、有就业愿望并有接受职业技能培训需求的无业人员进行技能培训,并帮助或推荐其就业。社会服务机构的经费一般由政府通过购买的方式提供。依据社会服务组织较为发达的国家和地区的经验,其所需经费通常是政府购买一部分,社会基金提供一部分,受益者分担一部分,这种社会资金的分配方式,能够使社会服务机构获得较多和稳定的经费来源,以便提供更为广泛和持久的社区矫正服务。

(3)宣传示范功能。社区矫正要赢得社区群众的理解、认同和支持,就需要进行广泛的宣传活动。宣传社区矫正制度的内容和意义,改变人们的传统刑罚观念,理解新的行刑制度,是社会服务机构的一项重要使命,也是构建和谐社会

---

① 参见宋林飞:《现代社会学》,上海人民出版社1987年版,第459页。

的一项重要内容。社会服务机构进行这方面的宣传,更容易贴近生活、贴近实际,所以,社会服务机构进行的宣传活动要讲究实效并能为社区群众喜闻乐见。实际上,社会服务机构本身从事的矫正社会工作就起着很好的宣传和示范作用。社会工作介入刑罚执行活动,是一种崭新的社会行刑方式,它是公民社会逐渐成熟的标志。社会公众参与社区矫正的社团组织就是社会服务机构。社会服务机构的宣传和示范,造成一种社区矫正的社会舆论,社会舆论是社会规范和社会心理的中介。"社会舆论之所以能够起到中介作用,除了它处于中间地位的优势之外,还因为它具有模拟现实环境的功能。舆论本身是一种社会舆论精神现象,但它的内容却是现实生活。现实生活中的事件(包括人和物),经过一传十、十传百,造成舆论,便形成一种社会空气,即社会气氛。这种社会气氛又形成包围着人们生活的社会空间。所以,舆论在社会生活中起环境作用。"①这种社会舆论促成社区居民对于社区矫正的归属感和认同感,使社区居民能够自觉和主动地参与社区矫正活动,以实现社会服务机构"以人为本、助人自助、公平公正、诚信服务"的宗旨。

(4) 组织发动功能。现代社会政府转变管理职能的变革之路,就是弱化微观管理和直接管理、强化宏观管理和间接调控,同时,将微观管理和直接管理的权力交还给公民社会,这是一种社会控制手段的转变,是避免在社会发展和体制转型过程中出现社会管理的"真空"与"断裂"的客观要求。政府的职能转变需要专业的社会工作机构,如社会服务机构等来承担和分担,从而在政府与专业社会机构间逐步形成宏观调控与微观操作的具体分工,实现政府社会服务职能的平稳转移。专业社会工作机构是社区居民参与社会事务管理的主体力量之一,由于专业社会工作机构具有职业化和专业化的特征,所以它们对于管理社会事务的运作更有实效。社会服务组织是公民社会参与社区矫正的组织形式,它代表着社区居民的意志,它的社会基础就是社区的居民。因此,社会服务机构和社区居民之间只有形成互动和耦合关系,它才能拥有和行使社会权力。社会服务机构组织和发动社区居民参与社区矫正,无疑就成为社会服务机构的一项重要任务。组织和发动社区居民参与社区矫正,是实现社会民主的体现,社会民主则是社区居民参与社区矫正的内核和价值要求,它体现了社区居民参与社区矫正的责任以及对社区治理成果的共享。社区的居民参与和社会民主有机联系,不可或缺,二者有机统一于社区居民的自我管理、自我教育、自我服务的社区自治的实际之中。有效地组织和发动志愿者参加社区矫正,是社会服务机构发挥其组织发动功能的主要形式之一,志愿者参加社区矫正,可以使潜在的社区资源成为现实的人力资源和智力资源,并成为社区矫正发展的内在动力,使社区矫正产

---

① 郑杭生主编:《社会学概论新编》,中国人民大学出版社1993年版,第430~431页。

生更大的社会效益。

3. 社会服务机构的组织和人员

社会服务机构一般是在民政部门登记注册的公益性社团组织,属于非政府组织机构。社会服务机构的成立一般有两种方式:一是政府主导推动;二是社会自主形成。我国目前社区矫正中的社会服务机构都是采取前一种方式成立的。社会服务机构在省市、区县以及街道、乡镇的司法厅(局)和司法所的管理指导下开展工作。省市、区县以及街道、乡镇的司法厅(局)和司法所对社会服务机构主要行使规划、监管、指导、协助、推进、制定有关政策与标准、提供财力支持等职能,根据社区矫正工作发展的需要提出服务需求和工作要求。社会服务机构按照章程开展工作,根据省市、区县以及街道、乡镇的司法厅(局)和司法所提出的服务需求和工作要求,拟订具体计划和工作方案,由专职社会工作者实施或者组织志愿者实施,或者社会服务机构与相关专业机构、企事业单位合作组织实施。省市、区县司法厅(局)以及街道、乡镇办事处支付社会工作者的劳动报酬和专业机构、企事业单位的专业服务费。社会服务机构可以根据自身的职能任务设置相应的内部机构,如教育矫正部、心理评估与咨询部、劳动技能培训与救助部、志愿者工作部等。社会服务机构的领导体制,有的实行主任负责制,有的实行董事会领导下的干事长负责制。为了确保社会服务机构的健康发展,社会服务机构需要建立和健全管理制度、工作制度和工作纪律。管理制度包括岗位职责、例会制度、培训制度、档案管理制度、请示报告制度、考核奖罚制度、接受捐赠、资助制度、资产管理制度和重要事项决策制度。工作制度包括心理矫正制度、职业技能培训制度和临时救助制度。社会服务机构聘请的专职社会工作者和社会志愿者在遵守法律法规的同时,必须严格遵守以下工作纪律:(1)不准违背业务主管单位和社会服务机构的具体要求。(2)不准弄虚作假、欺骗领导和群众。(3)不准泄露工作对象的个人隐私和工作秘密。(4)不准歧视工作对象和侮辱工作对象的人格。(5)不准接受工作对象的吃请和收受好处。(6)不准利用工作职权谋取私利。(7)不准包庇、纵容工作对象违法犯罪。

目前,矫正社会工作者的来源,主要是通过公开招聘并经过一定时期的培训考核合格的专业社会工作者。按照公开招考、择优录用的原则,司法行政机关公开在社会上进行招聘。专职社会工作者的招聘条件是:(1)政治合格、立场坚定,有一定的政策理论水平,作风正派。(2)高中以上学历。(3)有高度的社会责任感,热爱社区矫正事业,身体健康。(4)有较强的法学、社会学、教育学、心理学等专业知识以及丰富的司法实践经验和社会经验。(5)有较强的组织协调、语言表达、文字写作能力和电脑操作技能。为了确保专职社会工作者的地位和待遇,形成一支稳定的职业化和专业化的社会工作队伍,还需要建立专职社会工作者准入制度。专职社会工作者准入制度包括对社会工作者的专业能力和学历要求、相应的工资待遇和福利标准、注册登记制度等。目前,有些省市已经开始建立相应的社会工作者职业资格认证制度和注册管理制度,例如,在《上海市社会工作者职业资格认证暂行办法》的指导下,2003年11月,上海市任职资格考试中心举行了第一次社会工作者职业资格考试,5 586名报考者中有281名通过了社会工作基础理论、社会心理学、社会工作法律基础、社会工作实务四门科目的严格考试,获得了"社会工作师"资格,另有1 145人获得"助理社工师"资格。从矫正社会工作的长远利益考虑,专业社会工作者的主要来源应当来自高等院校和其他专业教育机构。虽然从1993年中国青年政治学院社会工作系正式组建招生以来,全国已有80所大学开设了社会工作专业,但由于社会工作一直未形成一个职业体系,社会工作专业很大程度上起了培养机关干部的作用,绝大多数该专业的毕业生并没有真正走进社区,走上专业化和职业化的社会工作道路。同时,对于已经通过招聘而走上社会工作岗位的人员来说,还需要进行专业培训和继续教育,因此,使社会工作形成规范化和制度化的职业体系并适应专职社会工作的发展需要,形成结构合理、均衡发展的社会工作教育体系,已是发展社区矫正的当务之急。

三、市场角色衍生的组织机构

市场角色衍生的社会服务机构,是指能够提供与社区矫正工作有具体关系的矫正项目或者矫正设施,并且在提供某些产品或者服务时获得利润的企业性非政府组织。众所周知,市场遵循的是价值规律和自由竞争,讲究的是如何获取最大利润。市场机制既可以促进社会资源的合理流动和配置,以获得社区矫正的最大社会效益,同时,市场也有自身无法克服的缺陷,致使市场机制的自发调节具有一定的盲目性甚至破坏性,因此,市场角色衍生的社会服务机构,应当是市场机制和宏观调控的有机结合。政府对于这类社会服务机构的宏观调控,除了法律规范以外,主要是通过协议的形式来规范这类社会服务机构的组织和行为,而这类社会服务机构进入社区矫正之中的条件就是能够对政府部门的提议和要求作出反应。境外一些国家和地区就是依照上述原则调整政府部门与这类社会服务机构的关系,例如,在加拿大就有一些提供多种服务的私人企业。这些企业专门负责设计和管理少年犯和成年犯的居住和社区矫正。具体包括经营成年犯的"中途之家"、监督成年犯和少年犯的社区矫正服务秩序、负责少年犯人拘留所的开设和关闭、协助实施成年犯多样化的矫正计划、为少年犯提供广泛的监督计划和居住照料计划(作为假释法令中的一条)[①]。

---

① 参见中国监狱学会、加拿大刑法改革与刑事政策国际中心合著:《中加矫正制度比较研究》,法律出版社2001年版,第113页。

我国社区矫正的试点省、市在社区矫正的实践中也进行了这方面的积极探索,实行了与企业性非政府组织的合作。例如,北京市东城区阳光社区矫正服务中心成立于2005年2月。中心成立之前,限于工作机制和经验不足,该区的心理矫正工作还处于初级矫正阶段,不论是从运作的方式、矫正的内容与过程,还是人员的投入上,都存在许多有待完善的地方。中心的成立,为他们深化心理矫正提供了有力的契机和载体。该区实现心理矫正由初级矫正阶段向专业矫正阶段转变的一个主要原因,就是与企业性社会服务组织的合作。按照中心成立时确定的政府出资、民间组织运作、购买专业服务、实现资源共享的原则,通过中心与北京惠泽人咨询服务中心签订"购买心理矫正服务协议",第一次以法律文件的形式明确了双方的权利与义务,规定了心理矫正的目标、矫正人员的专业资质、矫正内容和矫正效果的评估等,完成了运作方式从志愿者的行为向专业组织行为的过渡,从而使心理矫正的效果得到了根本保证。同时,针对心理矫正专业性强的特点,在中心组织体系内专门成立了"惠泽心理矫正工作室",下设专家组、管理组和心理矫正组,建立了工作制度和管理制度,设立了管理、矫正和社工等不同岗位,明确了各岗位的职责,完成了操作手段从个体化操作向机构化操作的过渡。北京市东城区阳光社区矫正服务中心的上述做法颇具典型意义,是企业性社会服务机构服务于社区矫正的成功事例。企业性社会服务机构一般来说具有如下特征。

首先,它能够提供社区矫正的产品或服务。例如,电子监控是国外使用的一种矫正技术,它是社区矫正机构通过电子监控技术,来查证犯罪人所在方位,以对犯罪人实行有效监管的矫正技术。电子监控技术的种类较多,其中大约60%的电子监控使用的是连续信号技术,这种技术是将一个小型发射器固定在犯罪人身上(如手腕、脚腕等)的同时,在犯罪人的家中安装一个接收机——电话自动拨号机。固定在犯罪人身上的小型发射器按照一定时间间隔向接收机发射经过编码的信号。在社区矫正机构内设有中心计算机或者中心接收机,安装在犯罪人家中的接受机将从犯罪人身上的发射器发出的电子信号接收到之后,再通过电话线传递到中心计算机或者中心接收机。社区矫正机构人员根据接收到的信号,可以判断犯罪人在特定时间所处的方位,了解他们是否离开了一定的空间范围,是否违反了宵禁令等情况。电子监控技术是在20世纪60年代发展起来的,发明人是美国哈佛大学的一位研究人员。1964年,第一项商业性电子监控技术开始使用,当时是作为监禁精神病人和一些假释犯的替代措施在美国一些地方使用,后来电子监控技术逐渐推广,现在几乎适用于所有犯罪人。生产这种产品的企业就属于企业性社会服务机构。企业性社会服务机构除可以提供类似的产品外,主要能为社区矫正提供各种服务,包括提供各种矫正项目或者矫正设施,前者如提供心理矫正服务等,后者如提供临时住所等。企业性社会服务机构提供的产品或服务是有偿的,并以此获得相应的利润。

其次,它能够满足社区矫正的需求和发展。企业性社会服务机构关注的是社区矫正的资源市场,资源市场的运行机制应当满足社区矫正的需求和发展,不失时机地开发和提供社区矫正所需要的资源,这样才能实现企业性社会服务机构的自身价值。企业性社会服务机构的价值是否能实现它的利益,要看企业性社会服务机构提供的产品或服务,根据社区矫正的主体结构,能否符合社区矫正的需要,发挥社区矫正的功能。因此,企业性社会服务机构的服务包括两个方面:一是为社区服刑人员提供的服务;二是为社区矫正机构提供的服务。为社区服刑人员提供的服务,包括各种矫正项目和矫正设施,例如,国外有一种社区矫正设施,称为"中途之家",它是指帮助犯罪人和刑释人员克服危机、提高环境适应能力的一种过渡性住宿式社区矫正机构。对于刚刚获得人身自由的刑满释放人员或者仍受到人身自由限制的社区服刑人员而言,在短期内他们都会产生心理和情绪危机,中途之家的主要功能就是通过咨询等方式,帮助他们化解危机,解决心理和情绪问题。同时,对于他们之中的许多人来说,缺乏必要的谋生技能,是他们走上犯罪的主要原因或者是他们重返社会的主要障碍,中途之家就要通过提供文化和职业培训,提高他们的谋生能力,帮助他们寻找职业,以便使他们能够顺利回归社会。中途之家的主办者既可以是政府,也可以是私人,也就是可以由企业性社会服务机构主办。为社区矫正机构提供的服务,主要有两方面内容① 对社区矫正机构的人员进行培训。社区矫正机构的人员是职业化和专业化的矫正社会工作者,他们需要具备一定的社区矫正的知识和技能,对于他们的培养和教育,可以委托企业性社会服务机构完成。② 对社区矫正的效果进行评估。社区矫正要想取得社会公众的认同以及成为政府购买的优选服务,就要委托社会调查公司进行有关方面的调查,对于社区矫正效果进行客观和公正的评估,以促进社区矫正的不断发展。

第三,它能够接受政府部门的监督和管理。矫正社会工作制度是一项政府积极干预和介入的制度,这种干预和介入不是限制矫正社会工作的自由,而是要扩展矫正社会工作的自由,因此,政府对于企业性社会服务机构的监督和管理,主要体现在政府主导推动、社团自主运作的宏观调控策略。这种宏观调控是政府运用法律规范和购买服务的手段,引导企业性社会服务机构对于矫正资源的选择和投入,规范企业性社会服务机构的组织和行为,以选择服务的方式促使企业性社会服务机构提供优良的服务。这种宏观调控具体表现为政府部门与企业性社会服务机构签订的协议,协议是政府部门和企业性社会服务机构在平等、自愿的基础上产生的民事法律行为。双方当事人应当遵循公平原则确定各方的权利和义务。协议的内容应当具备一般合同的条款。协议一旦订立,双方当事人就应当认真履行,如果违反协议的约定,就要负担相应的法律责任。

目前,我国企业性社会服务机构的发展状况,还很难适应社区矫正发展的需要,因此,大力推动企业性社会服务机构是发展社区矫正的一个趋势,深入研究这方面的问题,亦是我们面临的一个重要课题。

第九章 社区矫正对象和社区矫正工作者

前面各章中已经多次提到了社区矫正的五种对象,本章我们将分别分析有关这些对象的法律规定,同时对矫正工作者进行探讨。

第一节 社区矫正对象

一、社区矫正对象概述

1. 社区矫正对象的概念和范围

社区矫正对象,也就是社区矫正的范围,是指依照相关法律的规定,在社区内接受矫正的犯罪人。

因世界各国的国情和刑事法律存在种种差异,对社区矫正对象范围的界定也不尽一致。我国依据刑事法律法规以及最高人民法院、最高人民检察院、公安部、司法部《关于开展社区矫正试点工作的通知》的规定,社区矫正的对象是以下五类罪犯:

(1) 被判处管制的。
(2) 被宣告缓刑的。
(3) 被暂予监外执行的,具体包括:① 有严重疾病需要保外就医的;② 怀孕或者正在哺乳自己婴儿的妇女;③ 生活不能自理,适用暂予监外执行不致危害社会的。
(4) 被裁定假释的。
(5) 被剥夺政治权利,并在社会上服刑的。

目前,部分立法文件、著作或报道将这五类社区矫正对象称为在社区服刑人员,或者直接将社区矫正称为社区服刑。从严格意义上讲,只有被判处管制、暂予监外执行和剥夺政治权利才是真正意义的社区服刑。宣告缓刑和裁定假释并不是社区服刑。

缓刑是指人民法院对判处较轻刑罚的罪犯,鉴于其犯罪情节较轻、主观恶性不深、对社会危害较小、再犯可能性很小而适用的附条件不执行原判刑罚的一种刑罚制度。缓刑实际上是暂缓行刑,即定罪判刑却暂不执行。也就是说,缓刑就是暂不行刑。缓刑和减刑、假释一样都只是刑罚执行的制度而已,绝不是行刑措施。因而将缓刑对象视为在社会上服刑的罪犯是不恰当的。缓刑考验期内的社区矫正并非社区服刑。

假释是指对罪犯附条件提前释放的一种刑罚制度。根据《刑法》第八十五条的规定,罪犯被假释后,公安机关只具有监督权,不具有行刑权。假释既然是提前释放,意即主刑服刑完毕,对于没有判处附加刑的,假释考验期只是接受一定的监督考察,这种监督考察已不再是行刑了,故被假释人员也不能再称为社区服刑。

虽然缓刑和假释本身并不是行刑,但两者都是刑罚执行过程中特殊的刑罚执行制度,被判处缓刑的和宣告假释的人员在考验期内还要遵守一定的规定,履行一定的义务,否则可能会被撤销缓刑和假释。

2003年两院、两部联合下发的《关于开展社区矫正试点工作的通知》以及2004年5月9日司法部颁布的《司法行政机关社区矫正工作暂行办法》都将社区矫正对象统称为社区服刑人员,社区服刑人员这一概念在社会中被广泛使用,然而这一概念的使用并不准确。

2. 关于社区矫正对象的思考

除了法定的五类犯罪人员外,还有哪些人也有适用社区矫正的必要性和可能性呢?在目前还没有明确的法律规定之前,有很多探讨的余地。

社区矫正的对象范围可以扩大。社区矫正的非监禁特征表明,社区矫正对罪犯的人身自由只能予以适度限制,不能实现剥夺,也无法剥夺。因此,它只能适用于罪行轻微、主观恶性小、人身危险性不大、易于改造,且放在社会上服非监禁刑不致危害社会的罪犯。所以只要符合上述罪行轻微、主观恶性小、人身危险性不大、易于改造的条件的罪犯,都可以考虑纳入社区矫正对象范围。另外,一些特殊情况的犯罪分子,在经过批准后也可以适用社区矫正。

通过以上分析,至少以下几类人员在将来的社区矫正专门立法中可以考虑纳入社区矫正对象范围:

(1) 因家庭有特殊困难或社会有特殊需要的,经批准试行半监禁的女犯;

(2) 因继续学习的需要受到狱内条件限制,经批准到社会学校试读的少年犯;

(3) 因刑释前回归社会适应性教育和接茬帮教的需要,经批准试行释前周末放假和周末监禁的罪犯;

（4）依据《监狱法》规定被批准离监探家的。

上海市已经有成熟的经验。上海市高级法院制定的《上海法院参与社区矫正工作的若干意见》第三条对扩大适用非监禁刑的条件作了细致的规定："对于符合下列情形之一，可能被判处三年以下有期徒刑、拘役的人员，不关押也不致再危害社会的，可以适用非监禁刑：① 初次犯罪且罪行较轻的；② 犯罪时未满18周岁的；③ 过失犯罪的；④ 犯罪时属老、弱、病、残、孕的；⑤ 职务犯罪未造成重大经济损失的；⑥ 经教育后，确已悔罪的；⑦ 其他符合非监禁刑条件的人员。"

二、管制

1. 管制的概念

管制是我国五种主刑（管制、拘役、有期徒刑、无期徒刑、死刑）之一，是由人民法院判决，对犯罪分子不予关押，但限制其一定自由，交由公安机关管束和人民群众监督改造的刑罚方法。

管制是我国刑罚体系中最轻的一种主刑。它适用的对象是罪行较轻、人身危险性较小的刑事犯罪分子。对于罪行较轻需要给予适当的处罚而又不必关押的犯罪分子判处管制，一方面可以减轻监狱的负担，避免了监狱生活给犯罪人带来的交叉感染，同时也不至于影响犯罪分子的劳动和家庭生活；另一方面，还可以充分发挥群众监督的作用，防止犯罪分子继续犯罪。

2. 适用管制刑的罪行和情节

管制刑主要适用于那些罪行较轻、社会危险性较低的、不必予以关押的犯罪分子。在刑法分则中规定了可以适用管制刑的罪名和情节。1979年《刑法》规定的罪名条文98条，而可以适用管制刑的条文只有20条。1997年有86个分则罪名条款有管制刑，占刑法分则351个条文的24.2%。这86个分则条款分别是：危害国家安全罪中的7个条款，危害公共安全罪中的2个条款，破坏社会主义经济秩序罪中的8个条款，侵犯公民人身权利、民主权利罪中的10个条款，侵犯财产罪中的7个条款，妨害社会管理罪中的45个条款，危害国防利益中的7个条款，贪污贿赂罪、渎职罪和军人违反职责罪中没有规定管制刑。

3. 管制的基本特征

管制是一种限制自由刑，它的特点如下。

（1）对犯罪分子不予关押，仍留在原单位或原居住地工作和生活，不剥夺其人身自由，只限制其一定的自由。被判处管制的罪犯是在自由状态中承受某些法律后果，即遵守法定的限制。

（2）被判处管制的犯罪分子享有除被限制之外的各项权利，在劳动中同工同酬，如未附加剥夺政治权利，则仍然享有政治权利。

（3）被判处管制的犯罪分子虽然有人身自由，但他的工作、活动必须接受公安机关的管束和人民群众的监督。

（4）管制必须由人民法院依法判处，交由公安机关执行，其他任何机关、单位、团体和个人都无权决定和执行。

三、缓刑

1. 缓刑的概念

缓刑就是刑罚的暂缓执行，是对原判刑罚附一定条件地不予执行的一种刑罚执行制度。我国刑法中的缓刑，是指人民法院对于被判处拘役、3年以下有期徒刑的犯罪分子，在一定条件下，规定一定的考验期，暂缓其刑罚的执行，如果被判刑的犯罪分子在考验期内，没有犯新罪或者发现漏罪或者严重违反监督管理规定，原判刑罚就不再执行的一项刑罚执行制度。

除了一般缓刑制度外，我国刑法还规定了战时缓刑制度。战时缓刑制度是指在战时对于被判处3年以下有期徒刑，没有现实危险的犯罪军人，暂缓刑罚执行，允许其戴罪立功，确有立功表现时，可以撤销原判，不以犯罪论处的制度。

缓刑不是独立的刑种，它以所判处的刑罚为前提，不能脱离原判刑罚独立存在。

2. 缓刑的适用条件

缓刑的适用条件如下。

（1）适用的对象是被判处拘役或者3年以下有期徒刑的犯罪分子。这表明缓刑只适用于罪行较轻、社会危害性较小的犯罪分子。

（2）根据犯罪分子的犯罪情节和悔罪表现，适用缓刑确实不致再危害社会的。这是适用缓刑最本质的条件。只有根据犯罪人的犯罪情节和悔罪表现，能够确认适用缓刑不致再危害社会，才能宣告缓刑。

（3）犯罪分子不能是累犯。累犯不论判处何种刑罚，均不得适用缓刑。这是因为累犯屡教不改，主观恶性大，人身危险性和再犯的可能性也大。

3. 缓刑的基本特征

缓刑不是独立的刑种，而是一项刑罚执行的制度。它有如下特点。

一是对犯罪分子判处了一定刑罚，但因为符合某些条件，同时又决定暂时不予执行所判之刑罚。

二是根据所判刑罚以及其他因素决定一段时间的暂缓执刑考验期，在考验期内犯罪分子要遵守一定的规定，否则原判刑罚还有继续执行的可能；缓刑犯的社区矫正期限为法院判处的对犯罪人的考验期限。

三是在确定的考验期内，犯罪分子若接受考验，认真改造，在考验期没有违反法定的撤销缓刑规定的情况下，原判刑罚就不再执行。

四、暂予监外执行

1. 暂予监外执行的概念

监外执行是指由于罪犯具有法律所规定的某种情况而暂时变更刑罚执行场所和执行方式,在监狱外执行刑罚是一种刑罚执行制度。监外执行属于刑罚执行方式的变更,因此,它属于行刑权活动的范畴。

监外执行分两种情况,一是刑事诉讼中监外执行,人民法院在判决时就已发现罪犯需要监外执行,可在宣告判决时,同时决定监外执行,并填写监外执行通知书通知执行机关。二是监狱执行刑罚过程中的监外执行,应由罪犯所在的执行单位提出书面材料和意见,报请省、自治区、直辖市监狱管理机关审核批准。

二者在实质上是相同的,即都是执行场所和方式的变更,都是对监禁刑罚的非监禁执行,执行机关都是公安机关,法律规定的监外执行的情形消失后,也都需要收监执行,二者在法律术语上也都使用监外执行的名称。

但是,二者又具有不同的法律意义和法律程序。刑事诉讼中监外执行的对象是有期徒刑犯和拘役犯,分两种情况,一是审判过程中,人民法院对具有刑事诉讼法规定的暂不收监的罪犯,在刑事裁判中做出监外执行的决定;二是监狱在收监时,经体格检查发现罪犯具有监狱法律规定的情形而暂不收监的罪犯,人民法院做出暂予监外执行的决定。它们都是发生在监狱刑罚的实际执行活动开始之前而不是监狱执行刑罚的过程当中。监狱执行刑罚过程中的监外执行适用的对象,是被判处无期徒刑和有期徒刑由监狱执行刑罚的罪犯,具备法律规定的可以暂予监外执行情形,由监狱决定暂予监外执行。

2. 被暂予监外执行需要具备的条件

暂予监外执行的条件有如下几点。

(1) 实质性条件。包括有严重疾病需要保外就医的、怀孕或者正在哺乳婴儿的妇女以及生活不能自理,适用暂予监外执行不致危害社会的。对于罪犯确有严重疾病,必须保外就医的,由省级人民政府指定的医院开具证明文件,依照法律规定的程序审批。

(2) 对象条件。在监外执行的实质条件方面,刑事诉讼中监外执行与监狱收监中的监外执行标准是一致的。但是,在对象条件上,二者不完全一致,前者适用于有期徒刑犯和拘役犯,后者适用于被判处无期徒刑和有期徒刑的犯人。

(3) 消极条件或排除性条件。凡是具有法律规定的排除性条件的罪犯,即使其具备了法律规定的其他条件,也不得适用监外执行。排除性条件主要有两个方面,保外就医可能有社会危险性的罪犯,或者自伤自残的罪犯。

3. 监外执行的法律程序

刑事诉讼中监外执行和监狱执行中的监外执行的程序是不同的。

刑事诉讼中的监外执行,人民法院在判决时就已发现罪犯需要监外执行的,可在宣告判决时,同时决定监外执行,并填写监外执行通知书通知执行机关。由居住地公安机关执行,执行机关应当对其严格管理监督,基层组织或者罪犯的原所在单位协助进行监督。同时人民法院应当将批准的决定抄送人民检察院。人民检察院认为暂予监外执行不当的,应当自接到通知之日起一个月以内将书面意见送交人民法院,人民法院接到人民检察院的书面意见后,应当立即对该决定进行重新核查。暂予监外执行的情形消失后,罪犯刑期未满的,应当及时收监。

根据社区矫正的相关规定,决定暂予监外执行的相关法律文书应当在法定期限内送达社区矫正机关,以便对其实施社区矫正工作。

监狱执行中的监外执行,首先由符合条件的罪犯的所在监狱向省、自治区、直辖市监狱管理机关提出申请,保外就医的要附有县级以上医疗单位的诊断证明。经省、自治区、直辖市监狱管理机关批准后,由罪犯居住地公安机关执行,负责监督考察。人民检察院认为对罪犯适用暂予监外执行不当的,可以提出异议,批准监外执行的机关应当进行重新核查。监外执行的罪犯,当暂予监外执行的情形消失后,或者其在暂予监外执行期间有不良表现,执行机关应当要求原监狱将其收监执行。原执行监狱直接收监,不用再办理收监手续。监外执行的罪犯刑期届满时,由原监狱决定释放并办理释放手续。罪犯在暂予监外执行期间死亡的,应当及时通知监狱。

五、假释

1. 假释的概念

假释是一种刑罚执行制度。所谓假释,是指被判处有期徒刑、无期徒刑的犯罪分子,在执行一定刑期后,如果认真遵守监规,接受教育改造,确有悔改表现,释放后不致再危害社会,附条件地提前释放的一种刑罚执行制度。假释是我国严惩与宽大处理相结合的刑事政策在刑罚执行制度上的具体体现。正确地执行假释,有利于促进犯罪分子的积极改造,树立犯罪分子改造的决心和信心,从而提高改造质量。

假释并不是释放,释放是只要刑期届满便无条件地解除对犯罪分子的监禁,恢复其人身自由,假释则是对犯罪分子有条件的提前释放,在假释考验期内犯罪分子还必须遵守一定的规定,违反法定的规定的,有可能重新收监执行原来剩余的刑期。

2. 裁定假释的具体条件

根据《刑法》第八十一条的规定,适用假释的条件如下。

(1)适用假释的对象必须是被判处有期徒刑或无期徒刑的犯罪分子。这意味着被判处管制、拘役和死刑缓期执行的犯罪分子,不适用假释。但死刑缓期2

年执行的,在 2 年暂缓执行期届满被减为有期徒刑或无期徒刑的,是可以适用假释的。

(2) 在适用的对象符合有期徒刑或无期徒刑的条件时,还必须满足这样的条件:他们不是累犯,也不能是因犯杀人、爆炸、抢劫、强奸、绑架等暴力性犯罪被判处十年以上有期徒刑的,这些犯罪罪行严重,主观恶性和人身危害性大,难以改造,不适用假释。

(3) 必须已经执行一定的刑期后,才能适用假释。被判处有期徒刑的犯罪分子,执行原判刑期二分之一以上,被判处无期徒刑的犯罪分子,实际执行十年以上,才可以适用假释。另外,根据刑法的规定,如果有特殊情况,经最高人民法院核准,可以不受上述执行刑期的限制。

(4) 最后是假释的实质性条件,也是假释的根本条件,即符合前述三项条件的犯罪分子必须是认真遵守监规,接受教育改造,确有悔改表现,假释后不致再危害社会的,才可以假释。否则,不得假释。

1997 年 10 月 28 日,最高人民法院《关于办理减刑、假释案件具体应用法律若干问题的规定》对假释的适用条件作了更为详细的规定,更具有操作性,主要体现在以下几个方面。

(1) 对什么是"确有悔改表现"和"不致再危害社会",规定了具体的考量标准。"确有悔改表现"是指同时具备以下四个方面条件:认罪服法;认真遵守监规,接受教育改造;积极参加政治、文化、技术学习;积极参加劳动,完成生产任务。"不致再危害社会",是指罪犯在刑罚执行期间一贯表现好,确已具备本规定第一条第(一)项所列情形,不致违法、重新犯罪的,或者是老年、身体有残疾(不含自伤致残),并丧失作案能力的。

(2) 对死缓犯的假释作了规定。即对死刑缓期执行罪犯减为无期徒刑或者有期徒刑后,符合刑法第八十一条第一款和本规定第九条第二款规定的,可以假释。

(3) 对未成年人的假释作了更为宽缓的规定,即对犯罪时未成年的罪犯的假释,在掌握标准上可以比照成年罪犯依法适度放宽。未成年罪犯能认罪服法,遵守监规,积极参加学习、劳动的,即可视为确有悔改表现予以减刑,其减刑的幅度可以适当放宽,间隔的时间可以相应缩短。符合刑法第八十一条第一款规定的,可以假释。

(4) 对老年和身体有残疾的罪犯的假释作了特殊规定,即对老年和身体有残疾(不含自伤致残)罪犯的减刑、假释,应当主要注重悔罪的实际表现。对除刑法第八十一条第二款规定的情形之外,有悔罪表现,丧失作案能力或者生活不能自理,且假释后生活确有着落的老残犯,可以依法予以假释。

(5) 根据刑法的规定,如果有特殊情况,经最高人民法院核准,假释可以不受有关执行刑期的限制。对刑法第八十一条第一款规定的"特殊情况",作了具体规定,"特殊情况"是指有国家政治、国防、外交等方面特殊需要的情况。

3. 裁定假释的法律程序

对于犯罪分子的假释程序,根据刑法和监狱法的规定,和减刑的程序一样,对于有期徒刑犯的假释,由监狱提出建议,提请罪犯服刑地的中级人民法院裁定。被判处无期徒刑的罪犯的假释,由监狱提出建议,经省、自治区、直辖市监狱管理局审核同意后,提请罪犯服刑地的高级人民法院裁定。人民法院应当自收到假释建议书之日起一个月内予以审核裁定;案情复杂或者情况特殊的,可以延长一个月。人民法院应当组成合议庭进行审理,对确有悔改、符合假释条件的,裁定予以假释。非经法定程序不得假释。假释裁定的副本应当抄送人民检察院。人民法院裁定假释的,监狱应当按期假释并发给假释证明书。对不符合法律规定的减刑、假释条件的罪犯,不得以任何理由将其假释。人民检察院认为人民法院减刑、假释的裁定不当,应当依照刑事诉讼法规定的期间提出抗诉,对于人民检察院抗诉的案件,人民法院应当重新审理。

进入社区矫正的假释犯,其矫正期限为法院裁定的假释考验期限。有期徒刑的假释考验期限为没有执行完的刑期;无期徒刑的假释考验期限为10年。假释考验期从假释之日起计算。

六、剥夺政治权利

1. 剥夺政治权利的概念

剥夺政治权利是我国刑罚附加刑之一,是一种资格刑,是人民法院依法剥夺犯罪分子参加国家管理与政治活动权利的刑罚方法,在刑罚体系中剥夺政治权利属于从属地位。

剥夺政治权利是一种严厉的政治性惩罚。剥夺政治权利虽然是附加刑,但剥夺的是犯罪分子本应享有的政治权利,即参加国家管理与政治活动的权利。从适用的对象来看,剥夺政治权利主要适用于犯罪性质较重的犯罪分子,对于被剥夺政治权利的犯罪分子来讲,其政治生命近乎死亡。

剥夺政治权利只能由人民法院依法判决对犯罪分子适用,其他任何机关、个人都无权适用。

2. 剥夺政治权利的适用方法

剥夺政治权利既可以独立适用也可以附加适用,分别适用于不同性质的犯罪。当它附加适用时,是作为一种严厉的刑罚方法适用于性质严重或危害性大的犯罪。根据刑法总则的规定,对于危害国家安全的犯罪分子应当附加剥夺政治权利;对于故意杀人、强奸、放火、爆炸、投毒、抢劫等严重破坏社会秩序的犯罪分子,可以附加剥夺政治权利;对于被判处死刑、无期徒刑的犯罪分子,应当剥夺政治权利终身。刑法分则有 30 个罪名可以附加剥夺政治权利。第一章危害国家安全罪中有 8 个罪名可以附加适用剥夺政治权利;第四章侵犯公民人身权利、民主权利罪中有 4 个罪名可以附加适用剥夺政治权利;第六章妨害社会管理秩序罪中有 14 个罪名可以附加适用剥夺政治权利;第七章危害国防利益罪中有 4 个罪名可以附加适用剥夺政治权利。

独立适用剥夺政治权利的,是作为一种轻刑而适用于危害性不大的犯罪,具体依照刑法分则的规定。

第二节　社区矫正工作者

一、社区矫正工作者的概念和范围

社区矫正工作者,是指依托执法权限或专业知识,在社区内针对矫正对象开展管理和矫正等工作的人员。

关于社区矫正工作者的界定范围,目前在社区矫正实践过程中还存在认识上的偏差。在传统的重刑思想的影响下,有人认为,社区矫正既然是刑罚的执行方式,社区矫正工作者就应该是指社区矫正机关的政府工作人员——国家公务员,这种界定实际上仅仅将具有执法权的官方矫正机构的工作人员如司法助理员和派驻到社区协助社区矫正的公安民警视为矫正工作者,而把其他一切社区矫正参与者、民间志愿者排除在社区矫正工作者范畴之外。以上观点忽视了社区矫正的基本性质,社区矫正工作既具有明显的专业性,同时又具有浓厚的群众性,作为刑罚执行工作的社区矫正,是一项严肃的执法活动,当然需要刑事司法人员的主持和参与,但作为一项带有人道主义色彩的社会工作,社区矫正又是一项与一般执法活动的严厉性相区别的更多带有人文关怀色彩的社会工作,特别需要更多社会力量的参与。

也就是说,社区矫正具有复合的性质,是刑罚执行、专业矫正、社会福利三个要素统一,其中每个要素在社区矫正过程中都具有矫正功能和矫正效果。当这些要素处于有机状态时,矫正效果达到最优,但当片面地强调其中的某一个要素而忽略其他要素时,则社区矫正难以达到其应有的效果。依据社区矫正是一个系统工程的观点,社区矫正工作者应该由三个部分组成:社区矫正刑罚执行工作者队伍、专业的矫正社会工作者队伍和社区矫正志愿者队伍(包括社会团体、民间组织等力量)。[①]

目前我国的社区矫正还处于试点阶段,大部分试点省市将社区矫正机关刑

[①] 参见张昱、费梅苹著:《社区矫正实务过程分析》,华东理工大学出版社 2008 年版。

罚执行人员称为专职矫正工作者,是社区矫正的主力军。同时在有些省市,如上海市,矫正社会工作者也是社区矫正工作的主要力量。但在全国大部分试点地区,由于各方面的经验还不成熟,社会对社区矫正的认知程度还不高,社会力量对社区矫正的参与程度还十分有限,社会工作及社会志愿者队伍的力量还不够强大,只是作为辅助力量而存在。但是基于社区矫正工作是社会参与性极强的一项工作,从长远考虑,社会工作者及社会志愿者(包括社会团体、民间组织等力量)将成为社区矫正工作的不可或缺的重要力量,并将发挥越来越重要的作用。因此,应初步建立以司法所工作人员为主导,包括协助社区矫正工作的公安派出所民警、社会工作人员以及社会志愿者在内的专职、兼职相结合的社区矫正工作队伍。

二、社区矫正刑罚执行工作者队伍

1. 社区矫正刑罚工作者队伍建立的必要性

无论如何,社区矫正都是刑罚的执行活动,没有刑罚(非监禁刑)的执行,也就没有社区矫正。社区矫正的对象虽然有的是真正意义上的社区服刑(如管制、监外执行、剥夺政治权利),有的是特殊的刑罚制度(如假释和缓刑),但是所有的社区矫正对象都是被判处了一定刑罚的犯罪分子,他们都曾经实施过具有严重社会危害性的行为,触犯过刑法,受到过刑事处罚,所以社区矫正首先是刑罚的执行活动,社区矫正的首要任务就是依据法律的规定执行一定的刑罚。

社区矫正作为刑罚的执行活动,势必需要以国家强制力为保障,即除了需要完善的立法、规范的执法程序以外,还特别需要建立一支社区矫正刑罚执行工作者队伍,以维护社区矫正工作的严肃性和权威性。因此,社区矫正工作的开展,首要条件就是需要建立一支社区矫正刑罚执行工作者队伍。

2. 社区矫正刑罚执行工作者队伍的组成

根据中国目前社区矫正的实践和法律环境,准确地界定刑罚执行工作者队伍的组成还有一定的难度。按照两院、两部下发的《关于开展社区矫正试点工作的通知》:"司法行政机关要牵头组织有关单位和社区基层组织开展社区矫正的试点工作,会同公安机关搞好对社区服刑人员的监督考察,组织协调对社区服刑人员的教育改造和帮助工作。街道、乡镇司法所要具体承担社区矫正的日常改造和帮助工作。"根据以上文件精神,司法行政机关是社区矫正工作的主要负责单位,司法所的司法助理员是社区矫正的工作主体。

然而依据目前我国刑法和刑事诉讼法的规定,公安机关才是社区矫正对象的执法主体。如对于管制犯的执法主体,我国《刑法》第38条规定:"被判处管制的犯罪分子,由公安机关执行。"《刑事诉讼法》在第218条也做了相同的规定;对于缓刑犯的执法主体,《刑法》第76条规定"被宣告缓刑的犯罪分子,在缓刑考验期内,由公安机关考察,所在单位或者基层组织予以配合",改变了《刑事诉讼法》第 217 条"对于被判处徒刑缓刑的罪犯,由公安机关交所在单位或者基层组织予以考察"的做法;对于假释犯的执法主体,《刑法》第 85 条规定"被假释的犯罪分子,在假释考验期内,由公安机关予以监督",《刑事诉讼法》在第 217 条、《监狱法》在第 23 条也做出了相同的规定;对于监外执行的罪犯,《刑事诉讼法》第 214 条规定"对于暂予监外执行的罪犯,由居住地公安机关执行",《监狱法》也在第 27 条做出了相同的规定;对于剥夺政治权利的罪犯,《刑法》第 58 条规定"被剥夺政治权利的犯罪分子,在执行期间,应当遵守法律、行政法规和国务院公安部门有关监督管理的规定",《刑事诉讼法》在第 218 条也做出了相同的规定。由以上规定可见,我国现行《刑法》和《刑事诉讼法》将以上五类矫正对象的刑罚执行权统一交给了公安机关,基层组织和罪犯所在单位仅享有配合和协助监督的权利。

这样就出现了两难的格局,被赋予了社区矫正工作主体地位的司法行政机关没有法定的刑罚执行权,而具有法定刑罚执行权的公安机关开展细致、复杂的社区矫正工作显然又力不从心。解决目前社区矫正执法主体和工作主体分离现状,使社区矫正工作者的工作顺理成章,社区矫正健康运行的根本途径是通过立法来解决。一是修改《刑法》和《刑事诉讼法》,把矫正对象的行刑权统一交给司法行政部门,这样司法行政部门就可以名正言顺地利用监管和教育等多种手段来矫正犯罪人,从而避免了部门间难以协调统一的矛盾和冲突。随着实践经验的积累,待时机成熟时,我国应制定专门的《社区矫正法》,对社区矫正中执法权等问题做出更加详尽的规定。

然而法律的修订需要实践经验的积累和总结,在现阶段,社区矫正的实践刚刚开始,立法及修改法律的时机尚不成熟,要想解决目前存在于执法主体与工作主体间的矛盾和冲突,唯一的途径是发挥政法委的职能优势,政法委负责各个司法部门的组织与协调工作,社区矫正中需协调的事务如依靠司法行政部门或公安部门都会感到力不从心,如果政法委能够更积极地承担起协调人和组织者的任务,解决社区矫正中由于执法主体和工作主体的分离带来的矛盾和冲突就会顺利得多,这同样会有效地促进社区矫正中不断出现的其他新问题的解决。

综上所述,在现阶段我国的法律环境下,社区矫正刑罚执行工作者队伍应包括公安民警、司法所的司法助理员,在有些试点省市,还包括抽调到社区协助社区矫正工作的监狱民警。伴随着《刑法》、《刑事诉讼法》的修改或《社区矫正法》的制定,社区矫正刑罚执行工作者队伍的组成会更加明确。

3. 社区矫正刑罚执行工作者的具体任务

根据最高人民法院、最高人民检察院、公安部、司法部下发的《关于开展社区矫正试点工作的通知》的规定,社区矫正的具体任务主要有三项,其中的首要任务就应该主要由社区矫正刑罚执行工作者来承担,即"按照我国刑法、刑事诉讼法等有关法律、法规和规章的规定,加强对社区服刑人员的管理和监督,确保刑罚的顺利实施"。

根据以上文件规定,社区矫正刑罚执行工作者的任务主要包括以下几个方面:

一是接收矫正对象,办理衔接手续。

二是对矫正对象进行日常管理。主要是具体实施各种社区矫正的管理制度,主要有例会制度、请示报告制度、信息报送制度、统计以及内部监督等制度。

三是对矫正对象进行监督。主要指对社区矫正对象是否遵守相关规定实施监督,会同公安机关对社区服刑人员进行监督。

四是考核、评估、奖惩。对社区服刑人员进行考核,根据考核结果实施奖惩。

五是完成社区矫正上级领导机构、工作机构布置的相关工作。

六是依法履行其他职责。

4. 社区矫正刑罚执行人员应遵守的工作纪律

根据试点省市的经验,社区矫正刑罚执行人员应遵守的工作纪律主要有:

(1) 提高执法意识,忠于职守,服从安排,严格履行职责。

(2) 形成合力,积极主动,加强与地方各级组织的团结合作。

(3) 秉公执法,严格依照制度和规定开展考核奖惩工作。

(4) 遇有特殊情况、问题或重大事宜,及时反映和报告,不瞒报,不迟报。

(5) 对矫正对象提出的问题和反映的情况及时解答和处理,不推诿,不懈怠。

(6) 社区矫正工作人员找矫正对象谈话必须保证两人以上。

(7) 不得利用矫正对象及其家属谋私利或接受馈赠和宴请等。

三、社区矫正社会工作者

1. 社区矫正社会工作者的概念及其参与社区矫正工作的必要性

社区矫正领域的社会工作者,是社区矫正工作者的重要组成部分,是指具备一定条件的专门从事社区矫正工作的社会工作专业人员。

社区矫正首先是一种刑罚执行活动,但是坚持社区矫正是刑罚执行的基本观点的同时也要注意不要把问题简单化,将社区矫正单一地理解为刑罚执行,这样将会导致社区矫正的片面化。实质上,社区矫正的性质虽然是刑罚执行,但更重要的是对矫正对象进行矫正。在社区矫正过程中,惩罚、监督、管理都不是刑罚执行的终极目标,社区矫正的终极目标是矫正犯罪人的犯罪心理和行为恶习,并促使其顺利地回归社会。社区矫正对象存在的诸如社会态度、认知、行为、心理、社会交往、家庭、社会支持、社会联结、社会适应等具体问题，需要运用专业的工作理念和方法，来解决矫正对象的问题，并恢复矫正对象的社会功能，激发矫正对象的潜能，促进矫正对象的自我发展，从而使他们回归社会，成为社会的正常成员。专业矫正的功能在于使对矫正对象的管理由外在管理转向内在管理，并实现内在管理和外在管理的有机统一。专业矫正的方法主要是社会工作方法[1]。

最高人民检察院、最高人民法院、司法部、公安部2005年颁布的《关于扩大社区矫正试点范围的通知》中提出："社区矫正工作是将罪犯放在社区内，遵循社会管理规律，运用社会工作方法，整合社会资源和力量对罪犯进行教育改造，使其尽快融入社会，从而降低犯罪率，促进社会长期稳定与和谐发展的一种非监禁刑罚执行活动。"自此，社会工作方法已经作为专业矫正方法被明确定位，矫正社会工作者也成为社区矫正工作者队伍中的重要组成部分。

这就要求我们一方面要建立一支专业化的矫正队伍，以使矫正对象进入社区矫正后在面临众多问题时，能够得到专业的解答，另一方面要发展专业性的矫正技术，以使社区矫正获得良好的效果，从而达到促使矫正对象顺利回归社会、融入社会的根本目标。

在社会工作者介入社区矫正过程这方面，上海市发挥了带头作用。2004年1月，上海市成立了第一家民办非企业、非营利性质的社会工作者参与社区矫正的组织——上海市新航社区服务总站，它通过与上海市社区矫正办公室签订《政府采购服务合同》，参与社区矫正工作，协助社区矫正机构实施社区矫正措施。继上海市之后，2004年1月29日，北京市第一家在民政部门登记注册的街道社区矫正中心——北京市西城区新街口街道阳光社区矫正服务中心成立，成为在社区矫正中利用社会工作者开展社区矫正工作的具体组织形式。随后，在全市建成多个民办非企业性质的阳光社区矫正服务中心，进一步扩大利用社会工作者参与社区矫正工作的规模。

2. 社区矫正社会工作者应具备的基本素质

矫正社会工作是社会工作的一种特殊形式，具有其内在的特殊性和规律性，从事社区矫正的社会工作者除需要具备社会工作者的基本素质外，还需要具备以下基本理念和必要素质。

（1）社区矫正社会工作者需要树立有关社区矫正的基本理念。社区矫正的部分内容虽然是刑罚的执行，但此刑罚执行已完全不同于监狱行刑。传统监狱中刑罚的执行主要是对罪犯的管理和惩罚，对罪犯的矫正教育重视不够。如今随着社区矫正工作的开展，人们对社区行刑的认识正在不断加深，作为社区矫正

---

[1] 参见张昱、费梅苹著：《社区矫正实务过程分析》，华东理工大学出版社2008年版。

社会工作者,对社区矫正的价值理念更应该有深刻的体会和认识。

首先,要求社区矫正社会工作者要理解教育刑论的科学内涵,对我国实施社区矫正的必要性有正确的认识。观念决定态度,态度决定行为。社区矫正社会工作者开展社区矫正工作的前提是必须认识到社区矫正工作的价值和意义。众所周知,传统的报应刑观念认为,既然犯罪人实施了危害社会的行为,就应该遭受惩罚,只有这样才能实现社会的公平与正义,至于这种惩罚是否能够实现再次犯罪的预防则不被关注。随着犯罪原因的多样化、复杂化,社会犯罪率不断上升,报应刑论指导下的刑事司法实践对社会犯罪的预防显得力不从心。严峻的社会犯罪现实使人们不得不对传统的行刑理念进行反思并逐渐认识和接受了教育刑的基本理念。教育刑论认为,刑罚之所以应该存在,不是因为惩罚本身具有某种值得追求的内在价值,而是因为它具有服务社会的目的性的工具价值。刑罚不能以惩罚本身作为目的,而只能以预防犯罪的发生为目的,也就是说,刑罚的目的不是通过消极的物理强制作用使特定的人丧失犯罪的能力,而是通过积极的教育、矫治而使特定的人不愿再犯。即犯罪人的人格可以改变,通过这种改变,犯罪人就会自觉遵守法律,从而预防犯罪的发生。从犯罪人的角度来看,教育和矫正罪犯可以使之改恶从善、适应社会、顺利地回归社会,过上正常的社会生活。从社会的角度看,犯罪人矫正之后就可以避免社会免遭进一步损害,社会安全得到了极好的维护,因此,刑罚关注的焦点是教育、矫正、改造罪犯和预防犯罪的再次发生。教育刑理念的产生,带动了西方国家刑事司法的重大变革,非监禁刑成为刑事司法改革的潮流,社区矫正就是其中的一种重要类型,并对犯罪的预防起到了重要的推动作用。在国际社会社区矫正制度相当发达的今天,我国及时引入社区矫正制度,符合国际刑事司法改革、行刑制度改革的潮流,势必可以有效地实现我国社会犯罪的预防。

其次,要树立罪犯为"特殊弱势群体"的理念。犯罪分子属于社会中的特殊群体,这种特殊不仅体现在其本身的犯罪人格、人身危险性方面,也体现在其重返社会后在社会生存发展方面的弱势地位。犯罪分子刑满释放后或在社区服刑期间,会面临再就业以及家庭变故等一系列问题和困难。他们周围的人群会对其冷眼相看,社会上的人也会表现出歧视的态度,这会导致他们在就业、学习以及个人发展等方面形成较之守法公民的劣势。所以我们社区矫正社会工作者在社区矫正过程中,要更多地关怀这些"弱势群体",不仅要实施各种矫正措施,还要积极地帮助他们解决实际生活困难,这才更有利于改造他们,使他们健康地复归社会。

要充分认识到,社区矫正的最大价值是通过对矫正对象的矫正,促使其社会化,顺利地回归社会,而不是对矫正对象的惩罚。在具体矫正过程中,要重视对矫正对象的帮助、感化、教育、改造,使矫正对象树立健康的自我形象,成为一个合格的守法公民。

（2）社区矫正社会工作者应掌握满足矫正对象需求、解决矫正对象问题的相关方法和技巧。社区矫正对象都是具有犯罪经历的人员，他们或多或少面临着一些问题，这要求矫正社会工作者不仅要有社会工作"助人自助"的价值观，而且还要掌握解决矫正对象各种问题的方法和技巧。

（3）社区矫正社会工作者应具备的其他素质。因为社区矫正工作具有的复杂性和特殊性，所以它对社区矫正工作者的素质有很高的要求。

首先，社区矫正社会工作者要熟悉国家有关社区矫正的法律法规及其他相关规范性文件。这是进行社区矫正工作的基本法律依据。

其次，在知识素养方面，因为犯罪原因复杂多样（包含社会因素、家庭因素、心理因素，甚至还包括罪犯生理上的因素等多重因素），针对不同的犯罪动机、原因，只有"对症下药"才能取得矫正的最佳效果，所以社区矫正工作者要懂得犯罪学、心理学、社会学及有关学科的基础和专业知识，并能够将多学科的基本理论知识运用于社区矫正工作之中。

最后，社区矫正工作者还要有一颗仁慈之心和奉献精神。对矫正对象予以尽可能多的人文关怀，将他们看作社会的弱势群体，尤其是对未成年犯，更应将他们看作失足的孩子，以人性化的矫正方式感化他们、教育他们、改造他们，使他们转变为合格的守法公民。

3. 社区矫正社会工作者的具体任务

根据最高人民法院、最高人民检察院、公安部、司法部联合下发的《关于开展社区矫正试点工作的通知》中的规定，社区矫正的具体任务中有两项应该主要由社区矫正社会工作者来承担，这两项任务是："通过多种形式，加强对社区服刑人员的思想教育、法制教育、社会公德教育，矫正其不良心理和行为，使他们悔过自新，弃恶从善，成为守法公民"；"帮助社区服刑人员解决在就业、生活、法律、心理等方面遇到的困难和问题，以利于他们顺利适应社会生活"。

根据以上文件规定，社区矫正社会工作者的工作任务主要包括以下几个方面。

一是制定矫正计划、方案，具体实施矫正措施。主要包括对矫正对象的心理矫正和行为矫正等。

二是提供帮助、服务。协调有关部门和单位为社区服刑人员提供职业培训和就业指导，为符合条件的社区服刑人员提供最低生活保障，为社区矫正对象遇到的其他问题提供指导和帮助。

三是教育、培训。对矫正对象进行形势政策教育、法制教育、公民道德教育以及其他方面的教育，培训和指导社区矫正其他工作人员，如专业技术人员、志愿者等。

四是加强与社会志愿者以及其他矫正力量的协调与配合,努力形成工作合力,最大限度地为矫正工作服务。

4. 社区矫正社会工作者队伍的专业化和业务培训

(1) 社区矫正社会工作者队伍的专业化。鉴于社区矫正工作的复杂性和艰巨性,建立一支专业化的社区矫正工作者队伍势在必行。促进社区矫正社会工作者队伍的专业化,应该做好以下几项工作。

首先,应通过社区矫正社会工作者队伍的职业化建设来推动其专业化进程。即,在社会工作职业刚刚被社会接纳的今天,明确矫正社会工作者的职业地位,并在矫正社会工作者的岗位设置、福利待遇、成长阶梯等方面做出一系列制度安排,这种做法可以防止社区矫正社会工作人才大量流失,同时也可以鼓励一大批具有良好专业技能的社会工作者在社区矫正工作中发挥重要作用。

其次,社区矫正是一项专业性、法律性和技术性都很强的工作,对矫正工作者的能力、素质等都提出了较高的要求,因而,组建矫正工作者专业队伍,必须重视选拔工作。被选拔上来从事社区矫正的社会工作者,要了解与社区矫正相关的法律知识,要具有矫正社会工作的基本理念,并能够使用社会工作的专业方法开展社区矫正工作。

再次,要做到责权明确、管理科学、强化监督机制、加大保障力度,保障社区矫正工作者的福利待遇。

最后,有针对性地开展社区矫正工作业务培训,可选择开展定期和短期的矫正业务培训班,切实提高社区矫正社会工作人员的综合素质,努力创建业务素质高的专业化的社区矫正队伍,为顺利地实施社区矫正工作打下良好的基础。

(2) 社区矫正社会工作者的业务培训。对罪犯进行矫正,特别是在社区对罪犯进行矫正,是一项非常复杂的专业性工作,社区矫正工作者需要具备社会学、犯罪学、犯罪心理学、教育学等多门学科的专业性知识,所以对社区矫正社会工作者,包括矫正机关的工作人员以及社会志愿者的要求都比较高,这是做好社区矫正工作的基础性条件;而且社区矫正在我国也是一项新鲜事物,至今试点工作才进行了四年多的时间,处于积累经验阶段,大部分社区矫正社会工作者都没有丰富的社区矫正经验,所以,对社区矫正社会工作者的培训是必要的,而且迫在眉睫。

对社区矫正社会工作人员的培训一般应由司法行政机关组织辖区内专职社会工作人员进行集中学习,举办定期或不定期的社区矫正业务培训班,聘请高等院校、研究机构或有关单位的专家进行讲授,以提高其业务素质。同时,还可以组织专职工作人员前往社区矫正工作做得比较成功的试点地区进行考察,学习经验。

四、社区矫正志愿者队伍

1. 社区矫正工作志愿者的概念和特点

社区矫正工作志愿者,是指在社区矫正中自愿或者由专业工作人员邀请无偿为社区矫正工作提供一定服务的社会人员。

社区矫正工作志愿者,是司法部颁布的《司法行政机关社区矫正工作暂行办法》中的称谓,两院、两部联合下发的《关于开展社区矫正试点工作的通知》直接称之为社会志愿者,这里我们称之为社区矫正工作志愿者。

一般来说,社区矫正工作志愿者具有下列特点:第一,社区矫正工作志愿者都是兼职人员,他们仅仅在自己工作之余或者在退休之后,利用一定时间从事社区矫正工作。第二,他们不领取薪水。社区矫正机构可以根据他们的工作情况,发放一定的工作补贴。第三,社区矫正工作志愿者有的是社区矫正工作的专业人员,比如来自高校的专家或心理咨询机构的心理专家;还有的不具备开展社区矫正工作的专业技能,比如社区内的离退休人员,这时,社区矫正专业工作人员一般会对他们进行简单的业务培训和指导。第四,志愿人员的流动性较大。他们是否继续从事社区矫正工作,完全取决于自己,而不受社区矫正机构的制约,不接受社区矫正机构的强制性管理。

2. 社区矫正工作志愿者参与社区矫正工作的必要性

社会志愿者参与社区矫正工作是由社区矫正工作本身的特点和我国的国情决定的。

首先,社会的广泛参与性本身就是社区矫正的重要特点。因此,社区矫正机构有必要整合社区一切可利用资源为矫正对象服务,充分发挥基层群众自治组织、社会团体和社会志愿者的作用,积极参与和协助社区矫正的工作。只有社会的广泛参与,才能使矫正对象感到社会的温暖、感到社会并没有将他们抛弃,使他们增强社会责任感,有利于他们的自我改造与提升。

其次,我国专业社区矫正队伍力量薄弱,社区矫正机构中从事社区矫正专业工作的人员有限,有必要吸纳社会人员参与,共同推动社区矫正事业的发展。

再次,社区矫正工作志愿者的参与有利于社区矫正的宣传。广泛吸收社会志愿者参与社区矫正,本身就起到向社会宣传社区矫正理念、政策、制度的作用。一方面,志愿者自己通过参与社区矫正工作了解社区矫正的意义;另一方面,这些参加过社区矫正工作的志愿者会用自己的亲身经历,言传身教,告知周围的人群,扩大社会对社区矫正的了解、认识,使社区矫正制度、理念深入人心,也可以吸引更多的志愿者参与。

最后,社会志愿者参与社区矫正也是世界各国的惯例。在世界其他推行社区矫正的国家,都非常重视社区力量的参与。日本实施社区矫正的过程中就有保护观察官、保护司、改造保护法人及民间志愿者等各方面力量的参与。保护司是"具有社会奉献精神,在帮助犯罪人改造自新的同时,努力启发有关犯罪的舆论,从而净化地域社会,为个人及公共利益做贡献"的民间志愿者,编制为52 000人之内;改造保护法人是从事改造保护的民间团体,从事持续性保护事业、一时性保护事业、联络促进事业等工作;民间协助组织,包括各种从民间立场参与改造保护的民间志愿组织。从这些组织可以看出,虽然社区矫正是政府职能之一,但是社区在社区矫正工作中发挥着更为积极的作用,民间力量是社区矫正的主要资源。我国台湾的《更生保护条法》和《更生保护法实施细则》也专门规定了民间人士参与更生保护的方法、程序,而且从实践来看,其更生保护主要的基础工作就是由社区力量来完成的。其他如英国、美国等国家的社区矫正也积极利用社会力量参与改造保护事业,并取得了良好效果。

我国在社区矫正试点过程中,也要积极探索适合我国国情的利用社区资源参与社区矫正的具体方式和途径。充分发挥国家专门机关的业务优势,积极组织社会力量参与社区矫正事业,增强矫正的力量。促进社区矫正的专门性与群众性相结合是社区矫正工作取得成功的关键,参与社区矫正试点工作的省市,都认识到在社区矫正工作中使用志愿人员的重要性,因而在规范性文件中也都涉及了这方面的内容,都开展了招募志愿者、组建志愿者队伍的工作。

3. 社区矫正工作志愿者应具备的基本素质

根据司法部《司法行政机关社区矫正工作暂行办法》的规定,社区矫正工作志愿者应当具备下列条件:

(1) 拥护宪法,遵守法律,品行端正;

(2) 热心社区矫正工作;

(3) 有一定的法律政策水平、文化素质和专业知识。

根据各地区社区矫正试点工作的经验,社区矫正工作志愿者应当具备以下几项条件:到达一定年龄(不一定非要是年满18周岁的公民,未成年人也可以);具备良好的政治素质,热爱社区矫正工作,乐于奉献,有较强的社会责任感;具有一定的组织协调、语言表达和沟通交往能力,能够根据工作需要有效协调并获得社会资源的支持;具有法学或教育学、心理学、社会学、伦理学、犯罪学、改造学等方面的专业知识,掌握一定的思想教育方法;身体健康。

社区矫正工作志愿者主要是以下人员或来自以下领域:在职或离退休的政法系统干部、公务员、工会、共青团、妇女干部、教师;法学、教育学、心理学、社会学、伦理学、犯罪学、改造学等教育研究人员或高校学生;社区管理干部、企业领导干部、私营企业主;其他热心于社区矫正事业的人员。

4. 组建社区矫正工作志愿者队伍的方法和途径

第一，各地区要举办集中或定期的志愿者招聘活动。集中招聘可通过共青团组织、工会、妇联、学校和行业协会组织大型集中招聘会，广泛招聘有意参加社区矫正志愿工作的社会人员；定期招聘由市、区县级司法行政部门负责，确定每月的某日或某几日为招聘报名日，由报名者直接到指定的报名点报名。

第二，登记制度。一般由市、区县级司法行政机关负责登记事项，将报名的社区矫正工作志愿者统一造册登记，并分门别类予以登记。要注明志愿者的各类具体情况，主要是职业身份、专业特长、可参加志愿者活动的时间、倾向工作地点等重要信息，建立社区矫正工作志愿者人才库。

第三，加强对社区矫正工作志愿者的业务培训，有很多志愿者不是社区矫正的专业人员，不了解社区矫正工作的特殊性，有的甚至对社区矫正的基本情况都不了解，所以对志愿者进行上岗前的培训是组建专业化的社区矫正工作志愿者队伍所必需的。

第四，加强社区矫正工作志愿者管理、考核、奖惩工作。可以成立市、区县级社区矫正志愿者工作站，对社区矫正志愿者进行日常管理、教育培训，组织志愿活动等工作。市、区县司法局、团委、志愿者协会建立联席会议制度，定期交流情况，及时研究解决工作中的问题，共同组织对社区矫正志愿者的考核。考核内容包括：累计服务时间、连续从事志愿服务时间、服务效果、在志愿活动中的突出个案等。司法局每年年底对社区矫正志愿者进行评比、表彰等。

5. 社区矫正工作志愿者应遵循的职业道德和工作纪律

在职业道德方面，社区矫正工作志愿者应本着"治病救人"的心态关心、爱护、帮助矫正对象，积极帮助他们解决生活实际困难，教给他们为人之道，帮助他们重新适应社会，帮助他们重新树立健康的、积极的人生目标和理想，以改造他们的犯罪人格，成为有信心重归社会的守法公民。

在工作纪律方面，要严格遵守社区矫正的法律法规，特别是在帮助监督矫正对象时，要严格根据法律的规定，监督矫正对象的行为；接受矫正机构安排的工作任务后，严格按照工作任务安排进行，准时到岗，事前作必要的准备，事中遇到问题积极汇报请示，事后积极汇报工作成果。

五、其他社会力量

1. 社会团体等民间组织是参与社区矫正工作的重要力量

中国民间组织主要有两类，一类是社会团体，另一类是民办非企业单位。

社会团体是由公民自愿组成的，为实现会员共同目标，在宪法规定人民享有广泛结社自由的政治权利下通过合法程序而建立起来的组织集体，是按照其章程开展活动的非营利组织。它主要指行业协会、联合会、商会、基金会、促进会、学会、研究会、联谊会等社会团体。我国目前众所周知的八大人民团体是：工会、工商联、台联、侨联、妇联、共青团、科协、文联。社会团体是当代中国政治生活领域的重要组成部分，均依据宪法和法律独立自主地开展活动，在联合并团结全国的职工、青年、妇女以及各界人士、参与国家和地方的政治生活、协调社会公共事务、维护群众合法权益方面发挥着巨大的作用。目前，中国的全国性社会团体已近两千个。社会团体在社区中的功能表现在以下四个方面：政治参与、经济协调管理、社会服务管理以及精神文明建设管理。另有学者则认为新时期的社会团体在社区中的功能表现在以下四个方面：社会稳定功能、市场中介功能、促进经济功能、社区建设功能。对社会团体功能的认识不一样是因为学界对于社会团体的范围界定有所区别。但是，不管从何功能而言，社会稳定或者社会服务功能和社区建设功能是其应有之意。社区矫正是社区建设功能的一个重要方面，社区矫正工作的成功也是维护社会稳定的重要因素，可见，基于社会团体的职责，其在社区矫正工作中发挥重要作用是必然的。

民办非企业单位是由企业单位、社会团体和其他社会力量以及公民个人利用非国有资产举办的、从事非营利社会服务活动的社会组织。它主要包括：民办的学校、医院、福利院（敬老院）、研究所（院）、文化馆（所）、体育机构等。民办非企业单位的功能主要是面向社会、为满足社会某种需求而开展服务。其社会定位是凭借专业知识和技能，服务于社会，满足人民需求的社会中介组织。其组织形式是具有一定专长的单位成员，根据双向选择的原则和一定组合形式，组成稳定型的单位实体。其管理方式是实行岗位责任制。其工资报酬形式是实行按劳取酬。民办非企业单位在社区矫正中的作用是非常积极的，例如医院、福利院（敬老院）以及文化馆和体育机构等，都将在社区矫正中对罪犯生活恶习的矫正起着不可替代的作用。

2. 高等院校、研究机构等专业机构对社区矫正工作的参与

目前我国部分高校的社会学和刑法学专业对社区矫正有着充分的研究，有的高等院校整合犯罪学、社会学、心理学等专业力量共同研究社区矫正问题，拥有一批社区矫正问题研究专家，并培养了一大批社区矫正专业人才。官方的或民间的有关研究机构，如中国社会科学院法学研究所、司法部预防犯罪研究所、地方省级司法厅预防犯罪研究所等，对社区矫正的研究已相当深入，也拥有一大批社区矫正问题研究专家。

高等院校或各研究所的专家在为社区矫正工作提供理论支持方面发挥着不可替代的作用。目前全国试点地区的社区矫正工作开展时间不长，有的地区才刚刚开始，经验匮乏，社区矫正对很多社区矫正工作者来说还是新鲜事物，实际工作中，甚至不知从何下手，缺乏社区矫正的新理念。所以大多数社区矫正工作

者需要培训,而这些培训工作大部分是由高校或研究机构的教授、专家承担。他们对社区矫正工作者的培训不仅仅针对社区矫正的实务工作程序,更重要的是让社区矫正工作者树立崭新的社区行刑理念。

另外,高等院校的相关院系还可以组织学生志愿者队伍以及实习队伍参与社区矫正工作。相关专业的大学生,有机会深入社区实践,不仅充满工作热情,而且有着专业理论知识,同时大学生本身对矫正对象而言也是很好的正面教材,他们参与社区矫正工作,无疑为社区矫正工作带来了勃勃生机,因而也是社区矫正工作中不可忽视的社会力量。

3. 家庭在社区矫正工作中的角色

根据《现代汉语词典》的解释,"家庭"是指以婚姻和血统关系为基础的社会单位,包括父母、子女和其他共同生活的亲属。家庭在中国有其特殊的含义,许多罪犯的犯罪原因中,除了个人因素、社会因素外,家庭因素也往往是主要因素之一,如父母离异、过分溺爱等,对罪犯犯罪心理的形成有直接影响。在社区矫正中,家庭也起着很重要的作用。因为中国社会拥有浓厚的"家庭"观念,如果家庭不给予罪犯相应的帮助和温暖,则很难带动罪犯转变。因此可以说,家庭是社区矫正中最直接、最关键的社会力量之一。

4. 社区矫正对象原单位在社区矫正工作中的角色

这里所谈的原单位主要是指用人单位或者罪犯原单位。大部分社区矫正的对象离开监狱后,在经济生活上有很大的困难,就业更是面临很大问题。社区中的用人单位或者罪犯的原单位能否接纳这些社区矫正人员是社区矫正工作实施效果理想与否的重要条件。当然,用人单位或者罪犯的原单位在接纳社区矫正对象时,不得违反其他法律的强行性规范,如因犯罪受过刑事处罚的人不得录用为国家公务员,原来就是国家公务员的还应予以开除。同时,用人单位或罪犯的原单位也享有《劳动法》赋予其应有的权利。但是,为了让罪犯积极有效地改造,用人单位或者罪犯原单位应该在遵守法律法规的情况下,在一定条件下应积极配合社区矫正工作者的社区矫正工作。

第十章 社区矫正工作的内容

社区矫正工作的内容主要包括管理、矫正、帮助、教育、培训等几个方面。

第一节 社区矫正对象的管理

一、社区矫正对象档案、信息资料管理

对矫正对象的档案资料以及信息资料的有效存储、管理是整个社区矫正系统工程中重要的一环。信息是当今社会的一项重要的社会资源，信息量的大小、信息的准确度、获取信息的难易程度都直接影响着现代人的生活和工作。有关矫正对象的档案资料以及社区矫正的信息的存储、管理的好坏，是否能够有效快捷地获取信息，对社区矫正工作的进展、矫正效果有很大的影响。

实现对矫正对象个人档案资料的有效管理，首先，矫正机构要建立专门的矫正对象档案资料库，为每个矫正对象建立个人档案，以方便矫正工作者或其他有关部门查阅、调查等，矫正机构应该设专人负责对矫正对象个人档案资料的管理。其次，在建立档案时，应该做到档案资料有序化，保证档案资料内容的真实性。有新的变化，需要变更、补充的，要及时填写。最后，在信息化管理问题上，有条件的地方，矫正机构可以建立网络档案资料，为每个矫正对象的个人档案库设定一个账户和密码，只有工作人员和矫正对象自己可以查看，矫正工作者根据实际情况有修改权，而矫正对象自己没有修改权，仅有查阅权，主要是及时查看针对自己的矫正计划、方案，但可以开设留言栏或自我评价栏目，可以让矫正对象在网上写自己的矫正经历、矫正体会、思想汇报等内容。网页上还可以设置矫正对象相互之间的交流园地，以增加矫正对象之间间接交流的机会。

另一方面，要对整个社区矫正信息进行信息化、网络化管理。从宏观上来考虑，在国家层面上，应该建立一个专门的社区矫正官方网站，及时发布国家有关

社区矫正的法律、法规、政策,发布有关社区矫正的最新研究成果,发布全国社区矫正工作的总体情况等信息。在地方层面上,每个地区的矫正机构在相应的网站上及时发布本地区有关社区矫正的地方性法规、规章、办法、守则等规范性文件,发布本地区有关社区矫正工作的情况,比如社区矫正机构建设情况、矫正工作者队伍情况、矫正工作志愿者情况、矫正对象的接收情况、矫正工作的进展情况以及取得的矫正效果情况等等,以便各方面及时了解。

二、被判处管制社区矫正对象的管理

1. 被判处管制社区矫正对象的管制内容

根据现行刑法的规定,被判处管制的社区矫正对象,在执行期间,应当遵守下列规定:

(1) 遵守法律、行政法规,服从监督;

(2) 未经执行机关批准,不得行使言论、出版、集会、结社、游行、示威自由的权利;

(3) 按照执行机关规定报告自己的活动情况;

(4) 遵守执行机关关于会客的规定;

(5) 离开所居住的市、县或者迁居,应当报经执行机关批准。对于被判处管制的犯罪分子,在劳动中应当同工同酬。

1995年《公安机关对被管制、剥夺政治权利、缓刑、假释、保外就医罪犯的监督管理规定》第十条对被判处管制的罪犯应遵守的规定也作了基本相同的规定。

2004年5月9日,司法部印发了司法部第七次部长办公会通过的《司法行政机关社区矫正工作暂行办法》,第四章第二十四条规定被判处管制的社区服刑人员在社区矫正期间应当遵守的规定如下:

(1) 遵守法律、行政法规和社区矫正的有关规定,服从监督管理;

(2) 未经批准,不得行使言论、出版、集会、结社、游行、示威自由的权利;

(3) 定期报告自己的活动情况;

(4) 遵守关于会客的规定;

(5) 离开所居住的市、县或者迁居,应当报告司法所,并经公安机关批准;

(6) 遵守其他具体的监督管理措施。

2. 被判处管制社区矫正对象执行期限的计算方法

管制是有期限的,管制的期限为3个月以上、2年以下。管制的刑期,从判决执行之日起计算,判决执行以前先行羁押的,羁押1日折抵刑期2日。规定羁押1日折抵刑期2日,是考虑到管制这种刑罚本身不剥夺人身自由因而不予关押犯罪人。既然犯罪人被判处管制,那么先行羁押的期间就需要折抵管制的刑期,以羁押1日折抵刑期2日的折合方法来确定犯罪人实际的服刑期是合理的,因为羁押比管制对犯罪人的拘束要重得多。

3. 被判处管制社区矫正对象的减刑条件和程序

《刑法》第七十八条关于减刑是这样规定的:"被判处管制、拘役、有期徒刑、无期徒刑的犯罪分子,在执行期间,如果认真遵守监规,接受教育改造,确有悔改表现的,或者有立功表现的,可以减刑;有下列重大立功表现之一的,应当减刑:(一)阻止他人重大犯罪活动的;(二)检举监狱内外重大犯罪活动,经查证属实的;(三)有发明创造或者重大技术革新的;(四)在日常生产、生活中舍己救人的;(五)在抗御自然灾害或者排除重大事故中,有突出表现的;(六)对国家和社会有其他重大贡献的。减刑以后实际执行的刑期,判处管制、拘役、有期徒刑的,不能少于原判刑期的二分之一;判处无期徒刑的,不能少于十年。"同时,《刑法》第七十九条规定:"对于犯罪分子的减刑,由执行机关向中级以上人民法院提出减刑建议书。人民法院应当组成合议庭进行审理,对确有悔改或者立功事实的,裁定予以减刑。非经法定程序不得减刑。"

所以对于判处管制的犯罪分子,在管制期间确有符合上述减刑条件的行为,可以减刑,但减刑以后实际执行的刑期不能少于原判刑期的二分之一。

减刑的具体程序应当是由社区矫正机关会同公安机关(公安派出所)负责对管制对象的确有悔改表现,或者有立功表现的情况进行核实,并报中级人民法院,提出减刑建议书,一般应由社区矫正机关(司法所)撰写建议书,因为矫正机关负责对这些人的社区矫正工作,对这些人的平时表现、思想状况、悔改情况比较了解,由他们撰写建议书能反映真实情况,也能体现出矫正的效果。中级人民法院收到减刑建议书后,应当组成合议庭进行审理,对确有悔改或者立功事实的,裁定予以减刑。

三、被宣告缓刑社区矫正对象的管理

1. 被裁定宣告缓刑社区矫正对象应遵守的具体规定

我国刑法规定被宣告缓刑的犯罪分子,应当遵守的规定有:

(1)遵守法律、行政法规,服从监督;

(2)按照考察机关的规定报告自己的活动情况;

(3)遵守考察机关关于会客的规定;

(4)离开所居住的市、县或者迁居,应当报经考察机关批准。

根据《司法行政机关社区矫正工作暂行办法》的规定,被宣告缓刑或者被裁定假释的社区服刑人员,在社区矫正期间应当遵守下列规定:

(1)遵守法律、行政法规和社区矫正有关规定,服从监督管理;

(2)定期报告自己的活动情况;

（3）遵守关于会客的规定；

（4）离开居住的市、县或者迁居，应当报告司法所，并经县级公安机关批准；

（5）附加剥夺政治权利的缓刑、假释社区服刑人员还必须遵守本办法第二十七条的规定；

（6）遵守其他具体的监督管理措施。

2. 缓刑考验期的计算方法

根据原判刑罚的不同刑种，刑法规定了适用缓刑不同的考验期。《刑法》第七十三条规定："拘役的缓刑考验期限为原判刑期以上一年以下，但是不能少于二个月。有期徒刑的缓刑考验期限为原判刑期以上五年以下，但是不能少于一年。缓刑考验期限，从判决确定之日起计算。"《刑法》第九十九条规定的"以上"包括本数，可见，缓刑的考验期要么与原判刑期相等，要么高于原判刑期，总之是不能短于原判刑期的。缓刑的考验期限，从判决确定之日起计算，即从判决发生法律效力之日起计算。判决确定之前犯罪分子被羁押的日期不折抵缓刑考验期限。这是因为缓刑不予关押，与羁押的性质不同，所以不应将判决前的羁押日期同缓刑考验期相抵消。

另外，宣告缓刑仅仅是针对主刑而言的，如果犯罪分子还被判处附加刑，则附加刑仍须执行，不得缓期执行附加刑。

3. 缓刑减刑的条件和程序

最高人民法院《关于办理减刑、假释案件具体应用法律若干问题的规定》第五条对此也作了详细的规定："对判处拘役或者三年以下有期徒刑、宣告缓刑的犯罪分子，一般不适用减刑。如果在缓刑考验期间有重大立功表现的，可以参照刑法第七十八条的规定，予以减刑，同时相应的缩减其缓刑考验期限。减刑后实际执行的刑期不能少于原判刑期的二分之一，相应缩减的缓刑考验期限不能低于减刑后实际执行的刑期。判处拘役的缓刑考验期限不能少于两个月，判处有期徒刑的缓刑考验期限不能少于一年。"

具体程序是：首先由社区矫正机构会同公安派出所提出书面意见，报县以上公安机关审查后，对被判处有期徒刑宣告缓刑的罪犯的减刑，提请当地中级人民法院裁定；对被判处拘役宣告缓刑的罪犯的减刑，提请当地基层人民法院裁定。人民法院应将裁定书副本同时送同级人民检察院。同时，裁定书副本也应该送该缓刑犯接受社区矫正的矫正机关和当地公安机关。

4. 缓刑的撤销条件和法律效果

根据《刑法》第七十七条的规定："被宣告缓刑的犯罪分子，在缓刑考验期限内犯新罪或者发现判决宣告以前还有其他罪没有判决的，应当撤销缓刑，对新犯的罪或者新发现的罪做出判决，把前罪和后罪所判处的刑罚，依照本法第六十九条的规定，决定执行的刑罚。被宣告缓刑的犯罪分子，在缓刑考验期限内，违反法律、行政法规或者国务院公安部门有关缓刑的监督管理规定,情节严重的,应当撤销缓刑,执行原判刑罚。"根据上述规定可知,撤销缓刑有三种情况:一是犯新罪;二是发现漏罪;三是违反有关缓刑的监督管理规定情节严重的情形。

前两种情况下,撤销缓刑,根据数罪并罚的原则将前后两罪所判的刑罚合并执行。第三种情况,撤销缓刑,执行原判刑罚。

四、被暂予监外执行社区矫正对象的管理

1. 被暂予监外执行社区矫正对象应遵守的具体规定

根据1995年公安部《公安机关对被管制、剥夺政治权利、缓刑、假释、保外就医罪犯的监督管理规定》第二十四条的规定,公安机关应当向被保外就医的罪犯宣布,在保外就医期间必须遵守下列规定:

(1) 遵守国家法律、法规和公安部制定的有关规定;
(2) 在指定的医院接受治疗;
(3) 确因治疗、护理的特殊要求,需要转院或者离开所居住区域的,必须经公安机关批准;
(4) 进行治疗疾病以外的社会活动必须经公安机关批准;
(5) 遵守公安机关制定的具体监督管理措施。

根据《司法行政机关社区矫正工作暂行办法》的规定,暂予监外执行的社区服刑人员,在社区矫正期间应当遵守下列规定:

(1) 遵守法律、行政法规和社区矫正有关规定;
(2) 在指定的医院接受治疗;
(3) 确因治疗、护理的特殊要求,需要转院或者离开居住区域的,应当报告司法所,并经公安机关批准;
(4) 进行治疗以外的社会活动应当向司法所报告,并经公安机关批准;
(5) 遵守其他具体的监督管理措施。

2. 被暂予监外执行社区矫正对象管理过程中的几个问题

一是监外执行的罪犯重新犯罪的时间是否计入服刑期问题。

经过批准外出的监外罪犯,其被许可外出期间,应计入执行期,所以该期间重新犯罪的时间计入服刑期。但超过许可的时间不计入执行期。对于未经批准而擅自离开所在地域的监外罪犯,其外出期间,不得计入执行期,所以,该期间无论重新犯罪与否都不计入服刑期。

二是监外执行犯符合减刑条件的如何办理减刑手续的问题。

监外执行犯如果符合法律规定的减刑条件,应依照《刑事诉讼法》第一百六十二条第二款的规定,由负责执行的公安派出所提出书面意见,呈报县以上公安机关审查后,提请同级人民法院裁定。要注意的是,这里指的是县以上公安机

关——包括县、市(地区)、省级公安机关,并不是仅指县公安机关。报请同级人民法院,当然也应指县、市(地区)、省各级人民法院,并非只指基层人民法院。

三是暂予监外执行的罪犯是否可以外出经商的问题。

对于暂予监外执行的罪犯,不允许离开所居住地域外出经商。被准许暂予监外执行的罪犯,因生活确有困难和谋生需要的,在不影响对其实行监督考察的情况下,经执行机关批准,可以在居住地自谋生计,家在农村的,可以就地从事一些农副业和小商品生产。

3. 将犯罪分子收监执行的具体规定

公安部 1995 年 2 月 21 日颁布的《公安机关对被管制、剥夺政治权利、缓刑、假释、保外就医罪犯的监督管理规定》中第二十五条规定:"公安机关发现被保外就医的罪犯具有下列情形之一的,应当通知原关押监狱及时收监:(1) 骗取保外就医的;(2) 经治疗疾病痊愈或者病情基本好转可以收监的;(3) 以自伤、自残、欺骗等手段故意拖延保外就医时间的;(4) 办理保外就医后并不就医的;(5) 违反监督管理规定经教育不改的。"

五、被裁定假释社区矫正对象的管理

1. 被裁定假释社区矫正对象应遵守的规定

根据《刑法》第八十四条的规定,被宣告假释的犯罪分子,应当遵守的规定有:

(1) 遵守法律、行政法规,服从监督;
(2) 按照监督机关的规定报告自己的活动情况;
(3) 遵守监督机关关于会客的规定;
(4) 离开所居住的市、县或者迁居,应当报经监督机关批准。

同时,针对假释人员应遵守的规定,《司法行政机关社区矫正工作暂行办法》规定了与缓刑相同的内容:

(1) 遵守法律、行政法规和社区矫正有关规定,服从监督管理;
(2) 定期报告自己的活动情况;
(3) 遵守关于会客的规定;
(4) 离开居住的市、县或者迁居,应当报告司法所,并经县级公安机关批准;
(5) 附加剥夺政治权利的缓刑、假释社区服刑人员还必须遵守本办法第二十七条的规定;
(6) 遵守其他具体的监督管理措施。

2. 被裁定假释社区矫正对象管理过程中应注意的几个问题

一是假释的考验期的计算问题。

根据《刑法》的相关规定:有期徒刑的假释考验期限,为没有执行完毕的刑期；无期徒刑的假释考验期为 10 年。

假释的考验期，从假释之日起计算，即从人民法院依法裁定假释之日起计算。对于有附加刑的，假释不影响附加刑的执行。若原判有附加剥夺政治权利的，从假释之日起计算。

二是假释考验期内表现好的社区矫正对象可否缩减其假释考验期限的问题。

针对假释的减刑，即假释考验期内有突出表现的是否可以缩减其假释考验期的问题我国刑法中没有规定。但针对这一问题，最高人民法院有司法解释。根据 1997 年 10 月 28 日最高人民法院《关于办理减刑、假释案件具体应用法律若干问题的规定》第十六条的规定，被假释的罪犯，除有特殊情形，一般不得减刑，其假释考验期也不能缩短。由于假释本身就是开放式的刑罚执行方式，相对于监禁状态下的刑罚执行方式，已经是相当缓和了，假释考验期内犯罪分子好的表现是假释人员应该做到的，所以，没有必要再减刑了。

3. 撤销假释的法定条件和法律效果

《刑法》第八十六条规定："被假释的犯罪分子，在假释考验期限内犯新罪，应当撤销假释，依照本法第七十一条的规定实行数罪并罚。假释考验期限内，发现被假释的犯罪分子在判决宣告以前还有其他罪没有判决的，应当撤销假释，依照本法第七十条的规定实行数罪并罚。被假释的犯罪分子，在假释考验期限内，有违反法律、行政法规或者国务院公安部门有关假释的监督管理规定的行为，尚未构成新的犯罪的，应当依照法定程序撤销假释，收监执行未执行完毕的刑罚。"

根据上述规定，撤销假释有三种情况：一是犯新罪；二是发现漏罪；三是违反有关假释的监督管理规定情节严重的情形。前两种情况下，撤销假释，根据数罪并罚的原则将前后两罪所判的刑罚合并执行。第三种情况，撤销假释，收监执行未执行完毕的刑罚。上述三种情况的发生，说明了犯罪分子的社会危险性已经达到一定程度，不再符合"不致再危害社会"的条件，即假释的实质性条件。对这类犯罪分子及时撤销假释，将他们重新收回监狱，恢复执行原来未执行的刑罚，避免他们给社会带来可能的危险，体现了刑罚执行的严肃性和正义性。

六、被剥夺政治权利社区矫正对象的管理

1. 被剥夺政治权利社区矫正对象应遵守的具体规定

根据《刑法》以及《司法行政机关社区矫正工作暂行办法》的规定，被剥夺政治权利的犯罪分子，在服刑期间被剥夺的权利有：

（1）选举权和被选举权；

（2）言论、出版、集会、结社、游行、示威自由的权利；

（3）担任国家机关职务的权利；

（4）担任国有公司、企业、事业单位和人民团体领导职务的权利。

根据上述权利的限制，服刑期间应遵守的规定具体是：

（1）遵守法律、行政法规和社区矫正有关规定，服从监督管理；

（2）不得享有选举权和被选举权；

（3）不得组织或者参加集会、游行、示威、结社活动；

（4）不得出版、制作、发行书籍、音像制品；

（5）不得接受采访、发表演说；

（6）不得在境内外发表有损国家荣誉、利益或者其他具有社会危害性的言论；

（7）不得担任国家机关职务；

（8）不得担任国有公司、企业、事业单位和人民团体的领导职务；

（9）遵守其他具体的监督管理措施。

2. 被剥夺政治权利社区矫正对象管理过程中应注意的几个问题

一是在对其进行矫正时，是否可以限制其人身自由？

根据《刑法》以及《司法行政机关社区矫正工作暂行办法》的规定，单处剥夺政治权利的矫正对象和主刑执行完毕后继续被剥夺政治权利的矫正对象的人身自由是没有被剥夺的，也没有限制的法律依据。所以，针对剥夺政治权利这类矫正对象，在矫正过程中，要注意只能监督这些人，使他们不能行使法律限制其行使的政治权利，但是，不能限制他们的人身自由。

二是剥夺政治权利的期限的计算方法。

根据刑法的规定，剥夺政治权利的期限以及期限的计算方法有以下四种情况：

（1）判处管制附加剥夺政治权利的，剥夺政治权利的期限与管制的期限相等；主刑管制与剥夺政治权利同时计算。

（2）独立适用剥夺政治权利或者主刑是有期徒刑、拘役，附加剥夺政治权利，其期限为一年以上五年以下；判处拘役或有期徒刑附加剥夺政治权利的，剥夺政治权利的刑期从拘役或有期徒刑执行完毕之日起开始计算，且在拘役或有期徒刑期间也不享有政治权利。如果有期徒刑假释的，剥夺政治权利的期间从假释之日起开始计算。

（3）对于被判处死刑、无期徒刑的犯罪分子，应当剥夺政治权利终身。

（4）在死刑缓期执行减为有期徒刑或者无期徒刑减为有期徒刑时，应当把附加剥夺政治权利的期限改为三年以上十年以下；剥夺政治权利的期间应当从减刑以后的有期徒刑执行完毕之日或假释之日起计算，主刑执行期间，当然也不享有政治权利。

三是剥夺政治权利期间是否可以获准出国的问题。

依照《中华人民共和国公民出境入境管理法》第八条的规定：被判处刑罚正在服刑的，不批准出境。剥夺政治权利虽属附加刑，仍是我国《刑法》规定的一种刑罚。所以不管是单处剥夺政治权利还是附加剥夺政治权利主刑执行完毕后还在剥夺政治权利服刑期内的，都属于正在服刑的情形，不能够被批准出国。

四是剥夺政治权利的刑期是否可以减刑，如果可以，其减刑的条件和程序是怎样的。

根据《刑法》的规定，只有被判处管制、拘役、有期徒刑、无期徒刑的犯罪分子，在执行期间，如果符合减刑条件的，才可以减刑，所以不能够单独对被剥夺政治权利的刑期进行减刑。但是，可以在主刑减刑的同时酌减。根据最高人民法院《关于办理减刑、假释案件具体应用法律若干问题的规定》，在有期徒刑罪犯减刑时，对附加剥夺政治权利的刑期可以酌减。酌减后剥夺政治权利的期限，最短不得少于一年。

所以，只有在主刑减刑的情况下才有可能缩减剥夺政治权利的刑期。具体来说，一是被判处管制附加剥夺政治权利罪犯减刑的，剥夺政治权利刑期和管制刑期相应减少，因为被判处管制附加剥夺政治权利的，其剥夺政治权利与管制期限相同且同时计算；二是在有期徒刑或者拘役刑被减刑的，其剥夺政治权利的刑期可以酌情缩减；三是在死刑缓期执行减为有期徒刑或者无期徒刑减为有期徒刑的情况下，应当把附加剥夺政治权利终身减为三年以上十年以下。

3. 被剥夺政治权利社区矫正对象管理的特殊性

被剥夺政治权利的社区矫正对象，对社区矫正的抵触情绪较大，不愿接受矫正，认为自己已不是犯人，只是没有政治权利而已。针对这种情况，我们可以采取情法并举的教育方式、宽严相济的管理模式对其进行教育管理。

第一，从人生观、价值观、遵纪守法和思想道德教育入手，加强教育，晓之以理，动之以情。利用人性化的方式，触及其思想深处，矫正其恶习，召唤出他们的理性思维和正常情感，帮助其树立正确的人生观、价值观。

第二，通过监护人的特殊身份和社区的有利条件，掌握剥夺政治权利类社区矫正对象接触的人员和活动环境，把社区矫正纳入管理视线，做好监控。利用监护人的严管和社区的监督，在确保不违法和不出现任何问题的前提下，区别于其他社区矫正对象进行管理。

第三，根据他们的家庭经济状况，帮助他们找工作，办理低保，从而确保其靠自身劳动或低保，解决他们生活无着落的问题。

第四，通过参加公益劳动，使其树立靠劳动吃饭，自食其力的思想意识。

第二节 社区矫正对象的主要问题及其矫正

由于矫正对象存在的各种各样的问题影响了他们回归主流社会的进程,因此,问题导向原则是矫正社会工作者开展矫正工作应该遵循一个基本原则。只有这样,才能加强矫正工作的针对性和有效性。从已有研究看,矫正对象存在的问题非常复杂,可以说是一个问题体系,如矫正对象的社会适应问题、社会支持问题、社会认知问题、社会态度问题、心理问题、行为问题、家庭问题、社会交往问题,等等。由于篇幅的限制,在此,选择矫正对象的社会适应问题、社会支持问题、社会交往问题进行一些简要的讨论。

一、社会适应问题及其矫正

社会适应问题是矫正对象进入社区矫正后首先面临的重要问题之一。这一问题往往成为他们重新走向犯罪的最直接的影响因素之一,因此,关注矫正对象的社会适应问题成为社区矫正成效的关键性因素之一。

尽管各种类型的社区矫正对象在社会适应问题上的表现有所不同,但可以肯定的是,社区矫正的五种对象都会面临社会适应问题。

如就假释人员而言,有三个方面的因素可能使他们适应社会的难度增大。一是社会的快速变迁。改革开放的快速发展,促使我国城乡都处于激剧的变化之中,这种变化不仅是生活方式上的,而且还是思想方式上的,也是制度建设上和城乡建设上的。矫正对象在进入监禁矫正之后,长期处于与社会隔绝的状态,他们对社会生活方式的变化、思想方式的变化、城乡建设的变化、制度政策的变化都了解不多,尽管在假释前相关机构会对他们进行相应的培训,但这也难以解决他们假释出来后适应社会的问题。有些假释对象由于长期没有在车水马龙的城市生活,假释回到城市后在马路边上不敢过马路,有些假释对象则拿着各种家用电器的遥控器不知道怎么使用。有些假释的矫正对象甚至说"在刚出来时真想重新回到监狱去"。

二是长期监狱生活所形成的"监狱人格"会阻碍他们适应新的社会生活。由于这部分矫正对象长期在封闭性的监狱生活,其交往的对象主要是监狱服刑人员,即使能够与监狱干警有所交往,但这种交往也具有不平等性,这使他们的生活方式和人格监狱化,而这种监狱化的生活方式和人格与开放社会的生活方式和人格存在根本的区别,当假释人员从监狱出来后,以其监狱的生活方式和人格与主流社会的生活方式和人格进行互动时,必然产生冲突,而这种冲突很可能会导致矫正对象走上重新犯罪的道路。

三是长期的监狱生活导致了矫正对象与外界的隔离,这种隔离使他们与社会的联结中断,这种联结的中断对他们的社会功能必然产生破坏性影响,使他们重新回到社会后难以形成自我发展的能力和动力。此外,这种联结的中断也可能导致他们交往体系沿袭原有的体系继续发展,如继续与从监狱出来的朋友交往,继续与原犯罪体系中的人交往,等等。

缓刑人员也存在社会适应问题。一般而言,缓刑人员没有监狱服刑的经历,似乎不存在社会适应问题,其实不然,缓刑人员同样存在社会适应问题。这也表现在两个方面,一是尽管缓刑人员没有监狱服刑的经历,但从社会正常一员转变为罪犯,其角色、地位、身份等方面都会面临重大转变,而适应这种转变是一个重大的问题;二是随着由社会正常一员转变为罪犯,其社会交往体系、社会支持体系甚至其家庭关系体系都会发生相应的变化,这种变化对缓刑人员来说也需要一个艰难的适应过程。

针对社区矫正对象的社会适应问题,矫正社会工作者应该积极地、有针对性地、有计划地开展矫正工作。其中,最关键的问题是要针对矫正对象社会适应的难点安排相应的矫正项目。如针对矫正对象不敢过马路的问题进行具体的辅导,针对矫正对象的交往问题,可以开展相应的交往矫正的项目等等。

二、社会支持问题及其矫正

这里所说的社会支持主要是指矫正对象在进入社区矫正后社会在物质、精神,以及社会政策、制度、社会心理等方面给予矫正对象的相应的支持。以上海市为例,这方面的问题具体地表现为临时补贴问题、劳动手册的办理问题、就业问题、社会保障问题、社会接纳问题,等等。其中,尤以就业问题最为突出。稳定的就业是一个人生活稳定的前提,在这个意义上,矫正对象的就业问题对矫正对象回归主流社会而言具有极其重要的意义。一个矫正对象如果没有稳定的生活来源,是很难与他谈回归社会的问题的。

但在现实社会中,一方面,激烈的竞争使就业岗位成为稀缺资源;另一方面,民众往往具有这样的心理,即认为现在正常人要就业都存在着不少困难,更何况犯罪人员的就业;再者,从用人单位看,在一些用人单位,矫正对象在试用期间表现很好,此时,用人单位也表示愿意与矫正对象签订劳动合同,但当签订劳动合同时发现该人是犯罪人员后,用人单位的态度可能会产生很大的变化,不少机构会终止签约程序①。最后,一些矫正对象也存在就业技能不够、就业观念偏差等方面的问题,这些问题往往导致他们就业困难。

针对矫正对象这方面的问题,矫正社会工作者应从多方面开展工作。如针

---

① 矫正对象在试用期间往往不需要表明自己的身份,只有在签订劳动合同时,用人单位才会需要相关证明。

对矫正对象就业观方面的问题,应及时地予以矫正,因为这方面的问题往往导致矫正对象在工作上挑挑拣拣,难以持续就业。一位在某开发区工作的矫正社会工作者告诉笔者,他曾经五次给一位矫正对象推荐工作,但矫正对象每次都是在工作两周左右后辞职,然后再来要求他推荐工作,面对这个问题,矫正社会工作者觉得很难办。对于此类问题,如果没有针对就业观的矫正工作,矫正社会工作者所推荐的工作次数越多,反而有可能进一步强化矫正对象片面的就业观。针对矫正对象就业技能方面的问题,矫正社会工作者应利用政府免费培训资源为其推荐相应的技能培训。再如针对用人单位的问题,应及时与用人单位进行沟通,必要时可运用相应的社区资源说服用人单位。不少人可能认为,做用人单位的工作将会很困难,但在实际运作过程中,很多用人单位在经过有效的沟通后是能够接纳社区矫正对象的。问题在于,我们有没有去做。

三、社会交往问题及其矫正

社会交往问题也是矫正对象在回归主流社会时面临的一个非常重要的问题。"近朱者赤,近墨者黑"这句名言很好地说明了交往在一个人的发展中所具有的重大作用。也正因为如此,矫正社会工作者和矫正对象都会非常注意"社会交往问题"。矫正社会工作者往往会特别注意矫正对象的交往体系,而矫正对象由于清楚矫正体系非常重视交往问题,往往会将一些交往地下化。笔者曾经在访谈一位保外就医的矫正对象时,曾三次询问该对象从监狱回来后的社会交往情况,该对象都避而不答,后来,笔者转变了询问方式,才初步了解了该访谈对象的交往情况。由此可见,交往问题不仅是社会矫正工作者非常重视的问题,也是矫正对象非常重视的问题。

尽管还没有详尽的数据说明究竟有多大比例的矫正对象存在社会交往问题。但从矫正社会工作者的经验判断中可以看出,有近半数的矫正对象存在着社会交往问题。其原因应是多方面的。既可能与矫正对象本身习惯性的交往方式有关;也可能与矫正对象因与社会的联结中断,无法实现与社会的联结有关;还可能与社会歧视有关;更可能与矫正对象需求满足的方式有关。

矫正社会工作者要对矫正对象的社会交往体系进行干预,首先要全面认识和了解矫正对象的交往状况,这对矫正社会工作者而言是一个很大的挑战。如果没有形成良好的专业关系,矫正社会工作者可能很难全面认识和掌握矫正对象的交往状况。

其次,矫正社会工作应掌握相应的矫正技术,有针对性地开展矫正对象交往改善的工作。就交往改善的技术而言,从不同的方面可以有不同的技术,如针对矫正对象交往认知方面,可以通过认知方面的治疗改变矫正对象的交往认知;在交往行动方面,也可以通过相应的技术改变矫正对象的交往行动。在此,简要地介绍一些矫正社会工作者在实际工作中所使用的交往改善技术。

一是交往阻断法。在社区矫正开展的初期,一些矫正社会工作者对交往阻断法进行了探索。所谓交往阻断法就是矫正社会工作者试图通过自己的工作促使矫正对象断绝与原交往体系的联结。在这种方法中,矫正社会工作者尝试了如让矫正对象搬迁至其他地方等方式,但在信息手段发达的今天,这种方法的有效性似乎不大。

二是结构松动法。即在确定矫正对象交往总量的情况下,了解矫正对象交往对象的结构,分析这一结构中的权力分布状况,思考哪些交往对象对矫正对象的影响较大,这种影响是否可以改变,如果可以改变,改变的路径可能是什么等问题,然后通过矫正社会工作者的工作改变矫正对象交往结构中的权力结构或数量结构。如通过矫正社会工作者本身或志愿者,使之成为矫正对象的朋友,促使矫正对象交往的数量结构发生变化,使矫正对象的正面交往量增大,负面交往量减少,促使矫正对象的交往发生改善。矫正社会工作者也可以通过自己的努力使矫正对象交往对象的权力结构发生变化,如通过一些措施使矫正对象交往体系中发生正面影响的权力增加,发生负面影响的权力弱化,由此,逐渐改善矫正对象的交往体系。

三是替代法。即通过为矫正对象建立新的交往体系,并用这种新的交往体系替代原有的交往体系。本书最后一章中介绍的一个个案工作中,矫正社会工作者就使用了这种关系替代的矫正方法。矫正社会工作者通过改变矫正对象活动的环境、交往的人群,促使矫正对象形成了新的交往体系。使用这种方法时应特别注意利用相关的社会资源,特别是矫正对象可能的社会交往资源。

总之,矫正对象存在着一系列问题,这些问题不仅多种多样,而且还非常具有个性特征,因此,矫正社会工作者在开展工作时,应针对不同的问题,运用不同的矫正技术开展矫正工作。

第三节　社区矫正对象的帮助

一、社区矫正对象面临的困境

一般情况下,相对于正常的守法公民,社区矫正对象在生活、工作等方面有更多的困难。一方面,有的矫正对象在监狱服刑多年,出狱后已经没有亲人,又缺乏谋生的能力,有的连住处都没有,还有的因为多年的监狱生活,造成其出狱后缺乏适应社会的能力,造成他们在很多方面都存在实际困难。另一方面,犯罪分子属于社会群体中的"弱势群体",这主要是指他们在重返社会后,在社会生存发展方面处于弱势地位。犯罪分子刑满释放后或在社区服刑期间,他们周围的人群会对其冷眼相看,社会上的人也会表现出歧视的态度,这会导致他们在就业、学习以及个人发展等方面形成较之守法公民的劣势,这种劣势给他们的生活、工作、改造带来了很多不利因素和困难。所以,我们社区矫正工作者在社区矫正过程中,要更多地关怀这些"弱势群体",不仅要实施各种矫正措施,还要积极地帮助他们解决生活实际困难,这才更有利于改造他们,使他们健康地复归社会。

具体来讲,社区矫正对象的困难主要有:没有住处,需要矫正机构和矫正工作者帮助解决居住这一基本生活问题;没有生活来源,需要矫正工作者帮助其办理申请城市最低生活保障手续,领取社会救济金,办理社会保险等;没有专业技能,也没有工作,需要矫正机构和矫正工作者为其进行职业技能培训,并帮助安置就业;由于犯罪被判刑而遭受的有关婚姻家庭财产、继承权被侵害的,需要社区矫正机构帮助协调,提供法律援助;有心理问题、心理疾病的,需要社区矫正机构帮助提供心理咨询服务;等等。

二、为社区矫正对象提供帮助的具体途径

首先,社区矫正机构和矫正工作者可以在社区矫正对象就业、谋生方面提供帮助。

由于矫正对象在就业、谋生方面存在一系列困难,所以需要矫正工作者为他们提供帮助。在帮助矫正对象就业方面,矫正机构或矫正工作者可以提供的帮助有如下几个方面。

(1)联系矫正对象的原单位,协商、讨论是否有重新接收、安排工作的可能。有很多矫正对象,因为违法犯罪被原工作单位开除或解聘。当他们在接受社区矫正时,有的很希望原单位还能够给他们机会。有可能有的人犯罪前一直就在某一个岗位工作,对这个岗位的工作十分熟悉、熟练,而缺乏其他的工作能力,对这些人来说,能够重新回到原来的工作岗位是他们最大的愿望。因为只有这样,他们才能发挥自己的专长,重新树立生活的信心。

(2)联系街道办、居民委员会或村民委员会下属的集体企业。这些企业因为其集体经济的性质,能够比较容易接受社区矫正机构出面寻找帮助的请求,帮助安排矫正对象的就业。

(3)帮助联系劳动和社会保障部门,为社区矫正对象提供职业培训机会和职业介绍。

(4)联系职业介绍所、家政服务中心等社会职业中介机构,帮助矫正对象寻找就业机会,向有关公司、企业推荐矫正对象。

(5)联系有关部门,帮助矫正对象自谋职业,比如联系农贸市场管理部门、商品批发市场管理部门等帮助矫正对象租赁摊位,从事个体工商业经营。

其次，社区矫正机构可以在社区矫正对象办理社会保险、申请最低生活保障以及救济金手续时提供帮助。

对于丧失劳动能力又无法定赡养人、抚养人和基本生活来源的，由当地人民政府予以救济。矫正对象办理这些手续有困难的，矫正机构应该帮助他们办理申请政府救济金、补助金的相关手续。具体办法、标准各地规定不一，可参照各地的具体规定。

最后，社区矫正机构可以在法律援助方面为社区矫正对象提供帮助。

有很多矫正对象在社区矫正期间与他人存在着法律纠纷，有的矫正对象因为犯罪服刑，在服刑期间他们的财产权利、继承权被他人（一般是亲属）侵犯，社区矫正组织应该为他们提供法律咨询或法律援助，没有条件的可以帮助聘请法律援助志愿者。社区矫正机构内部一般都有法律工作者，有的司法所还设有下属法律服务中心，这些法律工作者都能够在为矫正对象提供法律咨询、法律服务方面起到关键作用。

社区矫正机构缺乏法律工作者的，可以联系社会法律志愿者服务中心，寻求法律志愿咨询、诉讼等服务，还可以联系高等院校的法律专业院系，组建学生法律志愿者队伍，为矫正对象提供法律援助服务。

第四节 社区矫正对象的教育和培训

一、教育

对社区矫正对象进行有针对性的教育是社区矫正工作的核心环节，教育的内容可以包括思想道德教育、法律教育、心理教育等。

1. 思想道德教育及具体内容

社区矫正对象因为各种原因而触犯刑律，其中一个重要原因是他们在思想道德素质方面出现了问题。尤其是诈骗、抢劫、盗窃类犯罪和贪污受贿类犯罪的罪犯，他们的思想道德问题尤为突出，违法犯罪的本身就是对道德底线的违背。治病要治根，对犯罪分子的矫正，也必须找出其根本原因。如果是思想道德出现了问题的，就需要对矫正对象进行思想道德教育，矫正其出现偏差的道德体系。

对矫正对象的思想道德教育主要包括以下方面。

第一，进行爱国主义教育。爱国主义教育主要针对犯危害国家安全、危害国防利益类罪行的犯罪分子进行，比如间谍罪、泄漏国家秘密罪等，这些犯罪严重威胁国家、民族的安全。犯这类罪的犯罪分子严重缺乏爱国主义精神，矫正这类犯罪分子，必须对他们进行爱国主义教育。

第二，进行家庭美德等传统美德教育。尊老爱幼、孝顺父母、家庭和睦相处是中华民族的传统美德,要对犯遗弃罪、破坏婚姻家庭犯罪、家庭暴力犯罪的犯罪分子进行这方面的教育。

第三,进行热爱劳动、靠劳动致富的劳动价值观教育。侵犯他人或国家财产类犯罪分子,大都是好逸恶劳之徒,不愿意通过自己的诚实劳动获得报酬,而是通过侵占他人或国家财产来满足自己的贪欲,如诈骗犯、盗窃犯、抢劫犯、敲诈勒索罪犯、侵占罪犯、贪污受贿犯、挪用公私财产罪犯等,要对他们进行热爱劳动、靠劳动致富方面的思想道德教育。

第四,进行热爱工作、坚守岗位、认真履行职责的职业道德教育。职业道德教育主要是针对职务性犯罪分子,如渎职类犯罪分子而进行的。

第五,进行社会公德教育。社会公德是每个守法公民应具备的基本道德,一个缺乏社会公德的人,是很容易做出违法犯罪行为。所以要对特别是危害公共安全类和危害社会公共秩序类的违法犯罪分子进行社会公德教育。

除了以上五个方面的思想道德素质教育外,还有很多作为守法公民应该具备的正确的、积极的、健康的思想道德素质,这里不再一一列举。

2. 法制观念教育及具体内容

许多犯罪的发生是因为犯罪分子缺乏法制观念,法律意识淡薄。而正是法制观念的缺位,才导致他们最终走上了不归路。所以,对矫正对象的教育内容中,法制观念教育必不可少。另外,现实生活中还有很多人因为不懂法,不知道用法律手段维护自己的权利,而选择了犯罪的错误手段来实施非法的自力救济或实施报复行为而导致触犯刑律。法制观念教育主要包括如下几个方面。

一方面,以刑法学知识为基础,教育矫正对象哪些行为是犯罪,哪些行为不是犯罪。比如有的人认为挪用公款或挪用单位财产,只要及时归还,就不是犯罪行为,还有的人根本就不认为虐待、非法拘禁等是犯罪,从而由于实施这些犯罪行为而获刑。还有的人不知道正当防卫和防卫过当的区别,往往导致防卫过当而触犯刑法。

另一方面,以宪法、民商法、经济法、行政法等实体法和民事诉讼法、行政诉讼法等程序法为基础,进行普法教育,使矫正对象明白自己享有哪些权利,如何行使自己的权利,从而不至于采取违法犯罪的手段来维护自己的权利或不知道如何保护自己的权利而采取犯罪行为。

3. 心理健康教育及具体内容

心理健康教育的主要形式是课堂讲授。除了课堂讲授这一传统教育形式外,还有一些其他形式,如编印学习心理学知识的小报、刊物,开展辩论、座谈会,编演心理健康小品等等,均是罪犯进行自我心理矫正的有效形式。

罪犯心理健康教育的主要内容有:(1) 心理科学的一般常识。心理健康对罪犯社区矫正、改造具有重要意义,这是促使罪犯接受心理健康教育的认识基础。(2)犯罪心理的一般常识和改造犯罪心理的途径和方法。(3)罪犯典型的对抗监管心理的特征、危害性和调控途径。主要包括抗拒矫正,逃避监管等行为。(4)罪犯一般消极心理的特征与防治对策。主要包括嫉妒心理、猜疑心理、自卑心理、虚荣心理、报复心理、逆反心理等。(5)对不健康心理的自我调节方法的介绍。主要介绍内省自讼、精神超越、性情陶冶、自我激励、换位思考、心理节欲等方法。

二、培训

1. 对社区矫正对象进行职业培训的必要性

对社区矫正对象进行职业培训主要是针对那些没有固定工作、没有任何职业特长的犯罪分子,或在监狱服刑较长时间假释出狱后缺乏社会适应能力,也没有什么职业技能的犯罪分子而言的。前一种情况的人,有的就是因为没有专业技能,工作无门,而无所事事,游手好闲,或由于经常遇到挫折而对社会极其不满,最终走向犯罪的。所以对这些矫正对象,不仅要对其进行思想道德教育、政策法制教育,还要对其进行职业培训,使其掌握一门工作技能,这将有助于他们重新树立靠自己的双手生存的信心,有利于他们求职谋业,重新做人。而对于后一种情况的犯罪分子,他们可能原来就没有专业工作技能,也有可能在监狱长期服刑,原有的某些工作能力早已丧失。这些人获得假释机会,重新回到社会,但是长期的监狱生活造成了他们的监狱人格,使他们缺乏社会适应的能力,难以重新回归正常的社会生活,这不利于对他们的改造,所以有必要对他们进行有针对性的职业技能培训,增强他们的社会适应能力。

2. 对社区矫正对象进行职业培训应注意的几个问题

对矫正对象进行职业技能培训,应该做到以下几点。

第一,要了解矫正对象的个人特点和个人爱好。每个矫正对象的个人情况都不一样,他们的知识文化水平参差不齐,知识结构也不相同,他们的个人兴趣、爱好也有所不同,有的可能爱好社会性工作,有的可能喜欢从事技术性工作,对他们进行培训,选择培训内容时应该考虑这些因素,尽量对他们进行适合各人特点的职业技能培训。

第二,发掘矫正对象的特长和优势,挖掘他们的潜在能力。培训是为了使他们将来有谋生、适应社会的能力,如果能够结合其自身特长,在培训过程中将他们潜在的能力挖掘、释放出来,势必能起到事半功倍的效果。

第三,了解社会对人才的需求。矫正机构或矫正机构委托的有关职业培训机构应通过有关途径,了解人才市场需求情况,根据市场供求关系,选择具有市场竞争性的专业技能对矫正对象进行培训。

第五节　社区矫正对象的公益劳动和社区服务

一、社区矫正对象参加社会公益劳动的必要性

社区矫正是将犯罪分子放在社区内,由矫正机构采用各种方式、措施对他们进行教育、改造、矫正,矫正他们的犯罪人格,成为守法公民。社区矫正的措施多种多样,而让矫正对象参加各种社会公益劳动是最主要、也是最重要的矫正措施之一。

司法部《司法行政机关社区矫正工作暂行办法》规定乡镇、街道司法所在具体负责实施社区矫正工作时应履行的职责之一就是"组织有劳动能力的社区服刑人员参加公益劳动",在第四章"社区矫正措施"中的第三十二条规定:"司法所应当按照符合社会公共利益、社区服刑人员力所能及、可操作性强、易于监督检查的原则,组织有劳动能力的社区服刑人员参加必要的公益劳动。"

众所周知,我国劳动教养制度创制的原因就是重视劳动改造的作用。让社区矫正对象参加社区公益劳动,一方面劳动是义务的、无偿的,让社区矫正对象体会到为社区奉献的感受和重要意义,增强其社会责任感;另一方面,在社区矫正工作者的安排下参加一定的公益劳动,也带有一定的惩罚性,这种惩罚正是矫正对象因先前的犯罪应得到的惩罚,对于矫正对象改过自新起到很大的促进作用,如果矫正对象无故不参加,矫正机关可以采取一定的处罚措施。另外,社区公益劳动本身就是社会化的活动,参加公益劳动有利于矫正对象的社会化改造,有利于其早日融入社会。

二、组织社区矫正对象参加社会公益劳动的具体方法

社区矫正对象参加公益劳动原则上应该在社区内进行,在矫正工作者或志愿者的带领下以及当地政府、社区组织的安排下进行。劳动的项目主要是当地公益性的、服务性的劳动,内容主要包括照顾老人、清理小广告、社区保洁、社区绿化、协助维护交通安全、便民维修等。参加公益劳动的时间可根据矫正对象所判处的非监禁刑的种类和刑期来具体确定,可以以天计算或以小时计算。对于矫正对象的公益劳动应该进行考核,以其完成的工作量作为对其考核奖励的重要指标。另外,安排矫正对象参加公益劳动时,原则上只能安排有劳动能力的矫正对象参加公益劳动。

三、社区服务

在西方,社区服务是指法院判令犯罪人在社区从事一定时间无偿劳动的一种非监禁刑罚措施。社区服务作为正式的制定法而被规定为一种非监禁刑,肇始于英国,英国于1972年制定的《刑事司法法》首先规定了社区服务的刑罚措施。至20世纪80年代,大部分西欧国家、美国1/3以上的州以及加拿大、澳大利亚等国及我国香港地区,都引进了这个刑种。

在创制、引进了社区服务刑的国家与地区,社区服务是作为一个独立的刑种,一般适用于犯有非暴力性轻微犯罪的成年犯。它既可以作为主刑,又可以作为附加刑。通常是法官裁决非暴力成年犯从事一定时数的无偿劳动,以此赎回罪过或赔偿被害人;或者为公益和私人从事一定时数的有偿劳动,以赔偿对于公私法益的损害。劳动内容都属于社会服务性的,诸如清洁公园、礼堂、教堂或帮助慈善机构等。国外的社区服务令一般有严格的程序性规定作保障,对于适用主体、适用对象、执行主体、劳动时间以及罪犯不服从管理时的处理办法等内容,法律都做了详细规定。

社区服务作为一个独立的刑种,将教育刑思想与赔偿理论结合起来,符合刑罚执行社会化、开放化的潮流,它不仅避免了监禁刑的副作用,也克服了罚金刑因被判刑人的贫富不均而潜藏的实质上的不平等。作为新型的短期监禁刑的替代措施,社区服务刑被引入我国的刑罚体系是必要的,也是可行的,它将成为我国社区矫正的重要内容。

第十一章 青少年犯罪的矫正与预防

青少年是一个多维度的概念。从生理角度来定义,青少年时期指人生中生理各方面快速发育,即将具有生育能力的时期;从心理角度来定义,青少年是指心智达到一定的成熟状态,具有抽象与逻辑思考的能力,且情绪渐趋稳定者;从社会学角度看,青少年开始于性成熟之时,何时结束由社会标准决定。当青少年具有应付社会与生活问题的能力,并受到社会认可时,就结束青少年期而进入成人阶段。而社会标准因文化不同而不同。从法律和行政的角度看,各国对青少年年龄有着不同的规定。联合国在《到 2000 年及其后世界青年行动纲领》(1995)里将青年定为是 15~24 周岁的年龄组成员,但同时指出"关于青年的定义随着政治、经济和社会文化情况有波动而不断有所改变"。我国《宪法》、《未成年人保护法》、《预防未成年人犯罪法》规定未满 18 周岁的男女为未成年人,但相关法律并没有对青少年作出年龄界定。最高人民法院公布的刑事案件中,青少年的年龄被规定在 25 岁以下。共青团规定团员年龄为 14~28 周岁,少先队队员的年龄为 7~14 岁。

青少年是个体从不成熟转变至成熟的发展阶段,在这个阶段中连接着不成熟与成熟的两个自我,因此也是人生发展历程中的一个蜕变、转折、转型或转换期,这种转变或转折比人生其他任何阶段都要广泛和深入,因此青少年时期是人生最关键的时期。由于青少年时期的特点所致,对于青少年服刑人员的矫正服务工作,也同样具有不同于成人矫正服务的形式与特点。

第一节 青少年犯罪理论

学界有关青少年犯罪理论的研究,主要从犯罪生物学、犯罪心理学、犯罪社会学等多学科角度对青少年犯罪原因和应对策略进行了分析和论述。

一、青少年犯罪的生物学理论

该理论起源于 18 世纪,其后由犯罪人类学派发扬光大。犯罪生物学理论主要包括生来犯罪说及体形犯罪说等，主要探讨身体表征与犯罪的关系。如关于脸部构造、位置与反社会行为之关系的讨论，认为脸部的不对称，眼睛有缺陷及异常，嘴唇肥胖肿大等都可能与反社会行为有直接相关性；关于体形与犯罪的关系，如高瘦型与盗窃有关，运动型与暴力盗窃有关，矮胖型与欺诈有关等。现代犯罪生物学理论开始强调遗传、基因等生物机制在偏差与犯罪行为方面的影响。

犯罪生物学强调青少年犯罪，受个人生物条件方面，如遗传基因、染色体异常、体形、身体结构、脑瘤、过敏性症状、低血糖症、内分泌异常、生化上不平衡、男性荷尔蒙等之影响。早期的犯罪生物学家认为生物因素是不能改变的，而当代的生物学者则认为可经由维他命的吸收或者饮食习惯的变化等方面的改变来控制偏差行为。但这派理论尚缺乏充足的证据来证明犯罪与生物因素的关系。

以上生物学视角的犯罪理论，大都以监狱的罪犯为研究对象，受研究样本的局限，他们的研究结论已经面临很多学者的挑战。

二、青少年犯罪的心理学理论

青少年犯罪的心理学理论主要包括心理分析、人格特质、行为主义、认知与道德发展等理论。

弗洛伊德认为，人们异常行为的原因有二：一为生理机能受到创伤影响心理导致行为失常；二为功能方面的问题，亦即心理冲突引发焦虑，导致适应生活的能力失调。同时弗洛伊德以潜意识来解释人们犯罪的冲动，认为人类的本我具有很多原始的欲望，欲望的驱策会形成犯罪意识倾向，所以必须经过不断的社会化，以超我之道德标准和社会规范将本我的犯罪冲动与潜意识压抑下来，或对之做合理疏导而表现出自我的合法行为。如果个人不能顺利完成这种压抑或疏导的过程，则极易造成个人的行为偏差或犯罪。一般来说偏差可能有以下三种情况①。

第一，未能控制犯罪的冲动（本我）——乃因"自我"或"超我"在发展过程中有缺陷，未能压制本能（犯罪）的冲动。因此，一个常被"本我"控制的人，最终会触犯法律。

第二，反社会性格——常由于"自我"不健全的发展，最可能发生在 1～5 岁时。

第三，"超自我"之过度发展——会导致精神病态之犯罪行为，乃因完全把"本我"之需要压制下去。

埃里克森（Erikson）从自我认同的角度对青少年成长危机与犯罪行为作出了解释。他认为大多数青少年在成长过程中经历了生活危机，这些危机使他们感受到情绪的困惑及角色扮演之不确定感，大多数青少年通过自我认同感的逐

---

① 参考赵雍生著：《社会变迁下的少年偏差与犯罪》，台湾桂冠图书公司1997年版，第216页。

步建立而摆脱了这样的危机,但也有不能适当地处理角色冲突的青少年。他们常常在个人检视内在价值及生活角色扮演时发生混乱状况,因而产生认同危机,这种认同危机可能使青少年对其社会角色及定位发生混淆,从而导致其行为偏差甚至发生犯罪。

行为主义理论强调环境对于个人行为的影响作用,操作制约理论、社会学习理论、差别接触理论等均从环境与行为习得的关系来讨论犯罪行为产生的原因。

认知与道德发展的观点对青少年犯罪原因的解释也有十分重要的贡献。Yochelson 及 Samenow(1976)研究发现,很多犯罪人具有"犯罪思考型态",如不合乎逻辑、短视、错误、不健康之人生价值观等。由于一些偏差认知的指引,青少年罪犯不仅无法了解自己,同时也未能适当地处理人际事务,合理地解决和化解冲突,因而为未来的犯罪与偏差行为埋下了隐患。Cornish 及 Clarke(1986)提出"理性抉择模式",认为犯罪经常是为获得快乐,避免痛苦,犯罪经常是对行动及事件做成本分析的结果。此观点也常常被运用在对药物滥用和抢劫等犯罪行为的解释中。

道德发展的观点对于青少年犯罪行为也作出了相应的解释。如 Piaget(1932)和 Kohlberg(1969)都提出了道德发展阶段论。Piaget 认为,道德判断的发展是沿着无律、他律及自律三个发展阶段循序渐进的。如果道德之成长未能循序发展,或者停留在早期之无律阶段,皆可能因而违反社会规范,形成犯罪或偏差行为。Kohlberg 提出道德发展三层次六阶段论,提出许多攻击行为与个人之道德认知能力发展的停滞密切相关。

犯罪心理学理论对于研究个别犯罪、犯罪矫正等有非常重要的作用。

三、青少年犯罪的社会学理论

青少年犯罪生物学与心理学理论较偏重青少年个人原因之分析,而青少年犯罪社会学理论主要强调社会原因之解释与探索。该理论大致可以分为社会结构理论、社会过程理论、社会回应与冲突理论三个派别。

1. 社会结构理论

社会结构理论强调低社会经济地位、邻里、社区独特文化、风俗及规范等影响和促使青少年犯罪,产生偏差和犯罪行为。主要理论观点有文化偏差理论(如芝加哥学派、文化冲突理论、下阶层文化冲突理论)、紧张理论(如墨顿的无规范理论、次级文化理论、机会理论)等。

(1)文化偏差理论。芝加哥学派的研究发现了城区与青少年犯罪的关系。认为贫民区、拥挤及衰退的住宅区都可能导致青少年犯罪。该理论提出了发展社区层面的青少年犯罪预防计划,以改善整个地区的生活环境,促使该地区的民众共同参与少年犯罪预防工作。文化冲突理论强调文化适应与犯罪的关系,认为文化内部的冲突、传统社会关系的解体、有问题的社会结构以及一般价值观的改变等所导致的文化差距造成很多冲突现象,包括对于规范制度的接受与价值判断标准等冲突,都与青少年犯罪的发生密不可分。下阶层文化冲突理论认为青少年犯罪行为是对独特的下阶层社会文化的价值和规范的正常反应行为。下阶层文化的社会青少年,接受下列六种价值观念影响:惹是生非、强硬、诡诈、寻找刺激兴奋、命运、不喜欢别人干预。他们所持的下层文化与社会主流文化的冲突导致所谓偏差行为的发生。

(2)紧张理论。该理论着重强调青少年因无法获得合法的社会地位与财物上的成就,在内心产生挫折与愤怒的紧张动机与压力,从而导致青少年犯罪行为的产生。

墨顿的无规范理论从个人接受或拒绝文化结构以及社会认可的手段而形成各类适应模式的角度解释了偏差或犯罪的原因,如表11-1所示:

表 11-1 个人适应模式

个人适应模式形态	文化结构(目的)	社会认可的手段(方法)
1. 守法	接受(+)	接受(+)
2. 标新	接受(+)	拒绝(-)
3. 精通仪式	拒绝(-)	接受(+)
4. 逃避	拒绝(-)	拒绝(-)
5. 叛逆	接受(+)/拒绝(-)	接受(+)/拒绝(-)

一个守法者是接受社会文化规则,并能够用社会认同的方式生存于社会的;标新立异者虽然接受社会文化价值取向,但喜欢用不同于社会认可的方式在社会中生存;精通仪式者和逃避者都拒绝社会主流文化的价值取向,区别在于前者能够用社会接受的方式,而后者则不然;叛逆者则在社会主流文化及社会认同手段两方面都不断地游离或归从,呈现出强烈的反叛性。

次级文化理论认为,某些人认同团体或小团体特有的价值体系,这些价值体系可能与一般社会所能接受的价值体系不仅有异而且不相容。

机会理论认为青少年犯罪与发生偏差行为,是由于他们不同的机会结构造成犯罪机会不同。有些是因为他们的正常机会被剥夺,没有机会合法地达到其目标,而使用非法方法以至走向犯罪;有些青少年则需要机会来学习如何犯罪;有些犯罪行为是在目标与方法之间的矛盾产生压力所引起的。机会理论认为,下层阶层青少年渴望达到中上阶层的生活水平,然而由于自己的阶层以及机会阻碍而无法获得公平与平等的机会,造成身份地位的挫折与失败,他们使用合法手法不能达到目标,于是逐渐偏离社会规范,并开始运用集体的力量以克服他们不能适应的困扰,进一步发展非法手法,并形成次文化及青少年犯罪行为。

2. 社会过程理论

社会过程理论主张青少年犯罪的发生是不良社会化学习的结果,与他们个人未能与家庭、学校、司法体系维系适当关系有关。这一理论的另一特色是认为青少年之所以犯罪是由于他们忽略社会规范,与社会联结微弱,不受道德规范约束。因此社会过程理论尝试从社会团体中寻找青少年犯罪的主要原因以及维持其安分守法的途径。社会学习理论、社会控制理论是社会过程理论的两大学说。

(1)社会学习理论。该理论特别强调态度、道德、行为、技巧学习在维系青少年犯罪生涯中的重要性。

如差别结合理论(差别交往理论)是用频度、强度以及社会关系意义等概念研究犯罪社会学,其主要观点有:

第一,犯罪行为是学习而来的;

第二,犯罪行为是与其他人沟通过程中发生交互作用而学习来的;

第三,犯罪行为主要是在与亲密团体的互动过程中学习的;

第四,犯罪行为学习的内容包括:犯罪技巧、犯罪动机、内驱力、合理化及态度的特别指示;

第五,犯罪动机、内驱力、合理化及态度是从犯罪的法律定义去考虑犯罪对他有利还是不利;

第六,一个人之所以犯罪是由于他认为犯罪比不犯罪有利,这主要是长期与犯罪同伙在一起学习所致;

第七,犯罪行为学习的过程主要是看个人与犯罪团体或反对犯罪团体接触所发生的学习结果;

第八,不能以一般需要或价值来解释犯罪行为,因为非犯罪行为也是为了一般需要与价值。

中立化理论主要探讨青少年犯对自己偏差行为合理化的技巧。如对责任的否定、对损害的否定、对被害人的否定、对非难者的非难、高度忠效其团体等。

(2)控制理论。社会控制的形式主要有两类,宏观层面的社会控制和微观层面的社会控制。前者强调社会制度及相应机制凭借正面奖励或者负面制裁,使人们遵从法律与社会规范;后者强调个人与社会的联结,通过内化并以良好自我观来抑制其反社会的本能。这种讨论个人和社会关系的理论形成了社会控制中的社会联结理论。

赫胥(Hirschi)在1969年提出社会联结理论。他强调每一个人都有犯罪的本能和倾向,而人和社会如果建立起"社会联结",就可以减少或避免犯罪。赫胥指出,当一个人感受到社会道德与社会秩序对他的重要性,一个人能了解到社会上多数人对他的期望,这个人与社会就有了一种联结,也就较不容易犯罪。如果一个人反对传统社会的价值观与信仰,完全凭人类的本能做事,完全不在意别人对他的看法,这样的人就缺少了社会联结,就比较容易犯罪。

社会联结的内涵可以包括依附、奉献、参与、信仰等。依附指一个人若依附于父母、学校、同辈团体则不易犯罪;奉献是指一个人若对某种较高的教育和事业有较高的献身意向,当他要从事偏差行为时,他会考虑此种举动对其身份地位的影响,而不敢轻举妄动,因此赫胥认为学生若能奉献于传统的各类活动,他们从事犯罪行为的可能性也随之降低;参与是指忙于参加各种活动、学业、事业的人无暇从事犯罪偏差行为;信仰是指一个信仰社会控制手段的人,会尊重法律、道德规范,不易犯罪,而藐视法律规范者则容易犯罪。

对赫胥而言,社会联结是社会化带来的,它是人格的一部分,人们用它来面对周边事物,与人互动,建立关系。社会化的"社会联结"有完全的,也有缺陷的,完全的社会联结会使人远离是非,缺陷的社会联结会使人犯罪。

3. 社会回应及冲突理论

社会回应及冲突理论与其他理论的不同在于这一理论并不集中探讨青少年如何违反社会规范,而是关注社会机构在制造偏差与犯罪行为中所扮演的角色,以及法律的制定和规定如何影响偏差行为的发生。该理论认为,社会的强权、强势及其对青少年的看法和反应,导致了青少年的偏差与犯罪行为。社会回应及冲突理论主要包括标签理论、马克思主义理论、多元冲突理论及激进冲突理论等。

(1)社会回应理论。社会回应理论的主要代表是标签理论。标签理论的基本假设是,人性都是可以塑造和可改变的。他们通过研究发现,青少年犯罪者被逮捕及受审判后,警察、法官或司法体系加诸其身的烙印,给他们带来了负面的影响,并成为青少年偏差行为和重新犯罪的原因。标签影响的过程可以表述如下:初级偏差行为——→罪恶夸大化——→偏差的自我形象产生——→次级偏差行为。

第一阶段的偏差行为发生后,偏差行为者会接受社会的非难,导致较严重的偏差行为产生,于是社会予以严厉的否定和处罚,这将导致更严重的偏差行为。社会透过正式化的行动予以逮捕,盖上前科的烙印,偏差行为者对被逮捕及已有前科的反应,是陷入更严重的偏差行为,最后即开始接受及确认他们不是一般正常的社会成员,而属于"犯罪人"的角色,并用犯罪行为作为适应社会的手段。所以偏差包含三个部分:自我概念的反射、组织或机构的标签、社会反应的观点。

激进无处遇论则是一种注重解决方案的社会回应理论。该理论认为,犯罪青少年并不具有犯罪本质,他们的犯罪是偶发事件,因此青少年的"非行行为"完全是正常的,是成长过程中的正常现象。"非行行为"之所以成为违法是因为我们社会规范的解释方式不同。所以对付"非行行为"的关键是社区组织应采取行动,只有社会改造和个人矫治双管齐下,才是治本之道。激进无处遇理论认为对于青少年偏差行为不必予以干预,可任其发展,偏差行为会自然消失。太多的道德规范控制反而有害无益。司法转向方案、社区处遇方案,都是协助青少年成长、远离偏差的良好构想。

（2）社会冲突理论。社会冲突理论重点关注政府执法、法律及道德规则的执行与犯罪的关系。尤其对法律如何成为社会控制工具感兴趣。

社会冲突理论早期受马克思、恩格斯的影响较深,后发展成为以团体利益冲突为主的"多元化冲突理论",即认为犯罪是社会阶级对立物的"激进派犯罪冲突理论"。

多元冲突论者主张青少年犯罪是社会不平等权力团体冲突的产物。如保尔德(Vold)认为犯罪常因战争、劳资纷争以及种族歧视引起。社会内常常存在不同团体的相互对抗,并因目标或利益的不同而发生相互冲突。青少年帮派是其社会适应过程的产物,青少年常常以帮派形式紧密联结在一起,以发挥团体力量保护帮派成员。他们因无法用正常规范性途径达到所追求的目标,而用其他方法则会与社会已建立起的团体价值体系及规范发生冲突,因此他们常常发生犯罪行为。德克(Turk)认为,没有一个人本质上是罪犯,犯罪的定义是由权势阶级加以界定的。因此他强调针对权威的冲突。德克将规范分为文化规范(公布的规范)和社会规范(实际运作的行为),他认为青少年常常由于实际运作行为不符合规范目标而招致不良标签,或被认为有犯罪行为。

激进派冲突理论在犯罪学史上时盛时衰,人权运动、反战运动、学生运动、妇女运动、儿童权利运动等都在不同程度上影响了激进派冲突理论。激进派冲突理论的核心主张是唯有消除财产与权势的分配不均,才能消除犯罪。

激进派冲突理论的主要观点可以从昆尼(Richard Quinny)解释犯罪的六项原理得到反映。昆尼的六项原理认为：

第一,犯罪之官方界定：是通过法律来定义犯罪,即由政治组织内具有优势的阶层所界定。

第二,犯罪定义的形成：是将那些与上层阶层利益冲突的行为列为犯罪。

第三,犯罪定义的应用：犯罪定义的应用,是由权势阶级制定刑法并予以执行。

第四,犯罪定义造成某些行为形态的发展：某些行为一旦被界定为犯罪之后,社会上无权阶级则比较容易发展某些行为形态而被列为犯罪人。

第五,犯罪概念的建立：权势阶级利用大众传播工具说明犯罪的定义。

第六,犯罪定义形成及应用之后,会造成更多犯罪事实。

昆尼强调社会有两个阶层,即有权阶层和无权阶层,有权阶层决定公共政策、控制生产工具,进而控制整个社会;无权阶层处于被控制状态,因而定义犯罪是有权阶层控制无权阶层行为的主要措施。

昆尼的观点仅是激进冲突理论的代表之一。他们基本上认为青少年犯罪是资本主义社会的产物,由于中上阶层掌握、控制社会经济条件,以致下层阶层少年较易发生偏差行为而被标签为犯罪。他们强调要解决犯罪现象,必须改变社会体制或制度。当然该派理论也受到其他学者的批判。如有学者认为激进冲突理论的片面性在于它无法解释下阶层之间的冲突及犯罪行为,也不能解释上层社会青少年的犯罪现象。也有学者认为制度或体制的变革不能完全消除犯罪现象,有关改变制度即能消除犯罪的观点只是一种乌托邦而已。

四、青少年犯罪的整合理论

上述各理论从生理、心理、行为、社会等方面阐述青少年犯罪问题。近代犯罪理论倾向以综合性观点来解释偏差或犯罪行为。其中的代表人物如 Gibbons,就从青少年犯罪行为的综合因果关系出发提出了青少年犯罪的五步骤理论,第一个步骤为社会结构因素,包括不同社会规范的各种冲突,社会变迁、都市化导致的社会流动,种族歧视等等;第二、三、四个步骤为中介变项,包括生物因素、差别联结作用、家庭互动模式;第五个步骤为促成因素,包括犯罪态度、动机与人格模式等。青少年犯罪就是在各因素综合作用下导致的。如图 11-1 所示。

上述各类青少年犯罪的理论,有的从犯罪生物学、犯罪心理学角度对青少年生理、心理与偏差或犯罪行为的相关性作了解释,有的从犯罪社会学的角度,从

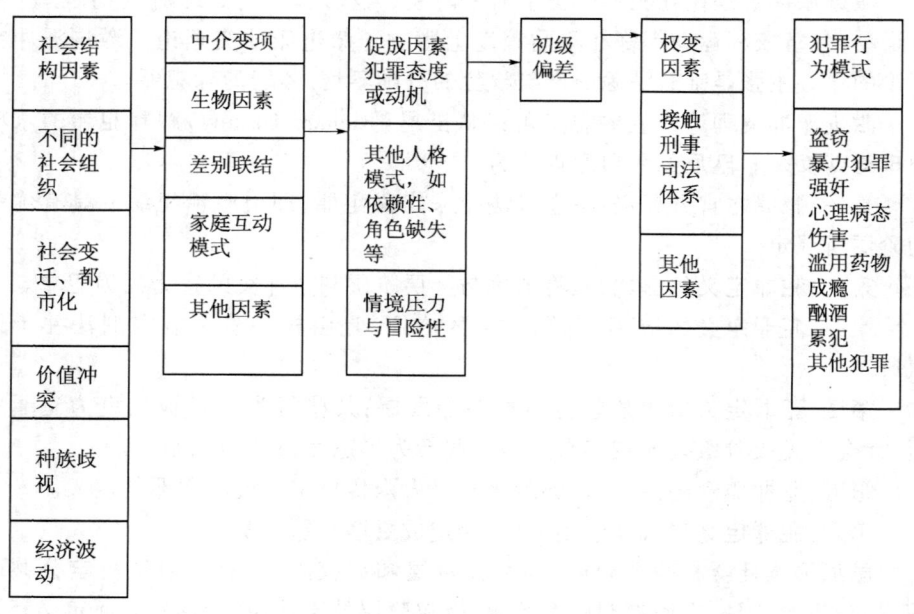

图 11-1　Gibbons 之因果关系理论模式

社会结构、社会规范、社会互动、社会冲突等层面对犯罪原因及干预模式进行了阐述。我们也看到,近代学者更注重从系统和整合的视角对青少年犯罪原因和应对策略作出解释。这些理论,对于解释青少年犯罪行为、开展青少年矫正服务都有重要启示。

第二节 青少年司法转向制度

标签理论认为,在青少年偏差行为形成中最严重的标签是指警察逮捕,以及法院的判罪科刑而造成的前科烙印。因此,标签理论提倡者强调,不要轻易让青少年进入刑事司法体系,以避免造成更多的再犯及成年犯。标签理论的观点对于青少年刑事政策、刑事司法及社会政策均造成相当大的震撼,20世纪70年代后,青少年犯罪矫正逐渐由传统的监禁式机构处遇,转向开放式社区处遇。司法系统与社会系统的合作日益紧密。

此外,社会结构理论(如无规范理论、差别结合理论、次文化理论等)学者认为,青少年犯罪是因为合法机会或手段受到限制,为了追求成就目标而采取非法手段。因此,为了减少这些教育及职业上处于不利地位者犯罪的可能性,应发展一系列特殊教育与职业训练计划,如补习教育、技职教育、职业训练、就业辅导、减少辍学计划等,以改变这些青少年的社会地位。青少年次文化理论认为,青少年犯罪的发生是由于社会地位低下的青少年群体相互发展出的群体之间的特殊规则与价值,这些亚文化可能造成对社会或传统价值规范的冲击和破坏。因此,发展有针对性的教育辅导计划,帮助这些青少年实现再社会化,是现代康复型司法模式的精神和理想。

因此,为了保护青少年,给予青少年适当的辅导,司法系统在审讯和判决过程中,应该为犯罪青少年寻找最适合回归社会的途径及建立辅导计划。

一、司法转向制度

所谓转向,包含了三个要素:一是指避免将青少年犯送至监狱等机构接受处置;二是指从轻处置;三是指建立以社区为本的辅导体系。青少年司法转向制度是指由传统监狱等机构处置改为以社区为本的各种辅导服务为主的处置制度。司法转向制度的主要理论基础是标签理论和包括差别接触理论在内的其他犯罪理论。

1. 司法转向模式

司法转向模式,此处主要以美国社会的司法转向制度类型为例加以说明①。

---

① 郭静晃、曾华源著:《少年司法转向制度之因应》,台湾洪叶文化事业有限公司出版2000年版,第19~20页。

美国少年司法转向制度始于1974年《青少年犯罪法》的颁布。整个转向计划分为三个阶段：第一是警察接触之前；第二是警察正式处理前；第三是在法院正式处理之前。根据每个阶段的特定任务，转向计划可分为四种模式。

以社区为基础的转向计划。该计划指社区中的个人或团体认为，对偏差行为青少年，不适宜送官方处理，而应在社区层面开展一系列转向辅导计划，如学校转向计划、社区责任计划、建立综合性青少年服务制度、青少年服务局等。

以警察为基础的转向计划。该计划系由警察单位将青少年个案转介至社区辅导单位，如家庭危机介入计划、青年辅导计划等。

以法院为基础的转向计划。该计划是指检察官、法院在起诉前或判决前为青少年提供的转向计划，是将犯罪嫌疑人或被告转介至特定社会福利或辅导机构的转向制度。

社会福利机构的转向计划。该计划由政府或民间福利团体介入，处理轻罪或非刑少年事件，决定是否给予非司法处遇，并提供咨询服务。

2. 司法保护处分的裁定类型

司法保护处分的裁定类型，此处主要以台湾少年司法转向制度中的法官保护处分为例加以说明①。

台湾《少年事件处理法》规定了保护处分为处理少年案件的重要方式，该法以公权力为主导，结合社会资源，调查青少年之成长环境，选择符合个别处理的方法，以教代罚，达到保障青少年、促进青少年自我成长的目的。

少年案件由法官决定适用保护处分程序后，经过调查官作个案调查报告，依其专业见解作出辅导建议。法官以不公开及会议方式听取少年、被害人、证人、监护人、调查官、辩护人等方面的陈述和意见，对证据支持被移送的少年，考虑少年之"要保护性"，即再犯的危险性、保护处分的必要性、保护处分的可能性、保护处分的相当性来具体给予保护处分。法官保护处分的裁定类型包括以下几类。

训诫：由法官指明其不良行为，明确将来需要遵守的事项，并得在假日令少年接受保护官指导的短期生活辅导，以养成勤勉的习性和守法精神。

管束辅导：将少年交付6个月以上3年以下保护管束辅导，由保护官协同少年监护人辅导少年过正常生活，改善其行为。在保护管束期间命令其必须完成3小时以上50小时以下的劳动服务。

安置辅导：安置在适当的福利或教养机构辅导。所安置的机构属于行政监

---

① 陈孟莹：《解析台湾青少年法制和青少年犯罪之防制》，香港《青年研究学报》，1998年7月第1卷第2期，第84页。

督下的教养或民间福利机构,不属于司法系统。时间为 2 个月以上,2 年以下。必要时可请求法官裁定延长 2 年。

感化教育:将少年交付司法体系下的辅育院,以隔离矫治的方式教化之。时间为 6 个月以上 3 年以下。

3. 刑事或非刑事的处分方式

刑事或非刑事的处分方式,此处以香港的司法转向制度为例①。

香港少年司法转向制度包括非刑事化的处理方式和刑事处分两种方式。非刑事化的处理方式包括警司警戒和社区支援服务计划。刑事处分的类型很多,以社区为本开展治疗服务的刑事处分类型主要包括更新计划中由社会福利署管辖的感化令、社会服务令和社区支援服务计划。

警司警戒是香港少年司法转向的重要内容。警司警戒的目的是将犯轻微罪行的 7~18 岁以下青少年从刑事司法制度"分流"出来,由警司级或以上的警官作出警戒,以代替正式检控。接受警戒者一般是初犯,必须认罪,父母必须同意其子女在犯事后两年内或 18 岁前,接受警务人员的定期探访和监督。受害人及其父母和其他有关人士也须同意不予起诉。

社区支援服务计划是警司警戒得以转介的社区青少年辅导服务。由于警力有限,且警务工作者缺乏辅导知识,1994 年香港非政府机构开办的社区支援服务计划开始承担起辅导职能。警司可在警戒后转介违法者到这些计划项目中,参加支援小组、技能训练和社区服务等活动,让他们得到专业社工的辅导,学习新的生活和社交技能,改善他们的家庭及其人际关系,从而减低他们将来重新犯罪的可能性。

感化令是一种刑事处分。感化的目标强调罪犯改过自新,诱导他们改变而非控制、惩罚或监视他们。它让罪犯在社区保持自由活动的同时,接受感化主任为期一至三年的监管。在此期间,感化主任须定期进行家方和会晤感化者,以及督导及协助他们处理个人及家庭问题。如有需要,也会运用社区资源或将个案转介到其他部门或组织以解决有关房屋、就业、医疗、读书、住院服务和职业训练等问题。感化者如果违反感化令或在感化期间犯事,会被召回法庭,法官会就其新旧罪行给予刑事处分。

社会服务令是向犯有可判监禁罪行的 14 岁或以上的罪犯提供的自新服务。罪犯须同意从事对社会有益的无薪工作,以代替监禁。他们通常在周日及公众假期工作,时数是一年内不超过 240 小时,由裁判官规定,在此期间由感化官督导。如罪犯违反社会服务令或在该令生效期间犯事,会被召回法庭,法官会就其

---

① 卢铁荣:《香港青少年的司法、惩教及复康辅导概况》,香港《青年研究学报》,1998 年 7 月第 1 卷第 2 期,第 116~122 页。

新旧罪行给予刑事处分。社会服务令的惩罚部分是要求罪犯做固定的无薪工作,意即剥夺了他们某指定时数的余暇时间。社会服务令的目的包括自新、建设性处理、补偿三个方面。由于其包含多层目标,所以在刑法定位及执行上往往有不一致的情况出现。

从美国的司法转向模式,中国台湾的司法保护处分的裁定类型以及香港的刑事或非刑事的处分方式的基本内容来看,青少年司法审判注重从青少年回归社会的目标出发,借助一系列社区服务辅导体系,帮助犯罪青少年改正偏差行为,改善社会功能,实现正向成长。这种司法转向制度既注重了青少年成长的特点,又强调了服务辅导体系的专业性和成效性,为社会工作者介入青少年司法流程奠定了基础。

当然,在最近几年的少年司法政策演变中,趋向控制型的司法政策开始出现。如1984年,美国国家少年刑事司法与犯罪预防咨询委员会建议,联邦应停止对州政府继续推动身份犯去机构化的经费补助,政府认为少年司法系统一直过于关心对少年犯的保护,牺牲了社会大众及被害人的利益。这样的"转趋强硬"司法模式的施行意味着保护青少年还是保护社会大众和被害人的立场之争,一直是青少年司法制度和政策转向的权衡所在。

二、社工在青少年司法制度中的角色

司法转向制度表达了对青少年犯罪由监禁、报复、惩罚方式改为矫正、教育、改造和康复的理念,希望犯罪青少年接受转向计划服务后能够改过自新、重返社会。社会工作者在青少年司法转向制度中承担着重要的角色。

社会工作者的角色是通过社会服务计划或项目的实施而发挥作用的。从香港少年司法系统中有关社会服务的内容来看,它主要包括了以下一些内容:(1)法庭外展社工服务;(2)法律援助服务;(3)保护儿童服务;(4)感化服务;(5)青少年罪犯评估专案小组;(6)社会服务令服务;(7)社区支援服务;(8)羁留院/收容所的服务;(9)住宿院舍服务等。社会工作者在这些社会服务计划或项目中的功能和角色是不一样的。

表11-2是香港社会工作者在上述工作中的工作流程、扮演角色及工作内容。①

---

① 郭静晃、曾华源著:《少年司法转向制度之因应》,台湾洪叶文化事业有限公司2000年版,第17页。

表 11-2　香港司法系统与社会工作者角色

香港特别行政区 刑事司法程序	青少年犯事者 常遭遇的问题	社工角色 社工工作
拘捕及侦讯	• 惶恐,羞愧,不知所措不接受现实,反叛行为忧虑,情绪不安 • 与家人不和及吵闹,相互埋怨	• 解释有关司法程序 • 分析犯罪所要面对的问题 • 解决精神困扰以稳定情绪 • 与家庭合作并给予适当指导 • 提供有关福利服务
法院审讯	• 保释候审期:情绪不定,因学业及工作而焦虑不安或采取不合作态度 • 羁留所时期:担忧与家人隔离,失学及失业,受其他受押青少年骚扰,彷徨无助,失落甚至有自杀倾向,脾气暴躁	• 采取危机介入法、防止问题恶化、减低抗拒心态、提供情绪辅导 • 给予适当辅导,稳定情绪,减低家人或青少年的忧虑和不安
判决	• 有侥幸心理而未有悔过的青少年会继续犯罪行为 • 有不服或反叛心理,或安于判决而谋求和感化主任合作 • 失望、沮丧、忧虑、恐惧、无助、悲伤	• 社工给予辅导,避免重新犯罪 • 感化主任依法监管行为,使犯事者继续学业、工作 • 由院内及狱中人员、社工、心理专家给予辅导
上诉	• 青少年犯事者及家人可能因某种原因对判决不服,以致产生许多不满,情绪不稳、忧虑和焦虑再度出现	• 社工根据实际情况,转介犯事者接受法律援助并给予适当支持辅导

在美国的少年刑事司法体系中,社会工作者的功能通常也包括受案审查及审前服务,这其中包括:心理评估、法院调查、法庭作证、观护处遇、保护管束、社区服务等诸多内容[①]。

受案审查与审前服务。该项工作主要实施两项服务,一是审查,决定案件是否进入正式的听证审理或是不付审查;二是对于不付审查的案件,在限定时间内,协助案件中的犯罪少年和其他相关人士进行非正式的协商和调解。

心理评估。该项工作主要是指对情绪或心理失常的青少年犯所提供的心理评估服务,尤其是当事人对自己或他人造成危机时,可根据心理评估决定提供何种治疗方案。

法庭调查。该工作一般在审前开展,主要是了解与犯罪事件相关的各层面原因,其目的是为帮助法院在做出判决或处置时,可以吻合青少年的个别需求。法庭调查工作常常由社会工作者或者接受过社会工作专业训练的人员担任。

法院作证。一般来说,犯罪青少年或其家人常常是社会工作者的个案对象。社工对他们会有更多的了解。因此社会工作者常常会被法院传唤出庭担任少年法庭听证会的证人。律师也常常会询问社工一些问题,以提出有力证据减缓或加重刑罚。社工通常也会在法庭上提供专业意见或提出一些个别化的对罪犯开展社会服务的建议。

观护处遇、保护管束监督及社区服务。观护处遇、保护管束监督及社区服务,均是司法流程的不同阶段对犯罪青少年提供和实施的矫正服务。许多犯罪青少年在法庭审理结束后,会被裁定接受保护管束监督,特定的保护管束规定包括学校的出席状况、兼职工作、社区服务、参与戒酒方案、接受心理或家庭治疗、参与休闲方案等等。在观护期间,青少年罪犯也会被指定有一位特定的观护人,并被要求定期报到。观护人也会定期家访或参与个案研讨会,来充实对青少年罪犯的了解和监督。

提供观护处遇或保护管束监督的人员常被要求由社会工作者或者有社会工作专业训练背景的工作人员担任。社会工作者也被法院指定担任青少年罪犯审判后的社会服务提供者和管理者。无论是接受法院委托或被期望成为法院的代理人角色,社区的社会工作者同时必须为协助青少年罪犯的社会康复和基本权益的保障而开展工作。因此,社会工作者也常常会面临监管和服务的两难角色处境。

自20世纪90年代以后,美国的社会工作者在青少年司法体系之外的矫正服务领域日益宽泛,近年来更扩展到处理过失犯罪、犯罪预防、社区处遇,以及出

---

① 参见 Albert. R. R oberts 主编:《矫正社会工作》,邓瑞隆等译,台湾心理出版社2007年版,第226页。

狱青少年的更生保护。社会工作者在青少年司法转向制度中的功能和角色日趋完善和成熟。

第三节 青少年犯罪矫正与预防

20世纪60年代起,关于犯罪行为的社会学解释开始受到广泛关注。关于少年犯罪预防的法案也由此产生。如美国在1968年连续通过了《少年犯罪预防与控制法案》以及《犯罪控制与安全法案》两项法案。根据两项法案,联邦政府授权并提供资金给州政府及地方政府发展偏差少年社区处遇服务。社区处遇服务也因其比司法处遇更有效和经济而得到广泛认同和运用。

上海自2003年开始预防和减少犯罪体系建设以来,逐步建立了包括考察教育、社区矫正在内的多项青少年预防犯罪和矫正服务体系。本节主要结合上海的实践,对青少年犯罪矫正和预防工作进行讨论和反思。

一、青少年犯罪矫正与预防工作的主要目的

青少年犯罪矫正与预防工作,以违法犯罪青少年为对象,以司法转向制度为依据,以非监禁型矫正服务为内容和手段。其主要目的有以下几个方面。

1. 坚持司法保护原则、落实青少年司法转向政策

司法保护是青少年司法制度的首要原则之一。以集中反映联合国少年司法准则和精神的《北京规则》为例,第5.1条明确规定了少年司法的目的:"少年司法制度应强调少年的幸福,并应确保对少年犯作出的任何反应均与罪犯和违法行为情况相称。"这一规定明确了少年司法应当保护少年的地位、权利、利益、发展和幸福;应对少年违法犯罪行为的程度作出公正的判断,并根据个人及其社会地位、家庭情况等作出适当的反应。《儿童权利公约》第40条和联合国其他少年司法文书还提出了权利保护原则、尽量减少司法干预原则、少年与成人分开原则、适当自由裁量权原则等多项司法原则。青少年犯罪矫正与预防工作就是要坚持并落实以上各类司法保护原则。

以标签理论和包括差别接触理论在内的其他犯罪理论为基础而形成的少年司法转向制度,是对本应受刑事处罚但情节和危害较轻的罪犯采用非刑事方法处理,是为了避免犯罪青少年日后被标签而转移至其他体系寻求适合的专业协助,以辅导青少年改过向善的司法制度。国外的转向制度在处理上依青少年个案特性而采取不同的处理方法,设计多元化处遇方式以寻求最适当且弹性的运作方法。该制度强调与其他专业性的机构(如社会福利机构、心理卫生、咨商机构)的合作并提供多元的福利措施,以达到青少年犯罪的预防及避免再犯。转向方案的具体措施有:养育之家、儿童辅导中心、青少年咨询中心、家庭治疗方

案等①。

我国在青少年犯罪处置的相关法律法规中,同样提出了与司法转向制度相一致的法律规定。如我国《预防未成年人犯罪法》第46条规定了"对被拘留、逮捕和执行刑罚的未成年人与成年人应当分别关押、分别管理、分别教育"。在第47条中规定了未成年人的父母或者其他监护人等,对于被判处非监禁刑罚、被判处刑罚宣告缓刑、被假释的未成年人,应当采取有效的帮教措施、协助司法机关做好对未成年人的教育、挽救工作。第48条又规定了他们"在复学、升学、就业等方面与其他未成年人享有同等权利,任何单位和个人不得歧视"。

上述各类规定,为犯罪青少年的矫正和预防工作提供了制度和政策依据,坚持司法保护原则,落实青少年司法转向政策,是矫正和预防犯罪工作开展的主要目的。

2. 为犯罪青少年提供反省自新的机会

提供犯罪青少年反省自新的机会,是犯罪青少年矫正和预防工作的重要目的之一。少年法庭宽大、悯恕的审判处理政策,是希望能够促使青少年改过自新、重新适应正常生活。而一旦受处犯罪青少年被置于社会,在没有监管和辅导的环境下,很容易恢复本性,任性放荡。所以少年法庭通常会在审判处理内容及保障措施上,明确对犯罪青少年实施矫正管理的责任机构及责任人。保证犯罪青少年在专门机构和工作人员的观察、辅导、监管、保护等措施下,能够幡然悔悟,改过自新,在督促、激励、惩罚、关怀中逐步远离不良行为。

为了实现上述目的,犯罪青少年矫正和预防工作一定要依托各类具体的服务项目和活动平台,通过各类有针对性的服务项目和活动的有效开展,为青少年的反省自新提供场所、机会和平台。

3. 矫正犯罪青少年的不良行为

接受非监禁型处置的犯罪青少年,在社区中必须通过接受各类矫正辅导服务,履行应遵守的事项,改善各类生活学习和工作的日常行为,尽早重塑良好行为规范,减低和消除犯罪根源。

对于从事犯罪青少年矫正和预防工作的服务机构和工作者来说,开展各类服务项目,是实现对犯罪青少年不良行为矫正的有效手段。从在社区实施的矫正服务内容来看,以下一些方面的服务已经得到一定规模的实施和运用:

- 街头的外展工作与转介;
- 需求与兴趣的评估;
- 与成人建立支持性关系;
- 有效的角色模范;
- 同辈团体讨论;

---

① 郭静晃、曾华源:《少年司法转向制度之因应》,洪叶文化事业有限公司2000年版,第10页。

- 家庭介入;
- 邻里计划;
- 教育与职业训练;
- 导向至其他计划的准备。

通过专业机构和工作人员开展各类矫正和预防服务工作,实现对犯罪青少年不良行为的矫正,是落实司法转向制度和政策的重要措施。

4. 促进社会稳定和谐发展

社会稳定是我国社会发展的长期主题。改革开放以来,社会稳定成为中国共产党和政府长期坚持的基本方针。这是因为,没有稳定的社会,改革开放、经济体制改革、政治体制改革、社会体制改革等主流话语都会失去自己的基础。

犯罪青少年矫正和预防工作对降低青少年犯罪、维护社会稳定具有重大作用。通过有效的矫正预防工作的开展,改变犯罪青少年的思想观念和行为方式,促使他们顺利回归社会,实现自我更生,减少了犯罪,从而促进了社会稳定。联合国的一项研究也指出:"广泛使用非监禁制裁不会导致犯罪的大量增长,特别是在非监禁制裁得到了很好的计划和执行,得到社区和广大公众充分支持的情况下,更是如此。"[1]因此,可以说,对犯罪青少年的非监禁处置方式及相应的矫正预防工作,能够真正从源头上预防和减少犯罪,保障社会稳定。

犯罪青少年矫正和预防工作对于社会发展的促进作用体现在许多方面。

该项工作的开展为探索社会管理的有效运作积累了经验。从中国改革开放的过程看,在改革开放初期,政府与市场的分离是改革的主题,随着改革逐步深化,市场经济体制框架逐渐建构,政府与市场的分离取得了重大成果。而随着经济的发展,政府从社会中分离出来,构建经济进一步发展的社会支持平台成为改革的又一重大主题。相对其他地区而言,上海市市场经济的发展走在前面,社会建构主题也相对较早提出。上海市政府在 21 世纪初期提出了"社会管理"的思想,20 世纪 90 年代中期开始的社区建设经过几年的发展,也进一步提出了"社会管理"的要求。但对于社会究竟是怎样的,应怎样建设社会,社会治理的方式、方法应是怎样的等社会建构的关键问题的认识仍然处于模糊状态。犯罪青少年非监禁型矫正与预防工作体系,运用政府与社会合作、政府主导推动、社会服务机构自主运作、社会多方参与的工作模式,为社会管理机制的探索提供了良好经验。这个经验运用到社会建设方面,直接结果是在社会中建设了一批能够承接由政府返回的社会事务的主体,使社会具有了承接政府返回的社会事务的能力。从而在理论和实践两个层面回应了社会是怎样的,应该怎样建设社会的

---

[1] Alternatives to Imprisonment and Measures for Social Resettlement of Prisoners (Report of the Secretary-General, A/CONF), PARA. 130.

社会建设的主题,也极大地促进了社会的发展。

二、青少年考察教育工作的实践探索

在我国,青少年考察教育工作还处于探索时期,各地都进行了许多有益的探索。在此,以上海市为例展开讨论。

为落实社会治安综合治理措施,推进上海市预防和减少犯罪工作体系建设,规范行政处罚、刑事诉讼中对违法犯罪未成年人的考察教育工作,坚持"教育、感化、挽救"的基本方针,依据《中华人民共和国未成年人保护法》和《中华人民共和国预防未成年人犯罪法》以及《上海市未成年人保护条例》的精神,上海市针对违法犯罪情节较轻的未成年人建立了考察教育制度。

1. 考察教育制度的基本内容

考察教育制度是指对违法犯罪情节较轻的未成年人历经行政处罚或刑事诉讼阶段时,公安机关、人民检察院、人民法院与家庭、学校及社会组织密切配合开展的"缓处考察"、"诉前考察"和"社会服务令"的制度,其着力点是落实各项教育、感化、挽救的措施。考察教育制度坚持对违法犯罪情节较轻的未成年人尊重其人格尊严、保护其合法权益,坚持教育、感化、挽救,关心爱护、积极引导,各方参与、形成合力的基本原则。根据制度规定,目前上海考察教育的对象是依法可以处罚的未满18岁的未成年人(根据《中华人民共和国治安管理处罚条例》),犯罪时未满18周岁应当负刑事责任的未成年人(根据《中华人民共和国刑法》)。公安机关、人民检察院、人民法院在作出"缓处考察"、"诉前考察"或"社会服务令"后,对在校未成年人,要与区(县)青少年保护办公室取得联系;对非在校未成年人,要与区(县)青少年事务社工站取得联系,共同组成考察教育小组。区(县)青少年保护办公室和青少年事务社工站在司法机关的指导下,指派专人对未成年人进行跟踪帮教,积极做好未成年人的考察教育工作,引导未成年人树立积极向上的人生观、世界观,提高克服困难的勇气和遵纪守法的自觉性。同时加强与司法机关的联系,保证各项考察教育工作有序衔接、相互配合。

上海的考察教育工作体现了新的康复服务的少年司法理念,其注重的是对罪错未成年人进行帮助教育,"引导未成年人树立积极向上的人生观、世界观,提高克服困难的勇气和遵纪守法的自觉性"。考察教育工作也体现了司法系统与社会系统的合作。如教育考察工作注重司法机关与青少年保护办公室、社区青少年社工站的合作和相互衔接、配合。它是司法机关与青少年教育、保护和服务专门机构的合作联合。

至2007年底,上海的考察教育工作中,诉前考察工作开展相对比较完善。检察院与社会工作机构共同合作,在服务内容、工作流程、角色分工等方面都积累了一定的经验。如有些社工点在"诉前考察"工作中总结了"五个一"的工作流程,包括一周一次公益劳动、一月一次家庭座谈会、一月一份思想汇报、一月一份家长反馈、一月一次法制教育等;有些社工机构在价值理念和专业方法的运用、工作网络建设、社会资源整合等方面都开展了有益探索。而其他两类工作,如"缓处考察"和"社会服务令"的开展还有待探索和完善。

预防和减少青少年犯罪,是各国都十分重视的重要工作。一般来说,该项工作在内容上包含两个层次。一是犯罪前的预防工作,如社会各界通过警告和提供各类辅导服务,以防止青少年犯罪;二是对犯罪后再犯罪的预防工作,即由司法机构或其他社会团体组织、社区等,对触犯法律的罪错青少年开展适当的矫正辅导工作,以防止其再次犯罪。考察教育工作就是属于第二层面的预防犯罪工作。

从犯罪防止来看,一般认为有两种模式,一是阻吓模式,二是康复模式。前者主张采取严厉、迅捷、明确的刑罚措施,对犯罪人进行制裁,同时起到警示社会的目的。后者将犯罪行为视为疾病,针对犯罪人的具体情况提供专门的辅导矫正服务,以使其恢复正常,达到重新适应社会的目的①。如果以康复模式作为犯罪防止理论取向,那么,预防犯罪工作必须包括三个层面,第一层是整个社会及社区环境的改善;第二层是对潜在犯罪因素的预测和防范性辅导;第三层是犯罪后的矫正辅导,使其成功重返社会而不再犯罪。根据上述分析,考察教育是属于康复模式中的第三层次的预防犯罪工作。

总之,考察教育工作是康复型犯罪防止模式在罪错青少年群体中的实际运用。考察教育工作在上海的实践也刚开始,我们将从以下几方面对上海的考察教育工作进行分析、反思和研讨。

2. 考察教育工作的实践反思

(1)价值理念的反思。从上海考察教育工作的基本理念来看,该制度对违法犯罪情节较轻的未成年人持尊重和保护的原则。这个原则所包含的工作理念与积极的人道主义观点有紧密联系。人道主义哲学深信人性具有"高度可塑性"和丰富的"潜藏",只要给予适当的机会和善加诱导,必能改变与发展。人的能力高低并非与生俱来,而是需依赖机会给予发挥。此种哲学深信人之"潜藏"须透过"机会",方能发挥成"能力",人之可塑性与尊贵正在于此,纵然偶一失足犯事,也绝不该受轻视与唾弃,反之,应保障其个人权利,给予机会以自新②。此外,从社会工作的理念来看,社会工作最基本的信念就是相信每个人都有与生俱来的价值和尊严,而这种尊严和价值带给每一个人不可剥夺的社会权利。因此社会工作者对待教育考察对象的基本态度应是接纳而非批判。这一价值理念在

---

① 张华保著:《少年犯罪预防与矫治》,台湾三民书局1989年版,第271~272页。
② 周永新主编:《社会工作学新论》,香港商务印书馆1994年版,第261页。

考察教育工作中尤为重要。因为在考察教育工作中,考察教育对象是一些对社会和他人利益有所损害的人,他们的行为在法律和道德范围内应该受到谴责。但是进入社会工作领域,他们同样是受助者,不管他们过去的行为多么严重地损害了他人和社会,现在他们只是一个需要予以矫正治疗的个体,就像医生不会因为病人身上有烂疮而把病人拒之门外一样,社会工作者应该将受助者本身连同他过去的犯罪事实接受下来,然后才可以以客观的、体谅的心态,在平等的、安全的气氛中与矫正对象深入讨论问题,选择解决问题的办法。

从上海的实践来看,社会工作的价值理念已经在考察教育制度设计以及考察教育工作的实施过程中得到较好的体现。社会工作者坚持社会工作专业价值理念,通过各个层面的专业服务使"尊重、保护"的考察教育原则得到实践。

(2)专业方法运用的反思。考察教育工作提出了"教育、感化、挽救、关心爱护、积极引导"等基本原则。为贯彻这个原则,目前考察教育工作包括了公益劳动、思想教育、心理辅导、家庭沟通、各项青少年活动等内容。这些工作内容体现了少年司法转向制度中的教育、感化、引导、康复等基本元素。并且这些内容在具体工作开展中得到了不同程度的落实。如有的考察教育计划注重公益劳动的有效性,有的考察教育计划着重家庭关系的调整,有的计划偏重情绪控制辅导,或者就业辅导等。我们认为目前的考察教育工作,从康复模式的基本取向出发,在内容上来说应该进一步拓展,尤其是要扩大辅导性的考察教育内容,该部分内容可以包括学习生活辅导、职业生活辅导、休闲生活辅导、伦理生活辅导、健康生活辅导、社交生活辅导、法律生活辅导、经济生活辅导、情绪生活辅导等等。

从工作方法的角度看,目前在完成考察教育各项工作中,社会工作者主要运用多层面的社会工作介入方法,如个案辅导、家庭关系协调、社区资源支持等。但总体来说,社工辅导服务的针对性及专业性有待进一步提高。目前的不足之处在于,社工对考察教育对象的问题成因、需求特征分析和预估不够充分,以致在服务计划的设计上缺乏针对性。有的辅导计划仅关注其具体的公益劳动的安排、就业岗位的落实等,对于考察教育对象在心理、行为、认知、社会关系等方面的介入较少。此外在专业方法的运用方面,社工仅以个案辅导为主,小组工作方法目前尚未在考察教育工作中得到运用。社工普遍感到家庭关系的协调是非常重要的,但是,目前社工缺乏家庭治疗的基本技能,导致对家庭关系的调整缺乏有效的专业方法。

因此,建议在考察教育工作中,要多层面地运用各类专业方法。第一,个案工作中,要加强对考察对象各种社会背景和心理、行为特征的资料收集,在分析诊断的基础上作出有系统的辅导计划,在计划实施的过程中及时进行评估和修正。第二,在小组工作方面,社工首先要认识到小组工作对于改变罪错青少年心理、行为、认知、人际关系等有着重要的作用,充分动用小组动力来达到改变个人的目的。其次,对考察教育对象,社工可以通过三种途径来开展小组工作,一是转介,即把考察对象转介到社工站正在开展的小组辅导服务中。二是接近并介入到考察对象已有的同伴关系中。通常这类同伴关系是一种不良朋辈群体,社工运用渗透的方式,接近并影响该团体,设法与其建立关系,通过逐个瓦解,或者团体替代的方式,使他们脱离反社会的行为轨道,并逐渐形成良好的团体关系。三是开展强制性的辅导小组。所谓强制性,是指社工接受相关司法部门的委托,对一些有较强偏差行为的考察对象,要求他们必须接受一定类型的小组辅导服务。通过一些教育或治疗性的小组辅导,使考察对象的偏差行为得到有效改善。第三,在社区工作方面,社工应该在改善环境和构筑工作网络方面做更深入的工作。考察教育工作的开展离不开社会相关部门的通力合作,如司法系统与社会服务系统的合作,社会服务组织之间的合作,社会服务组织与政府、非政府部门的合作等等。因此构建社区范围内各类组织之间的合作网络,是社工开展社区工作的重要内容;社工也可以转介考察对象参加一些社区层面的大型活动,以增加他们与社区的连接。社区资源的整合和志愿者队伍建设,也是社区工作开展的重要内容。

(3) 工作流程的反思。上海的考察教育工作已经形成了一套完整的工作流程,包括调查—考察意见反馈—经办机构审查决定—成立考察小组、制定考察计划—签订协议并实施考察计划—考察教育工作终结和评估—提交考察报告—经办机构审核决定—跟进等。

在对考察教育工作的实际进程进行分析后我们认为,当前该项工作应该在两方面进一步加以改善:一是考察教育前的调查工作,二是考察教育方案的完善。

考察教育前的调查工作。目前考察教育工作在开展中,首先要求社工开展调查工作,调查内容包括确认身份、住址、联系方式,确认以往的考察教育经历,向居住地居委(村委)会、公安派出所征求考察教育意见,并且要求社工在规定的3日内完成调查后填写考察教育意见反馈书。在这些规定中,我们发现社工的调查时间非常短暂,而且,调查的内容基本上仅是一些考察对象的身份资料,这样的调查工作并不符合康复型犯罪防止工作的基本要求。

一般来说,考察教育前的调查工作具有以下目的:第一,收集个案资料;第二,分析和诊断犯罪原因;第三,提供是否适合考察教育的处理建议。

考察教育前调查的内容主要应该包括:第一,身份资料,如姓名、出生地、血型、职业、学历、住所、特征等;第二,与事件有关的资料,如罪错性质、犯罪事实和经历、行为及态度、动机、手段、同伴关系等;第三,如性格、品德、兴趣、习惯等;第四,经历,如就学、就业、生活史等;第五,身心状况,如身体及精神和心理状况等;第六,家庭情况,如成员构成、家庭互动关系、经济状况、父母背景、父母教养方式、家庭地位、对家庭的态度等;第七,社会环境,如居住环境、邻里关系、同辈关系、环境资源状况等;第八,教育程度;第九,其他必要的事项等①。

要完成以上调查,社工需要对考察对象本人及其家庭、社区等作非常详细的资料收集和分析工作。因此,目前上海关于考察教育调查工作的内容需要扩充,也不可能仅在三天完成这些调查工作。

考察教育方案的完善。目前上海考察教育工作主要在社区层面开展。根据"社会疏离理论"的基本要点,犯罪的发生,是由于人际关系疏离、缺乏亲情、关怀、尊重、爱护所致,犯罪人没有能够与社会建立健全的联结关系所致②。为了防止犯罪现象发生,我们应该加强社区建设,在社区内发展良好的人际关系,增加社区活动及场地,特别是增加青少年运动、娱乐等场所。

基于上述认识,我们建议考察教育工作应制定全面的介入方案,建立起全面的考察教育服务体系,该体系包括社区环境改善项目、社会适应重建项目、社区活动设施建设项目等。具体设想如下:第一,建立个人及家庭服务体系,着重帮助考察教育对象改变其不良行为习性,改善其与家庭的互动关系,形成相互关爱、和睦的支持关系;第二,建立就业就学等辅导项目,着力提高考察对象的社会适应能力;第三,建立青少年活动基地,充分利用社区各类人、才、物力,建立青少年活动场所,开展各类青少年社区活动,为罪错青少年接触和回归社会提供条件;第四,改善不良社会环境,营造亲切、关怀、尊重、爱护的社会氛围,为罪错青少年提供各种社会支持条件,促进罪错青少年早日回归社会。

三、青少年社区矫正工作的实践探索

青少年社区矫正作为我国社区矫正的重要内容之一,与我国社区矫正的发展具有同步性,还处于试点阶段。各试点省市也对此进行了许多探索,在此,以上海市为例分析青少年社区矫正工作的实践探索。

1. 青少年社区矫正的基本内容

上海自2003年开展社区矫正试点工作以来,已经为全市范围内的社区矫正对象开展了各类矫正管理服务工作。至2007年底,上海还没有建立独立的青少年社区矫正工作制度和体系,所以上海的青少年社区矫正工作主要根据上海市社区矫正办公室制定的社区矫正工作规定而开展。主要包括日常管理、教育学习、心理矫正、公益劳动、帮困解难等五个方面。

日常管理主要包括社区服刑人员矫正档案管理、社区矫正工作台账管理、社区服刑人员活动情况监管、社区服刑人员外出请销假与迁居的审核、人户分离社

---

① 刘作楫著:《少年观护工作》,台湾五南图书出版公司2003年版,第121~125页。
② 张华保著:《少年犯罪预防与矫治》,台湾三民书局1989年版,第273页。

区服刑人员的管理、考核奖惩实施等。

教育学习主要包括常规教育学习和个性化教育矫正两方面内容。常规教育学习采取集中学习和个别教育相结合的方式进行；个性化教育矫正主要是针对符合有关规定的重点社区矫正对象，按照个性化教育矫正规范流程，采取包括强化日常管理、加强常规教育、主动帮困解难、培养文化素养、实施心理矫正、提高自助能力、注重亲情辅助、动员社会力量、进行科学奖励、及时跟踪评估等多方面的措施而开展的特定矫正教育工作。

心理矫正主要是指开展心理健康教育、心理咨询、心理危机干预或心理治疗等方面的社区矫正服务。

公益劳动是社区矫正服务的重要内容，体现了刑法执行的严肃性和强制性。

帮困解难是社区矫正的重要内容，该项工作有助于协助社区服刑人员更好地融入社会。帮困解难工作主要包括对社区服刑人员中存在的户口、就业、居住、生活、学习、教育等特殊问题或困难，社工积极联系有关部门予以帮助解决。同时社工也对社区服刑人员开展各类就业技能培训，并为实现就业提供各类咨询服务。

在社区矫正实践过程中，矫正社会工作者会根据青少年与成年服刑人员之不同而在教育学习、心理矫正、公益劳动、帮困解难等方面设计不同的服务内容和运用不同的工作手法。比如在针对新进入矫正系统的青少年犯罪人员开展法制教育的工作中，某区社会工作者运用小组社会工作方法开展集中式、参与式、体验式、互动式学习活动。他们把小组目标设定为：帮助青少年矫正对象加强在刑意识；对青少年矫正对象开展法制教育，使其对自身的行为有所反思；让青少年矫正对象理解社区矫正的真正含义，帮助他们更好地度过矫正期。小组程序主要通过相互认识、角色澄清、小组规范订定、刑法案例研讨、社区矫正制度学习、新型毒品预防技能训练、犯罪与成本关系讨论等系列主题来达到上述小组目标。该小组服务计划的实施，不仅丰富了法制教育的内容，也通过小组工作形式的运用达到了启发、训练、助人自助的矫正目的。一些社工结合青少年的特点开展了大量的社会实践活动，以提升犯罪青少年对社会的归属感、认同感，增加其适应社会的能力。也有社工与社会各类组织合作，共同建立就业、社会技能训练基地，为犯罪青少年重新适应和融入社会创造条件。

2. 青少年社区矫正工作的实践反思

（1）青少年社区矫正服务定位反思。社区矫正服务应有怎样的定位？有人认为，作为刑罚执行过程的社区矫正和社会工作服务是相互矛盾的。也有人认为刑罚执行是社区矫正的主要工作性质，社会工作仅是一种补充。还有人认为，虽然社区矫正和社会工作并不矛盾，但两者的关系在制度制定、工作流程设计和工作职责分工中没有处理好，以致社区矫正服务因定位不清而呈现出专业性不强,专业发展空间不大的局限。

我们认为,无论是从社区矫正的理念与社会工作的理念看,还是从社区矫正的功能与社会工作的功能看,社区矫正与社会工作都存在内在的统一性。

我国两院两部在2003年颁布《关于开展社区矫正工作试点的通知》时就已经明确指出,社区矫正是指将符合社区矫正条件的罪犯置于社区内,由专门的国家机关在相关社会团体和民间组织以及志愿者的协助下,在判决、裁定或决定确定的期限内,矫正其犯罪心理和行为恶习,并促进其顺利回归社会的非监禁刑罚执行活动。在两院两部2005年颁布的《关于扩大社区矫正试点范围的通知》中明确指出社区矫正工作是将罪犯放在社区内,遵循社会管理规律,运用社会工作方法,整合社会资源和力量对罪犯进行教育改造,使其尽快融入社会,从而降低犯罪率,促进社会长期稳定与和谐发展的一种非监禁刑罚执行活动。由此我们应该看到,作为刑罚执行过程的社区矫正,社会管理规律的遵循、社会工作方法的运用、社会资源整合和使用都是保障社区矫正获得成效的重要因素。

社会管理注重的是政府和社会的相互合作和制约。在社区矫正过程中,如何真正发挥政府和社团的各自功能,明确彼此的职责边界,用制度和机制规约双方的责任和义务,是目前青少年社区矫正工作中始终需要解决的重要议题,也是目前存在的制约社区矫正服务有效发展的主要问题。

社会工作方法代表了一种专业理念、方法和技巧。社会工作作为一种社会制度,至少从三个方面弥补了社区矫正中刑罚执行的不足。其一,社会工作以人为本的工作理念,弥补了社区矫正中刑罚执行刚性化的不足;其二,社会工作主动性的工作模式弥补了社区矫正中刑罚执行虚化的不足;其三,社会工作以人的平等、尊严、价值、需要为理念的工作模式,弥补了社区矫正中刑罚执行社会关怀的不足。社会工作方法的运用,是恢复社区服刑人员的社会功能、促使他们早日回归社会的重要手段。目前上海在青少年社区矫正工作中社会工作的方法运用已日趋专业和规范,但还存在着很大的发展空间。

社会资源整合确实是社区矫正服务的重要内容。三年多来,上海社区矫正工作者十分注重各种社会资源的整合和运用,为青少年犯罪人员融入社会做出了巨大的努力。但目前来看,社会资源的整合和利用还十分困难,社工常感到心有余而力不足。比如开展集中教育或个别教育缺乏合适的工作场所,一些矫正服务所必需的基地建设缺乏资源保障,青少年职业辅导和训练缺乏资金和技术,等等。一些特殊服务对象由于环境资源不足而引发社会功能不全,表现为落户难、住房难、就业难、就医难、转化难、管控难。社会资源的匮乏甚至是社区矫正服务的瓶颈之一。帮困解难性的社会资源,以及社会资金的募集、社会志愿者作用的进一步拓展,都是目前青少年社区矫正工作中有待进一步加强和完善的工作内容。

（2）青少年社区矫正工作体系反思。至 2007 年底,上海全市尚没有构建起统一的青少年社区矫正工作体系。但一些区县在青少年社区矫正工作探索中已经积累了一定的经验。图 11-2 是上海市闵行区社区矫正工作站"旭日心航工作室"开展青少年社区矫正工作的服务流程图①。我们以该流程图为案例,对青少年社区矫正工作体系建设进行探讨。

"旭日心航工作室"是上海市新航社区服务总站闵行工作站与华东理工大学社会工作系合作的一个项目工作室,专门从事青少年社区矫正服务工作。经过一年多的实践与反思,社会工作者探索出了一个以风险需求评估为基础、以各类服务项目实施为平台、分阶段分流式的个案管理型青少年社区矫正服务流程。

从图 11-2 可以看到,社区矫正阶段主要分为宣告前、宣告、矫正初期、矫正后期、结束矫正等几个阶段。

宣告前的阶段,社工主要是通过与少年法庭的联系与合作,通过撰写社会考察报告、参与审判、审判后的及时跟进等环节,在关键时节与青少年矫正对象建立了关系。

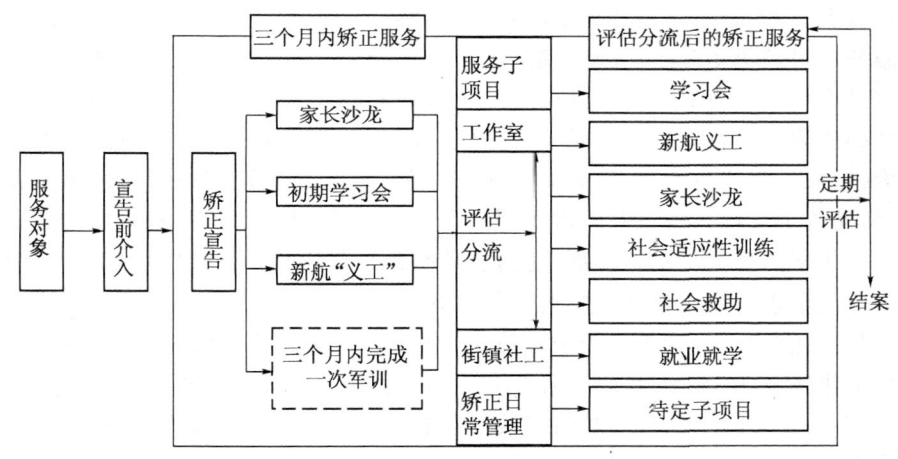

图 11-2　个案管理服务流程

宣告会上,社工及时把社区矫正工作的要求、服务内容、矫正要求等信息向青少年矫正对象进行宣传和告知,并签订服务协议书。

青少年矫正对象进入社区矫正系统的初期三个月,社会工作者主要为矫正对象开展了"迎新学习会"、"新航义工"、"家长沙龙"等服务项目。迎新学习会主要目的是帮助青少年进一步提升法律意识,学习相关的法律知识,使他们能够认识到自身的错误,从而避免犯罪行为再次发生。新航义工项目是结合公益劳

---

① 主要参考旭日心航工作室 2007 年度工作总结报告。

动和矫正服务两重工作要求而开展的系列活动,旨在为青少年矫正对象提供重新审视自身的平台,使他们摆脱原有的不良标签,提升自我认同度,体会助人的快乐,进而使青少年矫正对象明确自身责任,改变对自身的认识。家长沙龙主要以青少年家长作为主要服务对象,组织开展每月一次的小组聚会,学习交流对孩子的管理、教育、家庭关系改善技巧等内容,希望通过该项服务,不仅能够提升家长与孩子的沟通能力和亲子关系,也能发展一些家长成为矫正青少年工作的辅助力量及主要支持者。

经过三个月左右的社区矫正服务工作,社会工作者将根据上海市矫正对象分级评估指标及工作室制定的青少年矫正对象风险需求评估指标对服务对象做阶段性评估。根据评估结果,将青少年矫正对象分流至不同的矫正管理服务项目内,继续接受各类矫正服务,直至社工通过评估,判断青少年矫正对象的不良行为基本消除,社会功能明显改善,社会适应能力基本具备,具有回归社会的自助能力,社会工作者才进行结案,并把矫正对象转介至持续跟进程序中。

分流评估后的矫正服务项目基本上根据矫正对象的问题和需求状况而设定。从大类看,除了延续初期阶段的服务项目并在内容上继续深化外,该阶段矫正服务项目还包括如社会技巧训练项目,主要针对青少年社区矫正对象在社会适应过程中应具备的相关技能开展培训,以提升青少年社区矫正服务对象自我管理的能力;大型历奇活动,希望通过历奇活动让青少年社区矫正对象审视自身行为,形成自我约束和规范,并对自我有一个新的认识;模拟法庭,通过模拟和体验,协助青少年社区矫正对象巩固刑法知识,提升其法制意识和自我规范能力。

工作室的各类活动的开展,还需要各类社会组织和志愿者广泛参与。为此,工作室也把志愿者工作纳入主要工作内容。

从上述流程图及"旭日心航工作室"开展的矫正服务项目来看,青少年社区矫正工作体系建设应该从以下几个方面的内容加以建设和完善。

第一,各类组织的合作参与。政府和非政府各类组织的合作参与,是矫正工作体系有效运行的基本前提。如矫正宣告会,由公安派出机构承担执法职责,司法机构承担管理职责,社工在公安机关和司法机关指导配合下承担矫正服务的职责。进入矫正阶段,无论是集中教育学习,公益劳动,还是帮困解难工作的开展,社会工作者都需要在有关政府部门,以及社会有关组织的支持配合下完成矫正服务工作,没有社会各类组织的合作参与,社区矫正工作无法取得进展和成效。

第二,各种专业力量的综合运用。当社会工作者对矫正对象开展各类矫正服务时,无论是服务项目设计还是实施,都需要综合运用各种专业知识。如开展评估工作需要整合社会工作学、心理学、社会学、统计学、人类学等学科知识;在开展法制教育项目时,法律知识等成为基础性知识;当设计和实施大型活动时,社会工作者的协调、组织、管理能力又成为基本功;当开展青少年职业辅导服务时,有关就业、社会保障的政策、信息对工作开展至关重要。

社会工作者作为个案管理者,其重要职责是为矫正对象安排合适的矫正服务资源,如心理咨询、就业培训服务、拓展训练服务等。各类由不同专业为基础而建立的矫正服务项目,成为矫正和改善矫正对象社会功能的重要技术和资源保障。从目前来看,要大力发展各类专业性的服务机构,建立社区矫正支持性社会服务网络,才能促进社区矫正更好地拓展。

第三,各个矫正阶段的分类组合。社区矫正是针对矫正对象的不同情况而开展的有针对性的矫正服务工作。通常矫正对象进入矫正工作系统,会经历一个排斥、观望、被动、接受和服从的心理演化阶段。同时在矫正初期、中期和后期的每个阶段,矫正对象的风险、需求特点也是各不相同的。如大多数青少年矫正对象刚进入社区矫正系统时,处于一种警觉、迷惘、无奈的心理状态,但也有不少青少年矫正对象存在无所谓的心态,对社区矫正工作的严肃性、强制性特点认识不足。有的青少年在矫正初期对自我认识比较模糊、缺乏自我管理能力,也没有什么人生发展目标。随着矫正服务工作的深入,一些青少年矫正对象的观念和自我认知开始发生转变,也逐步形成了一定的自我发展要求。针对这样的变化,社会工作者必须及时对矫正对象开展评估工作,并实施有针对性的矫正服务方案。因此,社区矫正工作是分阶段逐步推进的,社工对每个阶段的矫正目标和矫正服务项目都必须有效分类和并使之相互衔接。

第四,矫正服务内容的持续拓展。社区矫正的服务内容,随着矫正对象情况的变化,社会工作者专业水平以及社会资源整合能力的提升而不断拓展。一般来说,青少年矫正服务的内容包括心理、认知、情绪、行为、社会关系、社会适应技能等方面的内容。从上海市社区矫正工作的实践来看,在试点工作初始阶段,大多数社会工作者主要按照市矫正办的规定,只是用集中式讲座、个别谈话、组织公益劳动或联系有关部门共同解决矫正对象生活困难等方式来完成社区矫正的教育学习、公益劳动、帮困解难工作。但随着工作的逐步深入,社会工作者逐渐掌握了更为科学有效的风险需求评估方法,对青少年矫正对象的个人、家庭、同伴、就学就业、闲暇生活内容等有了更为深入的了解;同时社会工作者在实践中不断提升了专业服务的能力和水平,也获得了更为广泛的社会各界的支持和帮助。因此,社区矫正服务内容日益扩展,已经由原来简单的教育学习改造扩展至从个人、环境,以及个人与环境互动关系三方面来开展各类矫正服务,矫正服务工作与改善青少年矫正对象的社会功能、促进其回归社会的矫正目标实现了有效衔接,社区矫正服务项目也逐渐丰富。

第五,矫正服务项目的规范整合。在社区矫正工作开展初期,每位社工基本上只关注所辖社区矫正对象的日常管理工作。当社区矫正工作逐步深入后,矫正管理服务内容逐步得到拓展,一些有针对性的矫正服务项目应运而生。

社区矫正服务项目是矫正体系得以运行的重要载体。我们在上海的实践中发现,社会工作者从日常管理类事务性工作中逐渐分化重组,演化出一些具有专业特色的服务项目,如旭日心航工作室、青少年法制讲堂、心理咨询工作室、青少年影评沙龙、亲子园、家长学校、曙光助业行动、回归热线等。在项目实施和推进的过程中,社会工作者逐渐掌握了项目策划、项目实施、项目评估等知识和能力。社会工作机构也开始在全面管理的基础上,把经费预算与项目运作相结合,用项目审批、项目监管、项目评估等管理手段规范专业矫正服务的开展,掌控社区矫正服务管理的质量。社区矫正服务项目的运作,促使社区矫正工作体系进入专业化、规范化的运作轨道,创新、竞争、优质、成效的概念融入到社区矫正工作体系中,生活工作者、社会工作服务机构的潜能和创新意识得到开发,社区矫正工作体系日趋完善,充满活力。

第十一章 社区矫正社会工作案例

自2003年7月开展社区矫正试点工作以来,许多试点省市都对矫正社会工作进行了有益的探索,积累了一些成功的案例。在此,我们分别选取矫正社会工作个案案例和小组社会工作案例,同时,还选取了部分针对矫正对象具体问题的矫正案例,以供学习和研究使用。

第一节 社区矫正社会工作个案案例

个案社会工作可以说是矫正社会工作开展中使用最多的一种工作方法。在矫正社会工作的开展过程中,矫正社会工作者大多采用一对一的方式开展工作。因此,可以说矫正社会工作中个案社会工作的案例是比较多的。但必须指出的是,由于矫正社会工作开展的时间还不长,矫正社会工作者自身理论和实践水平还存在着一定的局限性,这些案例都具有不完整和不成熟的特征。为了准确地表现国内矫正社会工作个案实施的情况,对这些案例我们没有做修改。

一、个案社会工作及其主要模式

1. 个案社会工作

个案社会工作是以个人(或家庭)为对象的社会工作方法。它采取面对面的沟通和交流,运用人与环境互动的理论和方法,协助个人(或家庭)增强其适应社会的能力,以恢复和增进其社会功能,最终实现其福利的增进。

2. 个案社会工作模式

在社会工作介入中,有很多已经成熟的社会工作模式,我们可以借用社会工作的一些基本模式,根据社区矫正工作的具体处境,发展出适合社区矫正工作的个案社会工作新模式。

(1) 心理社会治疗模式。此模式受心理分析理论、自我心理学理论、"人在情境中"等理论影响。

该模式认为过往经历（童年经历）对问题形成有非常重要的影响。其诊断重点在于对矫正对象的心理进行动态分析，即研究人格结构本我、自我、超我及其互动，自我防卫机制等。同时也注重从人与环境的角度对个人状况加以调整。

该模式的治疗目标包括减低案主的焦虑和不安；减低"人在情境中"系统的功能失调；增强当事人的自我适应技巧和"人在情境中"系统的功能；增强案主的自我实现和满足感；改善环境以解决问题等。

（2）人本治疗模式。该模式认为人是善良的、理智的、仁慈的、可信赖的。人有与他人和谐相处的愿望和能力，而且有自我成长、自我实现的内在动力。该模式对问题成因的判断是案主有一个较低的自我观，自我评价很低。

该模式的介入目标包括：案主对自己有较实际的看法；较有自信和较有自主能力；能够对自己及其感受有较大的接纳；对自己持较积极的看法和评介；减少对自己的经验作出贬抑；行为上表现得较为成熟、较社会化、适应力也较强；压力对他的影响程度降低，同时他也较易克服压力和挫折；性格上显得较为健康；对他人有较大的接纳程度。

（3）任务中心模式。该模式着重于帮助案主分析和处理具体的问题，因此其所确定的任务是具体的、有限的、外在的目标，是案主的问题，而不是案主的个人成长，是"一个可处理的问题"。案主知道这个问题存在；案主承认这是一个问题；案主愿意处理这个问题；案主有能力处理这个问题，如就业、人际关系、学业成绩等。在介入程序上，该模式可以划分为一系列阶段，包括工作者与矫正对象找到目标问题；根据矫正对象对问题的焦虑程度确定处理的先后次序；双方就有关问题选择及制定任务，同时分配这些任务给矫正对象及矫正社会工作者；双方共同完成任务；检验成绩并计划矫正对象在辅导结束后应该继续履行的任务等。

（4）行为治疗模式。该模式认为行为是学习而来的，其关注的矫正目标也只集中于现时、此时此刻的行为问题。行为治疗模式认为行为包括操作性行为与反应性行为两种，操作性行为由个人意识控制，它是否出现以及出现频率的多寡，主要受行为结果的影响；反应性行为无法由个人意识来控制，而是因刺激引发生理改变所产生的，最常见的有焦虑、不安和性冲动等行为反应。所以行为治疗模式在运用时，要针对引发行为的前因与维持行为存在的效果反应等两个因素进行介入，因此伴着行为而出现的前因与后果，成为行为模式评估和治疗的焦点。

矫正模式有较为完整的目标、策略和技巧等。从技巧来看主要是操作行为技巧、反应行为技巧、综合性技巧等。

（5）现实治疗模式。该模式认为人是自主和自决的，因为人有自由意志。

它既不像心理社会学派强调潜意识对人的作用,也不像行为学派只强调环境的改变,它认为人的行为不受外在支配,人不应推诿自己生活的责任,而必须对自己的行为负责。

该模式主要目的是协助失败认同的人通过学习现实及负责任的行为去满足自己的需要,从而迈向成功的认同。现实治疗法在实施过程中是一对一的个人化工作方式,不重视感受,焦点集中在当前的行为,重视责任和承诺,着重计划,并要求案主对执行计划作出承诺。

(6)理性情绪治疗模式。该模式又称为 ABC 性格理论。它的基本观点是,情绪问题是由于人的非理性信念造成的。其治疗的重点在于,以观念、思想为突破口,通过改变人的非理性思想,达到改变沮丧情绪的目的,使人更积极与负责任地生活。理性情绪治疗法可以用图 12-1 说明:

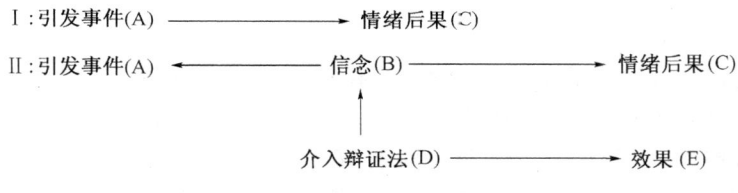

图 12-1 理性情绪治疗法

在 ABC 性格理论看来,一个人的情绪困扰(C)并非被刺激(A)所决定,而决定于一个人的信念(B),如果我们能够改变这些错误的非理性信念,情绪困扰就会随之解决。因此,针对非理性的信念,工作者可以采取一些方法(介入辩证法D),帮助案主挑战自己的非理性信念。一旦非理性信念得到改变,就取得了效果(E)。

(7)家庭结构治疗模式。该模式基于家庭治疗理论,以整个家庭为对象,通过改变家庭的结构与交往方式来发挥家庭的功能,从而使个别家庭成员的问题得以真正解决。

家庭结构治疗模式的几个核心概念是次系统、边界、权力架构、角色和责任分工等。该模式认为不良的家庭结构是造成家庭成员问题的真正原因,不良的家庭结构主要表现为病态的家庭结构,如纠缠与疏离、联合对抗、三角缠、倒三角等。家庭结构治疗模式的最主要工作是通过纠正病态家庭结构,建立家庭内良好的沟通和交流,保证家庭成员在健康和谐的家庭氛围中生活,最终解决家庭成员的问题。

以上仅是对个案社会工作模式的初步介绍。在社区矫正过程中矫正社会工作者已经在尝试运用个案模式解决矫正对象的一些心理、认知、行为、社会支持、社会适应等方面的问题。

二、社工工作案例

本案例是某位上海市矫正社会工作者所写的一个真实、完整的案例,为了使读者全面了解目前矫正社会工作发展的水平,笔者没有对案例做任何修改。

1. 基本资料

李某某:男,1965年1月生,汉族,高中文化程度,因犯信用卡诈骗罪,被法院判处有期徒刑六个月,缓刑一年。矫正期限为2005年8月27日至2006年8月26日。

犯罪及受处罚情况:1979年因行凶被行政拘留;1984年因流氓罪被判刑两年;1986年因非法买卖受治安处罚;1987年3月因赌博被行政拘留;1987年4月因赌博被判劳教两年;1990年因扰乱公共秩序受治安处罚;1991年因故意伤害受治安处罚。

2. 背景情况

李某某个人的背景资料非常丰富,有着多次犯罪记录。而且2005年之前李某某从没有工作过,一直在社会上混,不务正业。2005年李某某的妻子(原某商场营销员)因挪用公款等罪被判刑10年,李某某为替妻子还钱违规使用信用卡,触犯了法律。东窗事发后,李某某本想一逃了之,考虑到年幼的儿子就此孤苦伶仃,李某某放弃了逃跑的念头。之后,居委会又为其介绍了一份保安的工作,至此李某某与儿子相依为命。但好景不长,2006年2月李某某在工作期间又与人发生冲突,被单位开除。至此,李某某与儿子的生活陷入困境。

3. 主要问题陈述

(1)自身问题。李某某劣迹累累,他之所以多次犯罪与他的人格缺陷有关,如易冲动、好逸恶劳、爱逞强、对社会不满等。如果不正确引导他的思想,就算是为他推荐无数工作岗位,结果还是一个——被开除。

(2)就业生存问题。因为李某某具有前科,他很难再次找到工作,而李某某的儿子在读小学,其学费、生活费等让李某某陷入了生活危机。只有找到一份工作,才能保证其正常生活和孩子的正常学习。

(3)家庭问题。李某某自己案发,且妻子又被判刑10年。家中只有父子二人,李某某又当爸又当妈,生活非常艰苦,而且用李某某的话来说连个说话人也没有。孩子的性格也越来越内向。没有正常家庭的温暖。

4. 矫正工作计划

(1)以亲情为契机,正确引导李某某,端正他的思想,力争改变他的恶习。

(2)运用社会资源,帮助其解决就业生活问题及孩子的学习费用等。

(3)提供支持系统,让李某某感受到大家庭的温暖,主动提升自身潜能,以做个好父亲、好公民。

5. 社区矫正介入

介入理念：指导李某某树立正确的择业观并提供就业培训及推介，以实现其社会化。同时帮助提供支持系统，让李某某感受到社会的关爱，教育、引导其走上正轨。

介入过程：在对李某某和他的家庭有了全面了解后，具体工作有序地展开。首先，工作者请了社保中心的专家为社区服刑人员作了劳动就业及社会保障知识讲座，指导李某某明确自身条件，树立正确的择业观，不能好逸恶劳。工作者又多次与李某某推心置腹地交谈，引导其勇敢地与昨天告别。让他树立生活的信心，人穷志不短，不能因为生活贫困而做违法犯罪的事情，因为他是个父亲，要为孩子树立榜样，不要让孩子心里留下阴影。同时，工作者联系了劳务所和就业援助员为其推荐了就业技能培训；又沟通了街道分管领导为他落实适合他实际身体状况的岗位。街道领导答应等街道招收相立的物业保安时为他保留一个名额。2006年4月份李某某又重新上岗。

与此同时，工作者又联系了居委会干部，对李某某孩子的学校，工作者也采取了一系列措施：

（1）与学校联系，为其儿子申请了学校的免费午餐，减免学杂费，并请班主任、政教主任加强对他的关心与教育。

（2）与居委会、帮教志愿者联系，请他们平日早晚、双休日多多留心，不定时地上门帮教。

为李某某提供支持系统：节假日工作者与街道干部、居委会干部等总是上门看望，送上慰问品；社工与司法所、居委会到女子监狱看望李某某的妻子，送上问候和叮嘱；平日经常组织李某某参加各项教育活动和社会公益活动等。让李某某深切感受到社会并没有遗弃他，而是非常关心他，鼓励其摒弃恶习，重做新人。

6. 矫正效果评估

经过一段时间的矫正工作，李某某生活安定，思想稳定，工作认真。同时又自愿做交通协管员的志愿者，对社区矫正工作积极配合。李某某的儿子也已经正常上学，有了很大进步，日渐开朗。

7. 反思与进一步跟进

反思：在市场就业日益激烈的今天，有过犯罪史的人找工作更是难上加难。而社工本身没有能力解决他们的就业问题，但这些人如果没有稳定的生活来源，会再次成为社会隐患，影响社会稳定。因此有关部门能否协调社会资源，专门针对这类人群开辟一些就业岗位，对保证矫正工作的顺利开展至关重要。

跟进:

(1) 进一步稳定李某某的思想,增强其就业能动性,并帮助他学会正确看待社会、冷静处理问题等技巧与方法。

(2) 帮助李某某做一个好父亲,好好养育儿子。

三、案例解析

本案例比较真实地反映了矫正社会工作目前的发展水平。

首先,矫正社会工作者在案例中采取了问题取向的工作思路,以矫正对象存在的问题为主导,针对矫正对象存在的问题开展有针对性的工作,这应该是目前社区矫正工作中矫正社会工作者的普遍取向。

其次,从个案过程看,矫正社会工作者比较好地掌握了矫正社会工作个案的整体过程,但在每个具体环节中,矫正社会工作者还存在着不够细致、深入的问题。如在资料的掌握方面不够系统、问题把握方面不够细致、计划制定线条较粗、评估指标缺乏,等等。

再次,在工作方法上,矫正社会工作者主要针对矫正对象的就业、社会支持、家庭、矫正对象自身等方面开展了工作,在工作方法的理论性方面还难以做进一步的评价。

但不可否认的是,本案例仍然是一个成功的案例。

首先,矫正社会工作者对矫正对象问题的把握是比较准确的。

在与矫正社会工作者实际的接触过程中,笔者发现,少数矫正社会工作者还不能很好地掌握矫正对象存在的问题,他们在判断矫正对象的问题时,往往凭借主观经验,使得对矫正对象问题的把握具有主观随意性,这在很大程度上制约了这些矫正社会工作者的工作有效性。

本案例中,矫正社会工作者从矫正对象自身、矫正对象的家庭、矫正对象的就业三个方面对矫正对象存在的问题进行了分析,尽管在问题的细致性和深入性方面存在着一定的问题,但主要问题的诊断是正确的,这就为矫正社会工作者后期的工作奠定了良好的基础。

其次,矫正计划的针对性较强。

在与矫正社会工作者的实际接触过程中,笔者发现部分矫正社会工作者,甚至是社会工作专业毕业的矫正社会工作者,他们诊断矫正对象的问题后,在做矫正计划时,出现了矫正计划与矫正对象的问题不一致的情况。这就如在写作时出现的"文不对题"现象一样,使矫正社会工作难以顺利开展下去。

本案例在明确矫正对象问题的基础上,矫正社会工作者制定了矫正计划,尽管这个计划在细致性方面仍然存在缺陷,但计划针对矫正对象存在的三个方面的问题而定,具有较强的针对性。

再次，矫正介入能够按照计划进行。

从个案反映的情况看，矫正社会工作者基本上按照矫正计划完成了矫正工作。

复次，较好地处理了矫正对象就业和矫正对象的社会融入问题。

就矫正对象而言，他们往往希望矫正社会工作者给他们带来实际的好处，帮助他们解决实际的问题，如帮助他们就业，帮助他们获得金钱或物质的援助，等等。矫正社会工作者面临矫正对象的问题时，也往往容易应承帮助矫正对象解决实际问题，并希望通过这些问题的解决与矫正对象建立起关系。但在实际工作中，由于众多因素的影响，承诺难以实现的情况经常出现，从而出现矫正对象对矫正社会工作者失望的情况。

本案例中，矫正社会工作者较好地处理了矫正对象实际需要与矫正社会工作者工作开展之间的关系。矫正社会工作者没有简单地承诺为矫正对象解决就业问题，但在实际工作中，矫正社会工作者经过动员各种社会资源，不仅为矫正对象解决了就业问题，还解决了矫正对象的就业观问题，这就使矫正社会工作者的工作成效凸显出来。

最后，矫正社会工作者综合地运用了个案工作和社区工作方法，使矫正工作取得了应有的效果。

在个案中矫正社会工作者通过自己的工作及资源的运用和矫正对象一起解决了矫正对象就业观、就业、家庭等方面的问题。

不少矫正对象在就业观上存在着这样或那样的偏差。或自视很高，看不起一般的工作；或挑挑拣拣；或就业后马上失业，之后又要求矫正社会工作者再帮助寻找就业机会。这种就业观上的认知偏差大大增加了矫正社会工作者的工作难度。个案中矫正社会工作者在自己做矫正对象工作的同时，请来了劳动与社会保障方面的专家，运用专家的权威性来解决矫正对象的就业观问题，实践证明，这是一种有效的方法。而在帮助矫正对象就业及家庭问题的解决过程中，矫正社会工作者有机地整合了政府、社会各方的资源，使矫正对象的相关问题得到了解决。

第二节　社区矫正社会工作小组案例

从目前社区矫正发展情况看，应该说，小组社会工作在社区矫正中的运用还不多。这可能与小组社会工作在专业性、组织要求等方面的要求较高有关。本小组社会工作的案例是笔者所在院系的社会工作教师与矫正社会工作者合作的成果。

一、小组社会工作概述

1. 小组

关于小组的概念,通常包括以下一些内容①:有一个人以上成员;形成关系;有共同的目标和利益;成员间相互影响;地位与角色的演变;成员有归属感;小组有发展阶段;有例如规范、准则等社会控制;有小组文化与气氛。

2. 小组社会工作

社会工作实践将小组当做过程也当做手段,它通过小组成员的支持,改善他们的态度、人际关系和他们应对实际生存环境的能力。这种方法强调以小组过程及小组动力去影响案主的态度和行为。小组成员解决问题的能力和潜力是通过成员间的分享、相互分担和相互支持而发挥出来,当然,这需要小组工作者按照既定的目标开展活动和进行指导。

3. 小组社会工作的基本假设

(1) 小组经验是重要的;
(2) 使用小组达到改变;
(3) 经验是能够分享的;
(4) 经验是能够选择的;
(5) 小组工作带来的转变更为持久;
(6) 在诸如时间和人力资源等方面更为经济。

4. 小组社会工作的实践原则

(1) 认可每个人是独特的并因此而进行有关行动(小组成员的个别化原则);
(2) 认可多样的小组及随之而来的有关行动(小组的个别化原则);
(3) 真诚地接受每一个具有独特优劣势的人;
(4) 在社会工作和小组成员之间建立有目的的助人关系;
(5) 鼓励及促进小组成员之间实现有益的合作关系;
(6) 适当地修正小组过程;
(7) 鼓励每一个成员按照他们能力的层次去参与以使自己更能胜任;
(8) 在解决问题的过程中使小组成员能够投入参与;
(9) 让小组成员通过冲突去体验日益改善的工作方法;
(10) 为小组提供新的、不同的成就和人际经验的机会;
(11) 在诊断个人及整个环境时,明智地运用限制;

---

① 参考何洁云、谢万恒编著:《社会工作实践——小组社会工作》,香港理工大学应用社会科学系 2002 年版。

（12）根据对成员的个人诊断和评价、小组目标及有关的社会目标，有目的地及区别地运用程序或行动；

（13）对个人和小组的进步不断进行评估；

（14）小组工作员要热诚、人本和有规则地运用自己。

5. 小组社会工作的阶段模式

一般来说有五个阶段，分别是前属期、权力和控制期、亲密期、分辨期、分离期。每个阶段的小组成员表现以及工作者的任务和角色都有不同。

阶段1——前属期

（1）成员的特征：小组成员开始与他人亲近，同时去熟悉小组的物质和社会环境的状况；彼此很少信任，保持着社会距离和高度的自我防卫；尝试探索小组及其他成员的性质、需求或期望。

（2）社工介入的焦点：鼓励和促进成员探索物质和心理环境。帮助他们更为开放以互相了解，鼓励成员表达他们对小组和其他人的期望。

（3）程序：建立初步的小组结构；用一些熟悉的程序鼓励成员自由地参与活动，从而使他们更了解每一个人和尽快地建立关系。

阶段2——权力和控制期

（1）成员的特征：成员开始在小组中为权力与控制而努力，他们试图界定和形成关系，并形成一种地位等级。出现了成员初步的沟通模式。

（2）社工介入的焦点：帮助成员了解并面对小组的权力，明确问题的存在及其性质；鼓励成员充分地探索环境，以便建立小组的规则和规范，通过探索确立长远的关系。

（3）程序：应计划程序使成员能够测试自己的实力和才能，并且使他们建立与其他成员的关系，确立地位和角色，挖掘成员的潜能。

阶段3——亲密期

（1）成员的特征：成员关系更接近和亲密；投入感增强，对其他成员更为开放，有更多的相互沟通；开始承认小组的经验对个人成长的重要性，并开始重新考虑小组的目标；规范在建立和变化；成员危机依然存在。

（2）社工介入的焦点：澄清感觉，鼓励相互回应，建立小组结构。

（3）程序：成员有更多的能力计划和承担小组程序。通过活动，成员加深对自我的认识。

阶段4——分辨期

（1）成员特征：成员相互熟识，能接纳和认同每个人的独特性；彼此间更有凝聚力，有良好的沟通和合作。

（2）社工介入的焦点：更多地担当使能者和资源提供者的角色，促进成员回馈和反省。

(3) 程序：当成员变得更具内聚力和更为合作以后，他们就能设计自己的程序。

阶段5——分离期

(1) 成员特征：小组目标已基本实现，成员开始离开；成员在离开和结束已建立起来的关系时出现许多焦虑，如否认、倒退、重演等。

(2) 社工介入的焦点：为个人和小组的流动提供机会和资源，强调评估，提供结束后的适当支持。

(3) 程序：可以设计一些大型活动，作为对小组意义的重申；程序有时也会反映倒退阶段的动态特征。

6. 小组社会工作的概念模式

小组社会工作的概念模式一般包括社会目标模式、治疗模式、互动模式等。

(1) 社会目标模式简介

① 社会目标模式的主要特点：社会目标模式主要以社区归属和社会整合为最终目标，关注的是社会秩序和社会价值观；该模式主要在社区层面开展，小组成员是为社会利益作出贡献而不是为自己；通过成员有意义和负责任的参与，显示他们影响社会变迁的力量。

② 社会目标模式小组工作的主要目标：发展和提高小组成员的社会意识和潜能，发展和提高他们实现社会变迁的责任心；发展小组成员的社会能力，即提高他们在社会环境方面的个人能力，增加自尊心和社会能力；帮助他们拓展知识基础，从而成为一个有技巧的公民。小组工作运用社会目标模式的结果是培养了有觉悟和能力去实现有益于社会和成员本身的社会变迁的领导者，实现案主自助的原则。

③ 社会目标模式下工作员的角色和技巧：第一，使能者：促使成员发展成为一个有责任心的公民必须的技巧；第二，引导者：为成员创造条件并在他们的行动中引导他们；第三，模范：树立一个有责任心的公民的形象；第四，鞭策者：鞭策成员做一个有社会责任心的公民，并奖励任何合乎上述要求的行为和行动；第五，资源提供者：为小组成员的利益动员和联系社会资源。

(2) 治疗模式简介

① 治疗模式的主要特点：该模式的主要目标是实现社会控制和消除离轨；小组是治疗的手段和脉络；社会工作者通过小组过程和结构帮助个别成员改变，注重的是治疗和补救功能的实现。

② 治疗模式小组工作的主要目标：消除小组成员的心理、社会或行为问题，从而帮助他们达到更佳的适应社会的功能。最终目标是改变案主而不是社会。

③ 治疗模式下社会工作的角色与技巧：工作员在小组过程中是有次序地

逐步展开探究、诊断、治疗和结案等全部过程;承担一个家长式的、有知识的和指导式的领导角色;担当杰出和权威的临床诊断者的身份,对活动和程序有高度的控制力,工作重点在案主的个人需求上,工作员必须具备计划和组织活动的技巧从而激发起案主的感情宣泄。

(3) 互动模式简介

① 互动模式的主要特点:该模式假定个人的满足来自他们的社会归属和互相依存;该模式有一个共同的目标并且是一个互动的系统;小组成员相互依赖互相帮助。决议由小组作出,小组也是个人和社会功能得到培育和协调的地方。

② 互动模式的主要目标:在小组个人、小组之间和有关的社会系统之间,达到互助和开放,因此集中点既在个人,也在环境,通过互动,个人和社会的功能都将得到增强;目标可以是预防的、发展的、补救的,小组通过成员的讨论来决定它的目标。

③ 互动模式下社会工作者的角色与技巧:对于小组来说,工作员是使能者、领导者或领路人,本身也是"工作员—案主"系统的一部分,有很强的参与和感情投入,工作员必须展现他的期望并做好帮助案主的准备;一般来说,工作者在该模式下有五个主要的任务:

- 找出案主直觉中的需要与他面对的社会需求的共同点;
- 发现并突破实现共同点的障碍;
- 主动提供案主欠缺的思想、事实和价值观;
- 通过揭示工作员自己的愿望、抱负和信念,以及对小组成员进行鼓励,帮助他们洞察及得到启示;
- 界定案主—工作员系统所遇到的处境要求及限制。

二、社工工作案例

本案例是在社区矫正试点工作初期,矫正社会工作者在开展矫正工作的过程中,针对矫正对象遭遇到集中学习和日常生活之间的矛盾,组织了一次小组活动。对小组活动的全部内容笔者没有做任何修改,以保证案例的原貌。

计 划 书

1. 活动名称

心心点灯

2. 活动对象

某街道 6 名社区矫正对象(表 12-1)

表 12-1 小组活动组员的基本情况

姓名	性别	年龄	罪名	行刑方式与期限	备注
A			走私普通货物罪	判一年半缓一年半（2003年3月25日起）	已经有工作
B	男	56	受贿罪	判2缓2（2002年8月26日起）	被原单位留用，受过"记功"奖励
C	女	46	交通肇事罪	判6个月缓1年（2002年11月2日起）	有工作（在一个小型私营企业做业务），2000年与丈夫离异（儿子读初一）
D	男	26	诈骗罪（合伙犯罪）	判3缓3（2002年1月25日起）	原在快递公司工作，现似暂无工作
E	男	36	贪污罪	判3缓3（2001年6月19日起）	有工作
F	男	34	盗窃罪	假释（考验期从2002年9月10日至2006年5月28日）	有工作，受过"表扬"奖励，自1990年入狱后，由于表现优秀，多次减刑，由原来的无期徒刑和剥夺政治权利终身至假释以及剥夺政治权利三年

3. 活动地点

街道某会议室（四周环境安静）

4. 活动背景和理念

自 2003 年 2 月社区矫正试点工作开展至今，各项工作制度正在逐步规范建设中。由于矫治对象的不同，社区矫正工作日益显现出它的复杂性和多样性。

我们发现缓刑人员的社区矫正工作呈现一些特点。缓刑人员基本上没有断绝与原有社会的连接，他们的社会交往程度较高，也能在与原来的社会交往中获得生活支持。在日常生活安排与社区矫正日常管理之间发生时间等冲突时,他们常常以各种理由缺席社区矫正工作的日常活动,使矫正工作的有效性受到限制和影响。

鉴于矫正对象的特殊性及矫正工作的严肃性,我们必须在矫正工作中帮助对象妥善处理日常生活和社区矫正之间的关系,使他们能够在有效管理和监督下,更好地回归社会,实现社会化发展。

5. 活动目标

(1) 协助对象妥善处理矫正与日常生活的关系;
(2) 协助对象建立与矫正工作员的良好沟通关系;
(3) 增强矫正对象回归社会的信心。

6. 活动性质

教育型、治疗型。

7. 活动资源

需要一间有圆桌的会议室,以及活动所需器材

8. 工作时间表(表12-2)

表12-2 "心心点灯"工作时间表

日期	工作程序
7/15(2003年)	到街道了解情况
7/15—7/19	策划小组活动计划书
	修改小组活动计划书,并定稿
	实施小组活动
	活动评估

9. 活动流程表(表12-3)

表12-3 "心心点灯"活动流程表

时间	内容	目的	器材
9:00—9:05	工作员告知本次活动的目的,并提出活动中"倾听"原则	使组员明确本次活动的目的	一次性杯子、茶叶、开水(每人一杯茶水)
9:05—9:10	在工作员带领下,组员作简短介绍	彼此认识	

续表

时间	内容	目的	器材
9:10—9:20	分享进入矫正系统后的感受（用简单的图画或语句表达矫正前后自己的变化或一些期望）	呈现矫正对象对矫正工作的看法	纸、笔若干
9:20—9:40	工作员讲"案例"（附件一），引起组员思索与讨论（工作员给予积极的引导）	形成互动，表露自己的行为和思维模式	
9:40—10:10	工作员讲"案例"（附件二），引起组员思索与讨论（工作员给予积极的引导）	提升组员在刑意识，组员与（矫正办）工作人员互动，取得良好沟通	
10:10—10:15	激励你我他（各组员对右手边的组员讲一句激励的话）	组员相互支持	
10:15—10:25	组员填写评估表（附件三）	了解组员评估意见	
10:25—10:30	工作员总结	评估、提出希望	

附件一（案例）：

小王是一位社区矫正的在刑对象，前段时间他在朋友的介绍下找到了一份工作，自己也挺满意的。但工作一段时间后，有的同事知道了他的身份，慢慢地对他冷淡了很多，不愿与他多说话。小王心中非常苦闷，甚至有时会有"辞职"的念头，但考虑到找份工作实在不容易，又非常不舍。因此他十分矛盾，不知是否应放弃这份工作？

递进式提问:
提问一:你们如何看待小王这件事?
思考方向:同事的冷淡可能出于多种原因,而不一定仅仅是自己的"历史"被人知的结果;即使辞职,以后依旧有可能会遇到类似的情形,如果选择辞职,就是选择回避,一味回避,终究无法解决问题,应用自己的实际行动向人证明自己是值得别人信任的,过去的只能代表过去;活得要有尊严,辞职没得商量!……
提问二:你们有否遇到类似的情况,当时你是如何解决的?
工作员注意点:工作员有适当的同理心的体现,并进行积极的引导,让组员意识到,在挫折面前应放宽心态,积极面对。最终通过组员自己所说的话来体现这些感悟。

附件二(案例):

小王逐渐适应了现有的工作岗位,并十分珍惜。由于受雇于私人老板,小王平日很难有自由安排的时间。但由于必须接受社区矫正工作办公室的日常管理,小王常常感到有时间上的一些冲突,他常常缺席社区矫正办公室组织的一些活动。今天上午,小王又接到矫正办张老师的通知,明天下午两点必须集中学习。他很犹豫是否该去参加?

递进式提问:
提问一:你们如何看待小王面临的这些问题?
提问二:你们有否遇到类似的情况,当时你是如何解决的?
整个讨论目的在于组员表达真实想法,并对比较积极的解决办法达成共识。工作员的鼓励、同理及引导很重要。

10. 财政预算(表12-4)

表12-4 "心心点灯"财政预算

支出项目	金额(元)
资料打印、复印	
车费	
照片拍摄	
活动器材	
总共	

11. 预计困难及解决方案(表 12-5)

表 12-5 "心心点灯"预计困难及解决方案

预计困难	解决方案
有组员未能出席	若组员出席人数少于 4 人,则另行安排时间
若出现冷场	工作员沉着应对,采用事先准备好的应对措施

12. 评估方法
(1) 活动后工作员的自我评估、撰写评估报告(见附件三)
(2) 组员活动后的感想及对活动评价(见附件四及附件五)

附件三:工作员评估

1. 对小组目标及过程的评估
(1) 小组目标是否达到?
(2) 小组程序设计是否合理?有否改进?
2. 对组员表现的评估
(3) 组员的参与程度?
(4) 活动设计的适切性?
(5) 组员的沟通程度?
(6) 组员有否改变?
3. 对自身专业态度及知识、方法运用的评估

附件四:组员评估

1. 对小组内容的评估
(1) 哪些小组内容对你来说比较合适?
(2) 哪些小组内容对你来说不合适?
(3) 最欣赏哪些内容?
2. 对小组过程的评估
(4) 对小组成员的表现是否满意?
(5) 对自己在小组过程中的表现如何评价?
(6) 最喜欢小组过程中的哪个环节?
3. 对工作员的评估
(7) 对工作员态度的评价。

（8）对工作员语言的评价。
（9）对工作员的建议。
4. 对小组环境的评估
对小组活动场所是否满意？

附件五：小组评估报告案例介绍

小组工作评估报告
——心心点灯

1. 活动的背景情况及目标
（1）背景
某街道自2月份开展社区矫正试点工作以来，制度逐步规范，各项工作有序地朝前发展，与矫正对象建立了联系，将他们纳入了监督、教育、管理的轨道。但随着时间的推移，我们发现，在组织公益劳动和教育学习时，有的矫正对象会以与工作时间发生冲突为由请假，影响到了矫正工作有效、有序和持续正常的开展。

（2）目标
帮助矫正对象正确处理好矫正与日常工作的关系，以增强矫正对象的在刑意识。

（3）小组活动名称
心心点灯。

（4）活动日期及地点以及参加对象
8月5日下午2:30，街道7楼一活动室。

参加对象的情况简介

姓名	性别	案由	矫正类别	目前工作情况
A	男	挪用公款 贪污	假释	负责项目管理
B	男	受贿	缓刑	某河流污水管理所职工
C	男	盗窃	假释	快递员
D	男	诈骗	缓刑	做二手车买卖
E	男	走私普通货物	缓刑	某公司业务员
D	女	交通肇事	缓刑	某公司业务主管

2. 准备工作

根据矫正对象的现实表现和生活、工作情况,策划并制定小组工作计划书。

3. 活动过程

"心心点灯"活动过程

序号	时间	内容分析	工作者介入技巧与感受
1	2:30—2:35	说明活动目的	以倾听为主
2	2:35—2:40	矫正对象做简短的自我介绍	热身,让他们开始进入角色有一个递进的过程
3	2:40—2:50	矫正对象用简单的语言和图画来表达自己接受矫正前后的一些感受。消除紧张情绪,适当放松,同时也能达到情绪宣泄的效果	工作者对他们的表达只做一些提问,以达到共同理解的目的,同时也是表示倾听的开始。对象的表达方式可以是任意的,包括涂、画来宣泄情绪
4	2:50—3:45	矫正对象对案例一进行讨论 矫正对象对案例二进行讨论 讨论的目的在于让对象表达自己的真实想法和一些做法,让他们在讨论中认识到哪些方法可以借鉴	工作员给予的是鼓励、引导,不做对错判断,更多的是让对象积极思考、发言,形成互动,使他们对自己的想法和做法与别人的方法对比,从而让对象在讨论中对某些积极的方法和观点达成共识
5	3:45—4:00	每名矫正对象对右手边的组员说一句鼓励性的话	通过活动,对象之间的了解有所增进,这时他们之间激励的话语起的效果可能会好过工作者。这个过程是互动的高潮,但第一个说激励的话的人要有所选择,否则会起到不同的效果
6		矫正对象填写评估表	
7		工作者总结	

4. 活动评估

（1）本次活动的主题内容是帮助矫正对象在日常生活、工作的时间与接受矫正的时间有冲突时，如何去协调、把握，做到既不影响街道矫正办安排的学习、公益劳动，又能安排好工作，给单位有个合理的交代。

从整个活动过程来看，有的矫正对象以自己的切身体会和感受谈了自己的想法和做法，即在遇到时间上的冲突时是如何处理的。如某矫正对象刚到快递公司工作时，老板不知道其身份。但工作中矫正对象总是尽职尽责，干活卖力，别人不愿送的物件他总是抢着干，能吃苦，高温时的表现更令老板感到满意。但为了参加矫正办组织的学习和劳动，有时请假在所难免，经常遮遮掩掩引起了老板的猜疑，怀疑他是否自己另外接生意，从而导致不必要的误会。在这种情况下，他将自己的情况告诉了老板，希望能得到谅解，由于此前较出色的工作表现已得到了肯定，老板对他表示理解，也支持他参加学习和公益活动。

矫正对象一些比较成熟和理想的方法能引起其他人员的共鸣，也值得那些尚未醒悟的人借鉴，这一点在大家的发言中体现得很明显。

（2）活动的适切性。对矫正对象在活动结束后的问卷回答进行统计后发现，83.33%的对象表示对本次活动感到非常满意，说明他们对这种活动方式有较高的认同。

就"对活动中的哪些内容有深刻的印象"这个问题，66.67%的对象选择了"激励你我他"，33.33%的对象回答的是"进入系统后感受的分享"，这些回答给我们的启示是，矫正对象在接受教育的同时，内容、形式的多样性和打破沉闷的方式是他们乐于接受的。

（3）矫正对象的表现。对问卷进行统计发现，66.67%的矫正对象认为自己在小组活动中参与程度很高，能积极思考并发言。如B某和D某以谈自己的体会带动了大家积极参与讨论，发挥了"小组领袖"的角色。

（4）互动效果。本次小组活动事先精心策划，以求活动开展能起到效果，达到目的。活动中工作者主要以听为原则，以矫正对象的自我介绍为开头，把大家带入了活动的氛围。讨论中气氛比较活跃，针对两个案例，大家都能以自己的体会和感受发言，当有人表示有困惑时，其他人能结合自身实际谈看法，工作者不妄加评判对与错，只是给予引导，控制好节奏，共同来分析问题的实质，以期达成共识，提高认识。

（5）工作者的自我评估。本次活动是我们将小组工作与座谈会相结合的一次尝试，工作者主要是倾听矫正对象的发言，也不发表任何评论，目的是让矫正对象自己去分析，自己去评判以前的做法，从而对矫正的含义有进一步的理解，这也是"助人自助"宗旨的体现。

第三节 针对各类问题的社区矫正社会工作案例

社区矫正对象具有自己特殊的情况。他们或者长期在监狱生活,回到社区后面临新的生活无从适应;或者被判缓刑,其生活方式与原来相比变化不大,但个性上的弱点常常在矫正过程中表现出来。根据矫正对象所呈现出来的问题,矫正社会工作者开展了多层面的矫正直接介入。

一、针对心理层面的矫正工作

孙某初中毕业后被安排在上海电厂工作,在因家事与妻子的争吵中孙某失手把妻子打成重伤。他被判有期徒刑18年,剥夺政治权利7年,2001年因表现良好获假释回到社区。孙某没有工作、没有生活来源、无人交往和关心,家中也是一无所有,每天在家里躺着,哪也不去。想找工作,但由于没有劳动手册,又有被关押在监狱的经历,工作根本无着落,他心理负担很重,苦闷、悲观、失望,心想自己刚过50岁,今后路在何方?

孙某回到社区初期所具有的心理状态,具有很大的代表性。这些人的悲观、无望,会给他们带来很大的痛苦,如果矫正社会工作者不能对此作出回应,就会影响其与矫正对象专业关系的建立。而上海社区矫正工作之所以取得初步成效,也在于他们在回应对象心理需求方面作出了努力。

殷某曾是公交公司的驾驶员,2000年6月因违反交通法规造成一死一伤的重大恶性事故,2000年12月因交通肇事罪被依法判处有期徒刑二年,缓刑三年。

矫正工作者与殷某第一次接触时,殷某头发蓬乱,衣衫不整,无精打采,对于工作员的谈话没有任何反应,交谈后工作员发现殷某对于交通事故的处理心怀不满,判决结果使他完全陷入绝望中,非常自闭和逆反。

在对殷某进行初步分析后,工作员断定殷某有心理缺陷,在对他进行了心理测试后矫正工作员发现殷某性格极其内向,不关心人,情绪也不稳定,有轻度的身体不适,抑郁焦虑明显,敌对意识较强。此外,他的情感支持欠佳,家庭实际支持欠缺。根据心理诊断结果,矫正社会工作者与居委会干部、志愿者一起为殷某制定了系统的矫正方案。第一是通过交谈,完善殷某对于司法机关判决的理解;第二是制定"购书、赠书、读书、分析、疏导"等矫正工作思路,对于其因不服判决而导致的心理困惑进行排解;第三是运用换位思考法对殷某进行辅导,通过分析交通肇事结果对受害人的伤害,帮助对象从受害人的角度去考虑过失的严重性及司法判决的有效性,矫正社会工作者这样分析道:"你能否换个角度来看你的违章行驶,你是否想过,那个大学生的父母辛辛苦苦把孩子培养到读大学,多么不容易,现在失去了孩子是多么痛苦?国家失去了一位大学生,损失有多大?如果你当时能够遵守交通法规,工作认真点,负责任一点,能出这么大的事故吗?"工作者的分析,确实对殷某的触动很大,他流泪感叹,心灵受到震撼,也开始重新思考判决的有效性以及自己的态度。以往的压抑及逆反心理得到较大调整。

对上述案例的介入也可以作进一步的改善。首先,矫正社会工作者在上述案例中主要是通过疏导和改善认知来启发矫正对象的。作为案例,矫正社会工作者可以更详细地分析所运用的介入方法和策略,并把矫正对象在介入过程中和介入后的反应和改变作更仔细的描述和分析。同时分析在介入过程中矫正对象反映出的积极因素,如在认识到由于违章给别人造成痛苦时的触动和悔恨,以及对于工作者劝导的接受,都说明殷某是一个能够接受改变、尚有良知和理性的人,只要矫正工作者针对他的实际情况制定切实可行的方案,殷某是能够接受并发生改变的。这些分析和发现,可以作为矫正社会工作者今后改善工作的借鉴。

二、针对情绪层面的矫正工作

徐某今年50岁,原上海某厂电工,因故意杀人罪于1986年被上海市第二中级人民法院判处无期徒刑,剥夺政治权利终身。由于服刑期间表现良好,于2001年6月获得假释回到社区。由于经历了长期的监狱生活,徐某对于回到社区的生活非常不适应,他难以适应快节奏的社会生活,既无工作,又无生活来源,对生活感到失望,悲观厌世,情绪低落,心理偏差严重。

张某今年36岁,高中文化程度,2002年1月因犯诈骗罪被闸北区人民法院判处有期徒刑3年,缓刑3年,并处罚金一万元人民币。张某头脑简单,性格外向,情绪易受外界影响、波动严重,缺乏一定的法律意识和情绪控制能力,同时也较讲义气,爱打抱不平。当与人发生冲突时,张某往往争强好胜。

在上述案例中,矫正对象在矫正过程中呈现出的负面情绪对其行为、生活的影响是比较明显的。矫正社会工作者在对他们进行工作目的、意义以及相关政策、工作思路的介绍后,着重针对他们的情绪困惑进行了辅导和矫正,取得了初步成效。如针对徐某的悲观情绪或者情绪自控能力较弱、生活适应能力低下等状况,矫正工作者给予了充分的同理,运用倾听、回应、分析等技巧对其进行情绪辅导,同时辅助其家庭关系调适、生活能力培养、生活困难帮助等,对稳定和控制其负面情绪、调整心态起到了作用。在张某的案例中,矫正社会工作者也是给予情绪控制训练、个人生活观指导、人际交往调适等方面的帮助。徐某和张某在矫正社会工作者的帮助下,在生活态度、情绪控制、人际交往等方面均有改善。他们对矫正社会工作者也非常信任,矫正工作与矫正对象的社会化过程逐渐趋于一致。

三、针对性格层面的矫正工作

对于矫正对象来说,其违反法律规定的一些行为很大程度与其性格缺陷有关。矫正工作者在对对象的辅导和矫正过程中,很大程度上也是在帮助对象修正其性格缺陷。

甘某是一位国有机器厂的下岗工人,案发前在一私营通讯企业工作。甘某一向好打抱不平,性格直爽甚至有点暴躁。2001年的某晚,在居住地的某饮食店,甘某因打抱不平与邻居发生冲突,由口角发展至斗殴,最后失手将对方打成重伤,后经抢救无效死亡。案发后甘某主动去公安机关自首,在赔偿18万元的同时被法院判处有期徒刑三年,缓刑三年。

甘某对自己的犯罪行为深表悔恨,也愿意服罪。在接受社区矫正的过程中,工作员着重对甘某的自控能力进行了分析和辅导,甘某也把如何有效调整自己的冲动性格作为接受矫正的重要目标。并在实际过程中加以落实。

在接受社区服刑后,甘某搬离了原住处,他把房子租给了一个房客,这个房客欠其电话费、水费、煤气费1 000多元。当案主与其儿子去交涉时,这个房客不仅强词夺理,而且破口大骂,骂甘某是杀人犯,骂甘某的儿子是杀人犯的儿子。按甘某原来的脾气,如此受辱肯定不会善罢甘休。但由于上次的教训,甘某能做到骂不还口,竭力克制自己,主动离开。但甘某的自尊心因此受到很大的伤害,觉得自己无法维护自身的基本权利,情绪恶劣。

矫正社会工作者了解情况后,及时向甘某提供了情绪疏导,告诉他维持自己权益的正当方式,并表扬了其克制冲动的处理方式。通过矫正社会工作者的辅导工作,甘某的情绪得到了很好的疏导,偏差意念得到纠正。甘某反复表示,矫正社会工作者的劝导与肯定,对其作用是巨大的。如果没有矫正社会工作者的开导,他就很容易陷入极端情绪,做出极端行为。在甘某向矫正社会工作者诉说、并得到肯定后,情绪不再苦闷,觉得自己克制的态度是正确的,也知道了维护自己合法权益的正确方式。

经常性地"忍气吞声",很容易使人产生偏差念头,对其心理也是一种折磨。在这点上,矫正社会工作者较好地运用了情绪疏导与表彰的办法,使其转换观念,不再把自己的克制看成是管制状态下无奈的"忍气吞声",而是理性地面对生活中的矛盾。

甘某非常认同矫正社会工作者的管教,视矫正社会工作者为帮助自己克制冲动的良师益友,主动接受帮助。表现在他的思想汇报上,第一份写得很简单,有应付之嫌;第二份字面上非常整洁,认识上也有提高;第三份是用电脑打印出来的,非常认真。在抗"非典"期间,案主还主动捐款300元。

从效果看,矫正工作取得了一定的成效。矫正社会工作者既顾及了矫正对象的面子,也没有妨碍其正常工作,能在矫正对象需要时,及时提供了情绪疏导与肯定,对矫正对象理性面对生活中的冲突,是有积极作用的。

四、针对认知层面的矫正工作

矫正对象中部分人员在判决后存在不服从判决、法制观念淡薄、有报复心、对自己和社会看法片面等等问题,矫正社会工作者着重从认知层面予以矫正帮助。

徐某出生于1954年,1982年因销赃罪被判处有期徒刑10年,剥夺政治权利三年。由于在监狱表现良好,被减刑后释放回沪,剥夺政治权利的期限为2000年9月9日至2003年9月8日止。徐某对判刑结果一直不满,认为判刑太重,而在其服刑期间,妻子一方面承受不住丈夫受刑,另一方面长期积蓄的11万存款又被朋友唐某以借款名义骗走,沉重的打击使得妻子身患绝症早早去世。女儿生活困难,徐某没有工作,现实的问题压得徐某喘不过气,他对司法判决十分不满,认为是不合理的重判使得他家破人亡,因此对矫正工作十分抵触。他也一心要找唐某报仇,并发誓不择手段,一定要唐某付出代价。

矫正工作者与徐某刚接触时,遇到很大的排斥。也感觉到徐某的压力以及他的报复心态。工作者从法律的角度对徐某进行了宣传和分析,并陈述了因报复而再次触犯法律可能引起的后果,"你决不能实施报复措施,如果这样你非但得不到钱,相反又要违法,将你抓进去,不值得。我们帮助你通过法律援助来解决。决不能再做违法的事情了,否则今后你又要后悔的,对不起你的女儿和死去的妻子了"。工作员的话打动了徐某,他的态度开始改变,也逐渐愿意与工作员交谈了。工作员通过法律事务所的法律援助,帮助徐某解决了债务纠纷,通过日常管理和教育帮助徐某纠正一些偏激行为和想法,在事实面前,在矫正工作者的感化下,徐某逐渐改变了对社会、法律、他人的报复之心,变得愿意接受矫正,其服刑意识和在刑意识得到加强,也开始在工作者的帮助下妥善安排自己的生活了。

唐某出生于1963年,原上海某房产咨询公司经理,因犯贪污罪被判有期徒刑三年,缓刑三年。作为缓刑人员,唐某尚能接受执法机关的规定,但对法院的判决一直不能接受,他始终认为自己是受主管单位领导的打击报复,对社区矫正不能正确对待,采取消极和回避的态度。

根据上述情况,工作员认为对唐某的矫正工作重点应放在对其进行认罪服法教育、帮助其剖析犯罪原因、指出其思想上的法律盲点上,更多地注重认知改变和思想教育。于是工作员通过法制教育、个别谈话等形式开展矫正工作,唐某在工作者的帮助下,对法制等方面的认识逐渐有所改善,与工作员也建立了较好的工作关系。

上述两个案例,我们可以看到矫正工作者在认知层面所做的努力和取得的初步成效。但两个案例有一定的差异性。在徐某的案例中,工作者着重介绍了介入的重点。工作者首先是陈述徐某不良行为可能产生的后果,然后协助徐某进行不良结果危害性分析以及为避免危害所应采取措施的可行性分析,最后介绍了介入对于徐某带来的改变。该案例基本上有一个介入过程和效果的反映。

但对于唐某的案例,陈述过于简单。如工作者在案例中介绍了法制教育、个别谈话等工作,但法制教育的内容究竟是什么?个别谈话的内容和效果如何?唐某是否接受?他有怎样的改变?他本人有怎样的努力?有关这些内容,案例应该更仔细地加以分析,并进行陈述。

五、针对人际交往层面的矫正工作

矫正对象回到社区的初期,基本上存在着人际交往的缺陷,主要表现为没有朋友,与家人的关系也比较紧张。

从朋友关系来说,不同服刑类型的矫正对象,其朋友交往状况呈不同类型。长期在监狱生活的假释人员以及保外就医对象回到社区后,基本上没有任何社会交往圈子。他们原来的"朋友"或者早已背弃他们,或者已断绝来往,而他们也大多选择以与原来的朋友断绝来往的方式以求得太平。由于缺乏正向的社会交往,矫正对象大多比较闭塞和苦闷,缺乏朋友间的友谊和支持。对于缓刑类的矫正对象来说,他们的社会交往相对比较正常。他们大都保持着与社会的交往,也可能会与原有朋友断绝交往,但他们会在新的工作或生活中建立新的社会交往,建立新的朋友关系。

大多数的矫正对象在回到社区的初期,也常常面临与家人关系的重塑。

罗某原是某电器厂的设备科长,1996年因犯受贿罪被判10年6个月,剥夺政治权利三年。由于在狱内表现突出,于2001年被裁定予以假释。在罗某服刑期间,其妻变卖了原来的房产后携款回了娘家,从此基本上没有来往。罗某出狱后曾居住在女儿家,因房子太小后来搬了出来,罗某年近花甲,一个人生活,生活也无固定经济来源,感到十分孤独无助。

罗某的情况在社区矫正对象中具有一定代表性。他们或者孤身一人,或者与家人没有来往,或者家庭关系比较紧张。面对矫正对象的这种情况,矫正社会工作者往往运用家庭沟通、家庭结构治疗等技巧和方法,去帮助矫正对象重新建立家庭关系,而对于矫正对象来说,他们也需要从家人的角度去理解服刑对他们带来的伤害、学习修复家人伤害的技巧、学习与家人的相处技巧、学习在家庭环境下生活的方式。从目前矫正工作的开展来看,矫正社会工作者更多是从家庭的角度去要求家属学会理解和支持,但很少帮助对象学习与家人重新沟通和生活的技巧,而与家人的生活适应应该是矫正对象社会化过程中最基本和重要的环节。这方面的工作应该也是今后矫正工作的重要内容之一。

六、社区矫正对象与社区其他工作系统互动层面的矫正工作

矫正对象与社区其他工作系统的互动主要是指对象与社区其他系统,如居委会、社区服务中心、其他公共服务系统等发生的交往,在这个过程中他们遇到的障碍或局限,通常表现为矫正对象对现行各类政策、制度不了解、对目前社会运作方式不熟悉、对办理各类事务的方式不适应和处事能力缺乏,一旦矫正对象与相关部门发生关系,或者独立办理一些事务,就会出现不适或冲突,它影响了事务的正常办理,阻碍了矫正对象的社会化联系,也容易使矫正对象产生逃避或排斥的心理。

赵某是一位女性矫正对象,1995年因经济诈骗案发,被判有期徒刑10年。由于在服刑期间赵某表现良好,被记功二次,减刑二次,分别为一年零二个月,共二年零四个月。2003年获假释出狱。

回到社区后,她感到周围的人都看不起她,心里十分自卑,头都抬不起来。她自述长期的监狱生活,使人十分压抑,一旦回到社区,脾气就会十分暴躁,如果感到受到歧视,会马上反驳,很容易与人起冲突。例如,刚出狱办劳动手册时,她出具了假释证和出狱证明,办理的工作员一看后回答说:"这怎么行,没有用的。"赵某说:"这是我们队长说的",工作员说:"队长算什么?去把原单位的退工单开过来。"由于赵某的原单位早已被裁并了,她也不懂工作员说的是什么退工单,她感到工作员的态度中流露着歧视,火气一下就上来了,但又不知该怎么办。她气得把手中材料撕掉后扭头就走。

矫正社会工作者在得知情况后,马上找赵某谈话,帮她具体分析当时的情景,分析社区服务中心工作者的谈话及要求的含义,分析当时赵某的反应所表现出来的心态、行为特征,通过"回放"技巧的运用让赵某反思冲突过程中表现出来的性格特征、行为表现以及处理事务的能力和方式。然后帮助赵某重新与社区服务中心的工作人员协商,学习重新与人交往和办理事务的能力。在矫正社会工作者的协助下,赵某终于办好了劳动手册。也在办理的过程中学习了如何与人沟通、如何办理事务的技巧和方式。矫正社会工作者在赵某回归社区的初期担当了协调、指导和桥梁的角色,也由此赢得了赵某的信任。赵某在获得矫正支持的同时,也放弃了与原朋友圈继续交往的念头。矫正工作的有效性由此得到了体现。

后 记

在我们看来,一部矫正社会工作教材,应能既给学生以相关理论的指引,又能反映国内矫正社会工作实务的发展状况。这就要求作者不仅要对相关矫正社会工作的理论有所研究,而且要准确地把握国内矫正社会工作的现状。也就是说,矫正社会工作教材的编写既要来自现实,又要高于现实。但矫正社会工作实务及研究发展的现状却使我们很难实现这一目标。一方面,在监禁矫正中,社会工作基本上没有介入,这使我们原计划的监禁矫正社会工作的写作计划没能完成;另一方面,社区矫正社会工作也还处于试点阶段,成熟、系统的理论和实务经验都还没有形成;再者,在矫正社会工作起步较晚的情况下,研究者的研究水平也还没有完全跟上。这就决定了教材的探索性质。

教材第一章、第二章由中国青年政治学院的史柏年老师编写,第三章、第五章、第十一章由华东理工大学的费梅苹老师编写,第四章、第六章、第十章第二节、第十二章由华东理工大学的张昱老师编写,第七章第一节、第八章由首都师范大学的李恩慈老师编写,第七章的第二节、第三节、第四节由首都师范大学的张静波老师编写,第九章、第十章的第一节、第三节、第四节、第五节由首都师范大学的席小华老师编写。张昱审理了全稿。感谢首都师范大学的范燕宁老师,她参加了教材提纲的讨论,并提出了许多建设性的意见。感谢高等教育出版社的于咏昕女士,她为教材的出版做了大量的工作。

作 者

2008 年 5 月 30 日

郑重声明

高等教育出版社依法对本书享有专有出版权。任何未经许可的复制、销售行为均违反《中华人民共和国著作权法》，其行为人将承担相应的民事责任和行政责任；构成犯罪的，将被依法追究刑事责任。为了维护市场秩序，保护读者的合法权益，避免读者误用盗版书造成不良后果，我社将配合行政执法部门和司法机关对违法犯罪的单位和个人进行严厉打击。社会各界人士如发现上述侵权行为，希望及时举报，我社将奖励举报有功人员。

反盗版举报电话　　（010）58581999　58582371
反盗版举报邮箱　　dd@hep.com.cn
通信地址　　北京市西城区德外大街4号
　　　　　　高等教育出版社法律事务部
邮政编码　　100120